CHINA'S REINVENTION OF MONEY AND THE END OF AMERICA'S DOMINATION OF FINANCE AND TECHNOLOGY

無現金革命

中國超級應用程式

如何引領與影響全球金融科技

THE CASHLESS REVOLUTION

MARTIN CHORZEMPA

馬永哲——著 林麗雪——譯

推薦好評

中國非常重要，金融科技非常重要，因此它們如何結合在一起將對全球金融體系的走向產生極大影響。針對相關問題，《無現金革命》是一本非常寶貴而重要的總結。

——勞倫斯．桑默斯（Lawrence H. Summers）
前美國財政部長、哈佛大學──查爾斯．威廉．艾略特大學教授
（Charles W. Eliot University Professor, Harvard University）

對中國的無現金革命有非常全面、可讀性很高的觀察，內容包括什麼是對的、什麼是錯的，以及我們在努力要將支付體系現代化時，可以如何從中國的經驗中學習。

——席拉．貝爾（Sheila Bair）
前美國聯邦存款保險公司（US Federal Deposit Insurance Corporation）主席

在這個精湛卓越的報導中，馬永哲說明了中國金融科技的飛速發展，從電子商務的支付附件這個毫不起眼的開始，到後來成為無所不知、引發當局憤怒的大型金融科技公司，全都發生在十年的時間裡。馬永哲對政治經濟的確實掌握，提供了理解當前發展亟需的脈絡。任何認真觀察中國數位創新活動的人來說，《無現金革命》是必讀之作。

——申鉉松（Hyun-Song Shin）
國際清算銀行（Bank for International Settlements，BIS）經濟顧問兼研究主管

馬永哲帶著我們以特別的眼光檢視貨幣的未來，以及全球權力與日常生活的未來。由於他會中文並沉浸在中國人的生活裡，因此可以告訴我們，中國金融科技顯貴崛起的不可思議故事，包括如何受到中國政府的控制，以及全世界正在面臨的兩難：在尋求利用科技的齊平力量時，做到保護隱私，以及避免在金融科技支持下形成前所未有的國家權力。本書和商業報導一樣出色的還有社會與政治分析，以及精采的說故事能力。《無現金革命》是少數可以打開讀者眼界的書。讀過之後，世界看起來就不再一樣了。

——喬．安．巴福特（Jo Ann Barefoot）
美國貨幣監理署（Controller of the Currency）前副署長、

創新監管聯盟（Alliance for Innovative Regulation）執行長兼共同創辦人

《無現金革命》精采分析了中國企業家如何在一路上跌跌撞撞，把中國的金融體系從低技術的閉塞局面，轉型成世界最大、最先進的數位金融市場。

——尼可拉斯．拉迪（Nicholas Lardy）
《國家的反擊》（*The State Strikes Back*）作者

從行動支付到線上投資、從數位借貸到央行數位貨幣，中國處在數位金融創新的最前線。雖然快速改變了金融結構，但中國的金融科技也為決策者帶來了重大的全新挑戰。《無現金革命》對這個充滿活力的全新金融領域提出了權威的分析，包括發生了什麼事、促成這件大事的因素，以及它未來的可能走向。

——黃益平（Yping Huang，音譯）
中國經濟學家、北京大學國家發展研究院教授這本探討數位貨幣的傑出著作，針對中國金融體系從金融壓抑到大型科技公司引領金融自由化的轉型，做了引人入勝的報導。馬永哲巧妙地描述中國大型科技公司平台與改變態度的監管機構之間來來回回的角力。人們的隱私可能受到侵犯，也為西方國家帶來重要的教訓。

——馬庫斯．布倫納梅爾（Markus Brunnermeier）

普林斯頓大學（Princeton University）經濟學教授

目錄

獻給娜塔莉亞、拉菲、亨利

前言

未知領域

「如果有人必須為此入獄，我去！」

金融業的未來，也就是華爾街的運作，以及你如何管理個人財務的方式，正處於動盪的邊緣。背後促成改變的力量並不是來自一般人猜想的對象，例如高盛（Goldman Sachs）、摩根大通（JP Morgan Chase）或美國銀行（Bank of America），而是中國。中國的金融與科技正在合併成一個體系，未來不是走向歐威爾式（Orwellian）的全面監控，就是解放的方向。全球的「金融科技」（fintech）革命與亞馬遜（Amazon）、臉書（Facebook）、谷歌（Google）與推特（Twitter）等巨頭各自在社群媒體、零售與廣告領域掀起的變革一樣強大，而且這個變革已經顛覆了我們購物與溝通的方式。

這一切都開始於二十年前，當過英文老師的阿里巴巴創辦人馬雲，開始整頓起中國落後的金融體系。

二〇〇四年一月，馬雲做了一個近代金融史上最重大的決定，這個決定徹底改變了中國落後的金融體系，而他所發動的全新金融模式也將在全世界掀起浪潮。馬雲當時在瑞士達沃斯（Davos）參加經濟論壇，而他在杭州的團隊正準備推出支付寶（Alipay），這是一個為了阿里巴巴線上市集銷售商品所開發的支付系統。在當時的中國，很少人有信用卡，因此阿里巴巴必須發明自己的支付系統，讓人可以為線上訂購的東西付錢。馬雲和團隊知道，阿里巴巴需要那個系統來達成電子商務的企圖，但他和中國的官員都不知道這是否合法。當時有一家實力雄厚的國有企業壟斷了大部分的支付業務，而且也沒有向政府申請許可的程序。但是在聽到世界級的頂尖執行長們談到企業責任時，馬雲決定要冒這個險。當天的午夜，馬雲打電話給他的團隊說：「現在馬上啟動支付寶，就是現在，立刻行動。如果有人必須為此入獄，我去！」

馬雲是二十一世紀中國企業家的典型，這一群人冒著極大的風險所打造的企業，已經成為中國科技實力的基礎。馬雲沒有入獄，相反地，馬雲打造了一個曾經價值超過一兆美元的企業王國，並在中國共產黨最有權勢的圈子裡累積了強大的影響力。在中國以及其他十幾個國家，到處都可以使用支付寶。然而在二〇二〇年年底時，在他大膽對著政府發表了一場激烈批評監管部門的演講之後，針對中國最知名與最受歡迎的企業，政府終於出手教訓，取消了本應是全球最大的首次公開募股（IPO，譯註：全名為Initial Public Offerings，是一種募集資金的方式，公司透過證券交易所，首次將股票賣給一般大眾投資者。私人公司藉由這個過程能轉為上市公司）——也就是馬雲的金融科技巨頭螞蟻集團（Ant Group）的上市計畫。馬雲隨即消失在大眾的視野，並引發了他被關押的謠言，同時，政府以一連串的監管措施打擊中國的科技公司，從他們的財富中刮走了一兆美元。究竟發生了什麼事，竟會帶來如此大的逆轉？

二〇一三年，我從柏林搬到北京學中文與研究中國經濟，這可是中國，不是歐洲，中國是正在崛起的全球強權，是一個更陌生的地方，如果不沉浸其中並學習它眾所周知極為困難的語言，就不可能理解它複雜的經濟狀況。讓我意外的是，當我抵達時，我發現中國不是一頭經濟巨獸，而是一個落後、過時且低技術的金融體系。這個體系的基本優點似乎是：它強迫政府控制人民的財務生活。透過我個人探索這個體系的經驗，我可以看到其中的限制。在我嘗試用微薄的積蓄做點投資時，我走進了一家到處充滿灰塵的銀行分行，並拿了一份政府限制不得高於通膨的利率資料，這個政策讓銀行可以抽走存款人的錢去填補共產黨的金庫。另外，每一個人還在用現金支付日常的交易。

經濟學家把這種情況稱為「金融壓抑」（financial repression），因為它剝奪了消費者的選擇權，並把資金導向政府的優先事項。銀行只對少數菁英提供信用卡。所有的簽帳金融卡（debit card）都印有市場上唯一的業者商標，也就是一家叫銀聯（UnionPay）的國家壟斷企業，但大部分的商家都不接受使用。現金也非常不方便。詐騙行為非常猖獗，只要價值超過幾美元，即使是地方的小餐館，也會強迫性地透過掃描器檢測是否為偽鈔。我在美國的朋友當時正在使用Venmo應用程式支付費用，例如使用手機來分攤餐廳帳單，但我的中國朋友還是在用現金付款。

當時沒有人料想得到，中國在幾年內將在金融領域走到尖端的位置，為十億中國人帶來前所未有的金融自由，並讓中國成為融合金融與科技的全球領導者。中國的金融科技發展如此快速，以至於我在二〇一五年回到美國時，彷彿從一個行動金融無所不在的世界，回到書面支票與塑膠卡片的世界，感覺像是回到了過去。美國現在主要的金融公司很想知道，要如何迎頭趕上，以免在這一波創新浪潮中被遠遠拋在後面。當時，在中國之外幾乎無人知曉的馬雲，以他的電子商務王國與政治影響力作為跳板，打破了中國銀行的壟斷局面。他成立一家新的金融科技巨頭「螞蟻集團」，目前該集團被評估為全世界最有價值的金融公司之一，與摩根大通或萬事達卡（Mastercard）旗鼓相當。

螞蟻的支付寶與其主要競爭者騰訊等，這些行動支付系統早期的資金、觀念與技術，大致上都是來自美國。然而，螞蟻與騰訊現在已經發展茁壯，成為華爾街金融處理方式外的一個新穎且強大的替代選擇。這兩家公司都使用了「超級應用程式」（super-apps），其功能比中國以外的任何程式更強大，讓它的十億用戶可以把支付、借貸、投資、購買商品與服務、旅行、聊天等更多功能，全部整合在一支手機的應用程式裡。

中國的金融科技革命不只引起研究中央之國（middle kingdom，譯註：中國的另一種英文說法）的學者的好奇，也可能是金融未來面貌的預覽，而且這個未來已經蔓延到世界各地。臉書創辦人兼執行長馬克．祖克柏（Mark Zuckerberg）的全球帝國策略中，包括推出一款私人的數位貨幣，很多人擔心可能會取代很多國家的貨幣，它似乎就是仿照騰訊的微信

（WeChat）超級應用程式。

美國政府現在很擔心，中國網路公司的崛起如今已經強大且先進到足以與矽谷（Silicon Valley）互相抗衡，因此阻止了馬雲想買下一家美國軍隊經常使用的美國支付公司的企圖，並嘗試禁止在美國使用微信支付。儘管如此，從華盛頓特區的沃爾格林藥局（Walgreens stores，譯註：美國最大連鎖藥局）到泰國的商店，支付寶無所不在。但泰國商店卻不要我的美國塑膠信用卡，信用卡就像沒用的遺物一樣。中國的科技公司正在世界各地與美國的科技公司競爭，即使政府禁止這些中國公司的某些作為，也無法把他們的想法控制在中國境內。

對於金融業如何利用新的科技可能性，同時避免落入未知領域的固有陷阱，中國的金融科技革命對此有很寶貴的經驗教訓。中國已經承擔了西方承受不起的風險。有時，中國的實驗會突然大流行起來，但後來卻遭到嚴厲的審查與打壓的限制，完全不符合民主的價值。世界其他地方不太可能走類似的道路，但我們必須開始明白：中國所釋放的力量，以及這股力量將發展的方向，尤其是它如何彰顯出支付在線上商務的重要性。

中國的決策者針對商務、金融與交易上的轉型所呈現的問題，已經努力奮戰很多年，但這些問題並不是獨特的，它們和美國大型科技公司在全球引發的隱私、壟斷與國家安全等問題，是相同類型的擔憂。中國的金融科技發展故事說明了：現有的大型科技帝國加上金融，能夠開啟了不起的創新，為人帶來便利、包容性與更低的成本，並將鬆動一直過分壟斷利潤的現有機構。但是，這種潛力並非沒有風險。

在缺乏有效的反壟斷控制措施下，由數據驅動的金融科技巨頭可能會變成無法撼動的壟斷者，對創新活動帶來的是傷害，而不是激勵，因為沒有任何金融或科技新創公司能指望與之競爭。金融科技的應用程式對用戶活動的數據擁有近乎全面的掌握，還能對所見事物造成影響，也可能把金融科技的應用程式轉變成政府完美的控制中心，而這會危害用戶的自主性與自由權利。

我們必須了解中國政府對這些挑戰的因應方式，因為我們的目標是創造一個不會賦予大型科技公司或政府太多權力的數位未來。中國的體系已經證明，即使是在權威的政權之下，創新也可以蓬勃發展，因此我們需要擁抱不會導向金融風險的創新，並維持在金融與科技上的競爭優勢。

中國的金融科技革命於二〇一三年的六月開始，當時有好幾億的中國普通老百姓從國家支持的銀行裡拿走將近一千億美元，投入了馬雲所推出、可以在支付寶手機應用程式上買的一檔投資基金：餘額寶。馬雲對儲戶可以隨時取用的資金提供六％利率，比起國有銀行提供的零利率要好太多。為了競爭，其他銀行跟著提高利率，但餘額寶仍然成為全世界最大的貨幣市場基金，超越了摩根大通與先鋒（Vanguard）等全球巨頭。馬雲在全中國炸垮了金融壓抑體系，迫使僵化的銀行體系進行創新與競爭。今天，拜支付寶與其對手微信等大型科技公司的應用程式所賜，十億中國人在支付、借貸與投資上都有了豐富的選擇。

這些超級應用程式已經改革了貨幣。中國人的金融生活不再圍繞著政府與銀行，而是圍繞著科技生態系統。在美國、歐洲、日本或韓國，需要幾十個應用程式才能接近那個生態系統。超級應用程式推動了一個閃電般快速的支付系統，而且比美國信用卡支付系統便宜很多。正是這個系統打造的基礎，讓中國強大的網路公司得以趁勢崛起。花旗銀行（Citibank）正派出銀行家前往中國，以便儘早瞥見未來的趨勢。有一個人在走訪上海之後說：「如果你是美國的銀行家，正試著想像未來的消費金融會是如何，這裡就非常接近最後的狀態。」[1] 在我走進北京一家過時的銀行十年後，行動支付現在已經無所不在，連乞丐都掛上QR code，讓好心人可以用手機掃描，因為已經沒有人帶現金了。

然而，中國貨幣與金融的改革也帶著重大的風險。金融科技革命可能會加深中國對人民生活的威權控制，鼓勵政府以自己的倡議採取控制行為，例如社會信用，這是一種用來進行社會控制的數位工具，它會把毛澤東時代的政治忠誠作法帶到二十一世紀。調查記者劉虎在指控一名官員貪汙之後，發現自己被自動列入黑名單，讓他無法獲得貸款，很多商品也不能購買，甚至無法搭乘高鐵。這份黑名單每一年都會新增數百萬人。在新冠病毒（COVID-19）肆虐中國之際，中國政府正式透過金融科技的超級應用程式來掌控人民的行動。科技公司的演算法決定了數百萬中國人是否可以自由離開家門，這也顯示出超級應用程式可以做為控制人民的完美手段。

控制支付寶與騰訊數位錢包的營運，就可以鎖定不受歡迎的團體，例如異議人士，將其拒之於現代經濟系統之外。隨著中國的政治變得更專制與中央集權，中國企業家所打造的極具創新意義的新式金融體系，可能會被專注於控制與監控的系統所取代。到那時候，金融科技將不再是馬雲花了數年才實現的中國金融自由的力量。從一個育成了中國科技行業蓬勃發展的自由放任體系，到針對馬雲批評監管機關的言論所採取的因應方式，這個轉變清楚顯示，中國政府想要的是「不會威脅到政府執行控制」的創新，而且它不會容忍共產黨之外的權力集中現象，即使馬雲也是共產黨黨員。

在任何主要的經濟體中，最先進的經濟體是發行由中央銀行支持的數位貨幣，這讓政府得以即時追蹤與控制每一個人進行的每一筆交易，因此，世界各地的中央銀行正在考慮建立類似的系統。當新的數位貨幣取代紙幣，中國人就不再能以匿名方式交易了。

成功的企業家與政府控制只是故事的一部分，很大部分則是中國無法充分掌握正在發生的事，例如成功偽裝成創新技術、極為猖獗的違法行為。中國的金融科技創新有其黑暗、骯髒的一面，是任何想遵循中國模式的國家都應該避免的路徑。

科技學院中輟生丁寧對先進的金融科技使用了古怪的說法，卻贏得共產黨高層的喝采，結果詐騙將近一百萬名投資人數十億美元。這個龐氏騙局讓他得以買下一棟新加坡別墅，以及送給情婦的粉紅鑽戒。

與我交談過的地方官員承認，對於這樣的詐騙行為，工作過勞的他們只能抱著鴕鳥心態。為了讓故意忽視的中央政府面子好看，他們通常會遮遮掩掩，直到大規模的抗議活動驚動了他們，才會採取行動。數百萬人在這樣的快速致富計畫中失去了積蓄，而有些希望利用科技與金融致富的企業家則在獄中喪志潦倒。這是普通人在一個有缺陷的制度中的下場。這個制度要應付前所未有的挑戰，而且缺乏一個由開明的中央計畫者所組成、完全掌控經濟的果斷政府。

從多次拜訪中南海豪邸的共產黨領導階層，到面見政治局官員，以及訪談負責執行黨的路線卻資源不足的地區政府官員；從會見螞蟻集團與騰訊的高階主管，到捲走數百萬人存款的失敗點對點借貸公司（peer-to-peer lending company）的老闆與員工，數百場次的採訪與會議構成了本書內容的基礎。

研究中國不只教會我讀、聽、說中文，也對中國複雜的政治與經濟制度有了一點掌握。這牽涉到解讀數百份枯燥乏味的共產黨文件，以及在經過審查的新聞報導中找出沒說的部分，或是在一場固定模式的演說中找到一個改變的字眼，這些都是即將打壓價值數兆美元產業的信號。

多年的研究讓我下定決心，要描繪出一幅打破刻板印象的中國崛起圖像。它往往更像是一個肆無忌憚的創業故事，甚至是違法的故事，而不是國家補貼、五年計畫和黨強制命令的故事。這個故事揭露了很多人誤以為是統一的威權政府的內部分裂與派系，例如像周小川這樣的改革派官僚，邀請了大型科技公司進入金融領域與國有銀行競爭，以迫使國有銀行變得更好，因為他們意識到，只是命令銀行要更創新，一定沒有效果。

我的分析顯示，中國人和我們一樣關心隱私，但他們認為自己比較沒有能力保護隱私。從大公司拒絕把信用資訊交給中央銀行，到企業家越過監管機關讓阻礙公司發展的規則失效，在在顯示了共產黨控制的局限性。儘管新聞報導經常誇大社會信用系統的技術性力量，但共產黨的監控與控制方法通常不如表象，還有很多技術與政治上的困難，因此很少被公開討論。

金融科技的故事本身就很吸引人，而且對全世界未來的金融與科技意義深遠。透過它來了解今日的中國——這個世界崛起中的強權是什麼樣子，也是一個完美的視角。從二〇一三年創業與創新的樂園，經過一段過度控制的混亂時期，到今天的嚴密管控，金融科技的故事弧線反映出，隨著共產黨總書記習近平鞏固權力之後，中國越來越受到管控與監視。數位貨幣在成為促進自由的解放力量多年後，它看起來較為陰暗了，現在反而成為政府掌握的監視與管控工具，即使是面對最有權勢與最具獨立思想的商業領袖，這個政府也要求絕對的忠誠。

緊接著，由於中國本土的氛圍變得越來越陰暗，使得在海外不斷擴張的中國主要科技公司看起來更像是一種威脅，因為現在已經很難確定，當共產黨要求這些公司交出中國或外國用戶資料時，他們是否還能抵擋得住。現在要靠其他國家提出另一種願景，不要步入相同的命運，而是要利用數位貨幣全新的可能性來強化自由與自主性。

• • •

本書第一部涵蓋了中國金融科技革命的緣起，這是創業能量的勝利。第一章一開始就談到，針對中國老舊的金融體系，阿里巴巴的馬雲與騰訊的馬化騰所提出極富創業精神的解決方案。他們彼此競爭並推動中國的金融科技革命，而且都得到了周小川的支持。周小川是支持科技的央行行長，他以寬鬆的監管與政治保護幫助了這些新貴公司。當時尚不發達且受到壓迫的金融體系，並未提供科技公司起步時所需的資金。當時的創新公司也沒有創投類型的資金可以應用。和很多人對中國的預期相反，這些公司不是依靠國家的補助，而是必須找外國人來資助他們的新公司。

事實上，中國的科技成就靠的是外國資金與金融專業。在那時候，中國公司做的事就是從較成熟的外國網路業複製點子與引進技術。他們會把任何正在美國做得很好的技術拿走，不久後，就在中國一窩蜂地嘗試。所以，看一下美國的技術，就可以預見中國即將出現的技術。為了賺取營收，中國科技公司必須打造自己的支付系統，因為他們缺少我們在美國、歐洲，以及韓國與新加坡等亞洲國家視為理所當然的東西：一套運作良好的現代支付系統。在這樣做的同時，他們建立了自己的替代方案，讓自己從受到共產黨主導的金融體系束縛中解放出來。金融科技也幫助了他們在中國市場擊敗了像eBay等國外巨頭。

第二章描述了中國壓抑、落後的金融體系的種種弊端，如果創新公司能夠克服政治障礙，進入受到保護並由國有企業主導的市場，也算是時機已經成熟。本章概述了中國政府如何以及為何在支付上激勵與開放創新，甚至超過美國政府，讓不守規矩的線上支付行業在大約七年的時間裡完全不受監管。

本章說明了為什麼在二〇一二年時，共產黨願意打破自己的國家壟斷局面，激勵創新與競爭。即使銀行被國家擁有與控制，高階主管也都是由黨選出，而負責經濟的黨內官員溫家寶總理仍然譴責銀行，並說他們的壟斷必須被打破。我當時深入探討了中國的政治經濟，特別是二〇一二年時，中國成長模式饒富興味的轉變與新發現的挑戰，給了共產黨內部的改革派一些優勢，那些想繼續讓國家掌管經濟的人則暫居下風。本章主要說明，中國為什麼願意承擔比西方大得多的風險來推動金融科技。

第二部描述了寒武紀大爆發現象，也就是政治開放讓科技公司利用技術、資訊與用戶群，創造了超越支付的金融產品。

第三章說明了騰訊與阿里巴巴之間的雙雄競爭，如何帶著他們超越自己複製的外國人，並推進了全球支付與金融創新的尖端技術。想法的流動方向開始逆轉，現在是矽谷公司向中國的網路公司學習，而不是反過來。支付寶與微信支付進入了搭售（bundling）的配備競賽，在應用程式中增加了越來越多的金融工具與服務，例如社群媒體與電子商務。它們變得更像是作業系統，也就是成為很多應用程式的主機，因此可以收集到空前廣泛的資訊，並發展出比臉書與谷歌等全球巨頭所經營的任何模式更強有力的商業模式。大型科技公司快速擴大規模並展開激烈競爭，以開拓新市場的力量，而在更大的全國性金融問題上，例如消費與小企業金融、支付數位化、包容性、投資競爭的缺乏等問題，促成了重大的進展。

包括美國在內，所有國家都努力確保讓所有人得以取得金融產品，特別是窮人與小型企業。中國靠著由技術支持的解決方案取得飛躍式進展，遙遙領先。本章說明中國科技公司如何以及為何能夠徹底改變金融業，而矽谷卻失敗了：來自美國科技巨人的數位錢包對我們的金融體系造成微不足道的改變。但另一方面，中國的科技公司卻打破了國家壟斷的局面。也幸虧有像是央行行長周小川等支持者的政治權力與支持，他們才能夠反擊現有機構，並避免自己的創新在萌芽期就遭到扼殺。

第四章談的是伴隨金融科技的繁榮所出現的問題，例如捲走數百萬人積蓄的龐式騙局，到造成中國股票市場崩盤的黑市保證金融資等。一旦以寬鬆的監管打開創新大門，有關當局就必須釐清：在不導致金融危機下，如何保持創新中好的部分，並剔除壞的與風險太大的那一部分。然而西方政府則是透過遏阻金融科技的發展——大致上是拒絕調整監管作為來適應新的金融作法，由此來迴避這種巧妙的平衡作為。

很多傳統的詐欺者開始偽裝成創新者，以便從金融科技的政治支持上得到好處，這就說明了，想事先知道一個看起來創新的特定商業模式，將會有益經濟或產生嚴重的頭痛問題，其實是一件困難的事。點對點借貸就是這些問題的最好例子，它曾經看起來像是金融的未來，結果在美國卻表現不如預期，並在中國造成一波災難性的詐欺事件。在金融科技創新造成大悲劇之前，確保監管機構能適當監控金融科技創新的陰暗角落，此事讓我們得到了經驗教訓。

第三部探討的重點是，為了保護金融穩定、隱私、競爭與國家權力，中國政府與大眾試圖重新控制在之前繁榮期出現的龐然大物，以及它們過度的行為。

第五章說明了防範金融風險的行動，包括政府如何重新控制金融基礎設施與資訊，以及讓西方觀察者感到恐懼的社會信用系統，它就像是由技術支持並用來監管與社會控制的典型歐威爾式系統，只是還沒變得那麼先進或像批評者所害怕的那麼野心勃勃。這說明了習近平鞏固權力後，如何剷除中國大富豪、消除黨外的權力基礎，並作為對馬雲與馬化騰的警告：想要保住自家商業帝國，就要站在對的政治路線那一邊。

第六章深入探討在這個對中國公司越來越抱持懷疑態度的世界，中國公司在海外擴張時要面對的企圖與挑戰，特別是他們為了在中國境內取得成功，而與政府變得關係更為密切的時候。本章探討全球金融競爭引人入勝的新模式，由中國超級應用程式支持的金融科技錢包，對抗著威士卡（Visa）、萬事達卡（Mastercard）以及世界各地的其他美國巨頭。新的全球現實是，中國的創新正在擴散到每一個地方，即使美國試圖禁止，但由於強大的吸引力，中國金融科技透過激勵像馬克·祖克柏這類人仿效中國模式而進入美國。祖克柏試圖引發一場以臉書計畫為核心的全球金融科技革命，這是一個可以顛覆全球金融的數位貨幣計畫，並讓臉書擁有類似微信在中國累積起來的全球影響力。這個嘗試肯定是受到中國金融科技革命的啟發。面對這個可能性，各國政府嚴陣以待。

第七章接著轉向探討大眾對大型科技公司的強烈反彈，這是一種全球現象，只是在中國更為緊迫，因為大型科技公司藉著領導金融科技革命而取得了新的金融權力。這一切要從隱私意識覺醒開始談起，就連政府官員也發現，自己已經成為身分盜用以及熱門的資訊盜用或買賣市場的受害者。本章描述了找出不會阻礙創新的隱私架構的挑戰，這是美國、歐洲與世界各地的熱門主題。本章提供一個違反直覺的例子，例如螞蟻集團因為糟糕的隱私作法（但在美國是被接受的常態作法），而遭到大眾與監管機構警告。與預期相反的是，在某些領域，至少談到私人公司如何使用資訊時，中國人比我們擁有更大的控制權。

特別是在點對點借貸泡沫破裂，以及數百萬中國人的積蓄隨之消失無蹤後，政府開始意識到，邀請大公司進入金融領域產生了很多新問題，並著手反制，準備推出更嚴格的全面性規定。於此同時，即使科技公司曾經為大眾帶來那麼多的自由與便利，由於勞工受到剝削及壟斷行為，民眾變得沒有耐心，一度大受歡迎的科技公司開始失去大眾的支持。

第七章繼續探討中國央行如何企圖藉由自己的數位貨幣，挑戰比特幣（Bitcoin）等加密貨幣與美元，從而取得全球金融力量的制高點，甚至可能藉由自己的科技公司，來降低風險並對大公司與其用戶施加控制。這件事的意義是重新確立控制權，中國逆轉了遍及整個社會的重要自由化作為，並由共產黨與習近平掌握指揮大權。

在新冠疫情期間，金融科技應用程式成為一種新的中國人控制中心。這些應用程式幫助政府判斷誰有健康風險，誰在自己的支付寶應用程式上被顯示成紅色健康碼，也就是強制居家隔離的狀態。在國外疫情肆虐時，這個程式幫助中國順利因應了這個流行病好幾年，而且也顯示出中國技術幫助自己國家的能力，但與此同時，也讓我們一窺以應用程式為基礎的政府控制的可怕未來。而這一切的幕後，是習近平主張越來越多的權力，也是金融科技公司與其用戶被拖進控制網的方式，這一點貫穿於相關論述之中。

第八章探討受盡恩惠的金融科技後續令人震驚的衰落過程，以及站在世界最大公開募股案風頭上的馬雲，他第二次放手一搏，反對金融科技受到進一步監管，並批評共產黨。他的失算打破了長期讓大型科技公司相對不受約束的政治支持大壩，導致政府取消該交易案，這讓他付出數百億美元的代價，中國接著展開一波整頓行動，從新的隱私與競爭規則，到更緊縮的金融監管措施，大量的法規將強加在大型科技公司上。

第九章，我將探索中國未來的情景，以及對世界其他地區的影響，包括應該複製哪些元素，以及需要哪些措施，以避免這個模式的弊端，例如從壟斷力量到侵犯隱私與金融風險。

我非常認真看待這個可怕的情景：新的數位貨幣變成一種控制工具，而不是它最初所承諾的自由。由於數位貨幣可以監控所有交易，超級應用程式將變成政府的控制中心。然後中國會把這個模式出口到國外，希望能發展他們的金融部門，並破壞美國的國家安全。但不管是在中國或其他任何國家，這並不是一件注定會發生的事。民眾、政府官員以及想要全球化的公司，甚至是在中國，有各種力量想要阻擋這件事發生。讓我們希望他們可以成功。

Part

1 金融壓抑與中國科技的崛起（2002至2012年）

第一章

超級應用程式的崛起

「時間就是金錢，效率就是生命。」

一九九〇年代初期，一次國外旅行後，當了一輩子文官、當時擔任國有的中國銀行副行長的周小川返抵北京，他非常確信網際網路是金融的未來。他才剛從一場銀行會議回來，在那場會議中，每位出席者都收到一張磁片，裡面有上網與發送電子郵件的軟體。他看到了一個可以讓祖國脫胎換骨的機會，當時的中國即使已經有了電腦與通訊連接等必要條件，但沒有人在使用網際網路。當他順道去國家電信局為中國銀行申請一個電子郵件帳戶時，工作人員告訴他，他是城裡第一個提出申請的人，他非常驚訝。[1]中國的金融科技很幸運，因為周小川一心一意想要透過新技術來發展中國的金融。他將很快成為中國最有權力的官員，以及金融科技最重要的保護者。

中國的金融科技革命把它的金融體系——從我在二〇一三年遇到的落後、低技術而壓抑的體系，轉變成今天的金融科技顯貴。幾年前還非常迫切需要金融與其他服務的十億中國人，現在已經有了豐富的投資、貸款、支付選擇，以及許多便利的服務，其中有些已經超越美國與西方其他國家所提供的服務。此外，科技與金融的共生關係也推動了中國大型科技公司的成長，這些公司已經從矽谷的模仿者，成長為與美國科技巨頭互相競爭並刺激它們的創新者。

如果我們想要了解，科技公司如何打破國家主導的銀行體系，建造一個以超級應用程式為核心的全新金融模式，從電子商務、社群媒體與遊戲開始，再延伸進入支付、投資與貸款等金融版圖，這件事究竟是怎麼發生的，我們就必須研究引爆這場革命的三位不同凡響的人物。

第一位就是支持市場與科技的傑出官員周小川，數十年來，他構思了中國關鍵的金融改革計畫，並確保現有機構無法利用政治權力阻止金融科技破壞壟斷的局面。第二位是安靜的工程師／騰訊的共同創辦人「小馬」——馬化騰，騰訊是中國最大的社群媒體與遊戲公司，並推出了中國第一個成功的數位貨幣。第三位是直言不諱、頗有爭議的馬雲（雖然馬雲與馬化騰同姓氏，但兩位並無血緣關係，馬是中國常見的姓氏），他是阿里巴巴與螞蟻集團意氣風發的創辦人，在推動金融科技的進展上，沒有任何其他公司可以與其相提並論。我們必須理解中國迷人又複雜的政治經濟：馬列主義者的政治制度與國有制充滿矛盾地混搭著創業與創新的活力景象。

中國的金融科技故事起源於二〇〇二年，周小川當上中國央行行長（即中國人民銀行）的第一年，也是中國科技公司進入金融領域的開始。未來會成為威脅實力強大的中國各大銀行的騰訊與阿里巴巴，此時還很脆弱，而且正專注於複製更先進國家已有的點子與技術，遠遠談不上對中國各大銀行造成任何威脅，或足以在中國市場以外的地方與矽谷競爭。重要的是，幫助其成長的資金不是來自共產黨官員策畫的總體計畫，而是來自那些看到中國新生且成長快速的科技業潛力的外國投資人。

中國正在模仿的西方科技公司，在沒有進入金融領域就已經很創新又強大，但中國的公司基於後來成為創新之母的必要性，他們採取了一條不同的途徑。數十年來，中國的金融專注在「配合國家的壓抑政策」，專門吸收存款人的資源，以提供政府與大型國有企業便宜的貸款。它既不提供融資給諸如騰訊與阿里巴巴等創新公司起飛時使用，也不提供支付工具給線上公司，好讓消費者在購買數位商品或線上實體商品後支付款項。連同外國的投資，中國技術崛起背後的祕密就是，馬雲與馬化騰克服支付問題的方式。

他們兩個人偶然發現，付款問題是自家公司發展的嚴重障礙之一。線上遊戲與社群媒體公司騰訊必須想出「便宜的數位商品如何收款」的方法。而試圖建造電子商務市集的阿里巴巴，則必須找出一個讓賣家與買家信任彼此的方法，因為買賣雙方都習慣親自確認貨品後才會付現。西方的公司可以直接接受信用卡，但中國沒有人有信用卡，騰訊與阿里巴巴無法仰賴銀行或商業上唯一且由政府壟斷的支付公司，來為他們的線上支付建立一套可以運作的系統。因此，比起西方國家的科技公司所做的收款系統，他們必須建立更全面且更穩健的系統，畢竟西方國家只要連上信用卡系統的基礎設備就好了。

一開始的落後成為偽裝的祝福，因為這反而為騰訊與阿里巴巴以及所有的中國科技公司奠定了「打造完備支付系統」的基礎。只要有一套成功融入他們技術平台的支付系統，騰訊與阿里巴巴就可以增加其他各式各樣的服務，包括金融與非金融的，從貸款、稅務到社群媒體、貨品送達等所有一切的服務，成為一站購足的中心。這種作法會成為世界各地積極的超級應用程式藍圖。

然而，如果不是政治支持，允許他們冒著風險實驗，這樣的創業精神與毅力也不可能取得勝利。畢竟，由於政府的控制，而且禁止市場力量在金融領域發揮作用，因此中國的金融體系十分落後。馬雲敏銳地覺察到，他的公司進入了通常保留給國有企業的支付領域，而最後的結果可能是他與同事會被送進監獄。在很大一部分上，拜周小川行長與他的盟友所賜，中國政府反而對該領域採取放手策略，提供了創業家需要的政治保護。他們封鎖了外國的支付與科技公司，因為這些公司可能比當時主導市場卻笨重的國有企業更具競爭力，儘管馬雲推出支付寶的重要動機正是來自eBay與PayPal等外國競爭的威脅。

對中國這種威權政府來說，它在金融科技監管上採取的觀望態度令人感到意外，但這與中國在一九七八年的態度是一致的——當時中國從人均GDP比撒拉哈以南的非洲國家低三倍的貧窮中央計畫經濟體，轉型為繁榮的經濟超級大國。[2]共產黨領導階層確立總體的改革方向與參數，地方政府和各行各業則得到實驗的空間，接著中央政府從這些實驗中學習、評估與擴大規模。政治學者洪源遠把該模式稱為「引導創變」（directed improvisation），是一種由上而下與由下而上的靈活組合。[3]在中國允許的一系列「先實施，後研擬通行法規」的實驗中，線上支付是最後一個實驗。[4]事實上，比起態度更謹慎的美國與歐洲當局，中國對金融科技的態度更靈活、也更激勵人心。

當中國科技公司變得更強大、更有能力時，在二〇一二年左右，善意的忽視轉變為明確的支持。包括行長周小川等中國最有權力的官員料想著，邀請科技公司進入金融領域可能有助於共產黨繼續掌權，因為維持經濟成長有助於統治的合法性。寬鬆的法規與周延的政治保護，讓金融科技公司得以突破圍繞著國有銀行的壕溝，並瓦解它們的力量。除了政治突破之外，行動網路的出現也讓隨處可見的網路金融成為可能，這讓中國的金融法規失去作用，並威脅到國家緊抓線上支付業務的壟斷局面。

騰訊打造線上經濟與虛擬貨幣

二〇〇二年，當時還鮮為人知的社群媒體公司騰訊發行一款名為Q的虛擬貨幣，此舉開啟了金融科技時代。騰訊現在是全世界最重要的公司之一，也是世界最大的遊戲公司，它的市值一度接近一兆美元，但在中國以外的地方仍然鮮為人知。它的微信超級應用程式擁有超過十億活躍用戶，從新聞、聊天、社群媒體到支付、貸款與投資，全部都靠它搞定。微信能做的事，在西方國家的人需要臉書、Instagram、個人的銀行程式以及更多程式，才能辦到。它在遊戲、社群媒體、雲端運算與更多領域上都有自己的產品，它還擁有Epic等非中國公司大量的股份，Epic的《要塞英雄》（Fortnite）電子遊戲在全球賺了數十億美元。

騰訊的成功與創造力使它成為國外仿效的典範，包括臉書，但它一開始也像很多中國公司一樣：只是稍作一點掩飾的模仿者。「小馬」馬化騰在一九八八年和四個朋友在深圳共同創辦騰訊，他完全沒有因此而感到尷尬，他曾經說過一句名言：「模仿是最可靠的創新。」[5]

馬化騰的童年是在海南島的一個小鎮度過，他的父母在那裡的碼頭工作。一九八四年他十三歲，全家搬到深圳，他在那裡沉浸於當時中國獨特的創業氛圍中。改革時代還在初期，資本家在十八年後才被允許正式加入共產黨，但是那一年，在慶祝中國人民共和國建國三十五年的遊行隊伍上，深圳就大膽捐贈一台標有「時間就是金錢，效率就是生命」口號的花車。在中國的市場改革初期，深圳被指定為「經濟特區」，鼓勵實驗對商業有益的政策，在那之後，深圳從原本一個與香港隔江相望的小鎮，變成一座新興城市。隨之而來的就是大量的投資、來自中國各地的大量移民，以及飛速的經濟成長。

馬化騰從小到大一直對科學與建造東西、實體以及數位感興趣，他做的第一個產品是臨時湊合的望遠鏡，接著他提出一份針對哈雷彗星的詳細觀察報告，並參加一場在北京的比賽，然後賺到他人生的第一塊人民幣。[6]一九八九年，他通過大學入學考試，進入深圳大學，主修計算機工程，並且很早就展現出電腦程式的好本事。他好勝、勤學、調皮，還曾寫病毒程式鎖住同學的工作進度。[7]大學行政單位也因為他的技能與風評，在要解除鎖住共用電腦的病毒時，第一個想找的人就是他。

一九九三年，馬化騰大學畢業後的第一份工作，是在一家新創的傳呼機公司當軟體工程師，他在那裡默默工作了五年，並被暱稱「小馬」。他的程式員工作一年薪資只有大約二千三百美元，但在當時的中國，這可是一筆天文數字。以今天的美元計算，當時的人均GDP只有三百七十七美元，比今天的獅子山或阿富汗更少。[8]馬化騰可能沒有被他的公司視為明星人物，但在公司之外，他卻顯現出嶄露頭角、熱愛冒險的企業家特徵。他把業餘時間做的股票行情機賣掉後，賺了數千元人民幣，然後把利潤投入設備與四條電話線，並在家裡架了一個類似前網際網路（pre-internet）的網站，這讓他得以接觸到很多即將成為明星級科技企業家的人。[9]當其中的丁磊成立了自己的公司，並因銷售電子郵件系統致富時，馬化騰看到了自己一開始就參與網際網路所帶來的全新可能性機會。一九九八年十一月十一日，他辭掉工作，和一群夥伴共同創辦成立了騰訊。

在美國的科技泡沫接近頂峰時，中國新創公司正藉由複製西方成功的科技商品，追隨著網路公司承諾致富的浪潮，而騰訊也是其中一員。騰訊的第一個產品OICQ，就是ICQ（意指「我找你」〔I seek you〕）的複製品，ICQ是美國線上（AOL）擁有的線上通訊軟體。OICQ用戶可以在個人電腦上與別人線上聊天，或付費以傳呼機接收新聞與訊息。騰訊對這個產品的命名，讓它複製別人的猖狂行徑顯露無遺。在AOL控訴騰訊盜用知識財產權之後，OICQ就被迫改名成更原創一些的名字「QQ」。

騰訊在一九九九年年底時，擁有一百萬用戶，但收入很少。就像當時其他的網路公司，騰訊免費提供產品，全心放在用戶量的成長，希望有一天可以想出如何從中獲利。由於沒有任何營收，馬化騰與共同創辦人的現金很少，他們曾經嘗試賣掉公司，但沒有成功。由於前途黯淡，一位借錢給他們紓困的朋友告訴他們：「你們真的沒錢，還不出錢也沒有關係，但我也不要你們的股權。」[10]我想這是史上最重大的財務決策失誤之一。

北京的權力當局很難承認一件事：中國的科技巨頭之所以能熬過營運初期的幾年，依靠的是外國的投資，尤其是美國的創投與股票市場。科技公司在中國如雨後春筍般湧現，但當地的創投很少，甚至不存在，而且對於像騰訊這類新公司來說，中國股票市場的上市門檻簡直高不可攀。[11]中國政府不願意完全對外國人開放敏感的科技領域，但它也很務實，知道本土的科技部門發展需要外國資金。它默許的解決方法就是，讓騰訊等中國科技公司透過海外控股公司來接受外國的資金。（這些控股公司稱為「可變利益實體」〔variable interest entities，VIEs〕，但這些公司無法在某些關鍵的中國國內實體擁有合法股權，例如網際網路內容供應商。相反地，中國國民可以代表控股公司與其股東擁有管理當地公司的合約，並且保證該控股公司能獲得股東通常會得到的經濟利益。若想更詳細檢視中國的可變利益實體，推薦保羅．基爾斯〔Paul Gillis〕的文章〔www.chinaaccountingblog.com/vie-2012septaccountingmatte.pdf〕）

如果沒有外國對這些敏感行業公司的援助，騰訊（與其他公司）就無法在網路泡沫中存活。二〇〇〇年，美國的國際數據集團（IDG）與香港的電訊盈科環球（PCCW Global）

適時投入創投資金，挽救了騰訊，讓它不至於資金耗盡。史上最好的一筆投資將來自南非媒體集團Naspers，它在二〇〇一年以大約二千萬美元買下騰訊三二％的股權（一年後，這些股權價值超過一千億美元）。[12]然而，在騰訊募集到這些資金之後，科技泡沫破滅，外國的創投資金也枯竭了。騰訊一直在燒錢，除非可以找到快速賺錢的方法，否則難逃破產的命運。

• • •

對於騰訊等線上公司來說，中國的金融落後，缺乏支付系統尤其是一種生存威脅。美國與其他國家的新創公司是靠銷售廣告引進收入。但即使QQ擁有龐大的用戶群，廣告仍占不到營收的五％。中國城市工人在二〇〇〇年的平均可支配收入，每年大約七百五十八美元，與海地大致相當。[13]但QQ用戶賺的錢更少，購買力不足以吸引廣告商。[14]

剩下的辦法就是直接向用戶收取服務費用。但即使顧客想向中國科技公司買線上商品，也沒有簡單的線上支付方式。馬化騰說：「在當時，中國的年輕消費者幾乎沒有人擁有信用卡，他們必須跑去郵局轉帳，很少網友願意每個月為十塊人民幣的費用跑一趟郵局。」[15]

美國人可以簡單地在網站上輸入信用卡訊息並點擊「付款」，但中國缺少這樣的支付基礎系統。信用卡在中國非常罕見，數百萬中國人擁有簽帳金融卡，卻不能真正用在線上購物。早期的金融卡只能在發卡城市裡使用，而且只能用在發卡銀行的ATM上。因此，到北京出差時，上海的卡就派不上用場，旅行者被迫要帶著成堆的現金旅行。自一九九〇年代以來，中國政府一直努力要打造一個類似威士卡與萬事達卡的支付網路，把銀行連結在同一個支付網裡，然後來自不同銀行與城市的支付卡可以在銷售點（point of sale，POS）終端機使用，或是從全國任何地方的ATM取款。

這最後促成了中國銀聯在二〇〇二年成立，這是一家由中央銀行與中國各商業銀行共同擁有的政府壟斷公司。成立銀聯的部分原因是，在中國進入世界貿易組織（World Trade Organization）、對外國人打開國內市場後，得以在面對即將到來的外國競爭時提高銀行體系的競爭力。[16]為中國銀聯打造市場上角色的是政府的命令，而不是競爭：中國的所有刷卡支付處理器都被迫接受它。所有在中國以人民幣計價的刷卡支付，都必須透過銀聯的網路進行。它可以變得很強大，但在騰訊必須快速提高營收時，它才剛剛開始發展。銀聯最初的重點放在線下公司的強大潛力，例如實體的零售商、餐廳與飯店，而不是剛剛萌芽的線上公司，因為這些公司還缺乏很好的方法來處理線上刷卡。

騰訊的第一個解決方案，是透過一家中國國有電信公司「中國移動」向用戶收款。騰訊的新聞更新與其他內容費用，可以加到用戶的電話帳單上，然後當中國移動收到這些款項並扣除一五％的費用後，再交給騰訊。在銀行產業能力薄弱的國家，電信公司有很好的條件建立支付系統，因為它們有很多用戶，也有可以收現金的龐大在地據點與代理商網絡。

就中國而言，這個夥伴關係在二〇〇一年初，為六千五百萬名中國移動用戶開通了騰訊的計費服務。[17] 一五％的費用看起來可能很高，但是，蘋果與谷歌長期以來對App Store與Google Play Store的數位商品應用程式開發商收取所賺金額的三〇％，而一五％只是他們的一半而已。[18] 這個計費的解決方案可能解救了騰訊，讓它免於落入破產與歷史垃圾桶的命運，因為能夠向數百萬人收費是騰訊在二〇〇一年第一次獲利的關鍵。[19]

不過騰訊仍然無法向那些從網咖或家用電腦登入QQ的用戶收取費用，策略的計算看來甚至更為重要。騰訊打算建造自己的生態系統，讓一切在自己的控制下，而不是任憑國有電信公司擺布。當騰訊剛開始嘗試在電信系統之外賺錢，對QQ會員（premium account）

用戶收取每個月十塊人民幣時，正如馬化騰所說，不方便的支付工具讓這個嘗試注定以失敗收場。即使尊榮帳號價值每月十塊人民幣，也不值得用戶每個月親自跑一趟郵局寄匯款單來支付如此小的金額。

支付的解方：虛擬貨幣

騰訊的解方是，在二〇〇二年五月打造自己的虛擬貨幣：Q幣。騰訊再次從其他地方借用了這個點子。至少從一九九〇年代末期，虛擬貨幣就存在於像索尼（Sony）的《無盡的任務》（EverQuest）等線上遊戲中。[20]不過騰訊最有可能是受到中國遊戲公司九城（Nine Cities）的啟發，這家公司在二〇〇一年初，靠著銷售一款遊戲使用的虛擬貨幣，創造了數百萬美元的營收。不過，Q幣比單純的遊戲貨幣有用太多了。一枚Q幣可以用一塊人民幣買到，然後可以用來買騰訊的任何數位服務。用戶不必跑去銀行或郵局很多趟，可以從騰訊開發的賣家網絡，包括銀行、網路供應商、電信公司，甚至網咖，一次輕鬆購買較大量的Q幣。[21]

除了自己的產品，騰訊不會用Q幣兌換其他任何東西。所以它看起來像是一種無趣的禮品卡，除了一個關鍵的額外特色：用戶可以在網路上彼此自由轉換Q幣，這意味著沒有政府的許可與監管，騰訊正營運著一個支付系統。Q幣因此成為在騰訊控制之下、無縫接軌的線上經濟體系基礎，比政府在現實世界所建立的支付系統更為便捷。

大致上，Q幣解決了騰訊的支付困境。二〇〇四年年底，流通在外的Q幣大約有六千三百萬，二〇〇五年變成了四倍，達到二．三四億（當時價值約為二千八百萬美元），當時在中國使用網路的一．一一億人中，每個人平均擁有超過兩枚Q幣。[22]此時，每一筆交易都不再需要仰賴國家建立的落後金融基礎設施，突然間，騰訊在銷售只要幾枚Q幣的虛擬時裝、遊戲道具與聊天頭像時，忽然都變容易了。同時間的美國，商家很容易接受信用卡，反而變成一把雙面刃。客戶用這個方式付款很容易，但信用卡交易的固定費用很高，通常在十到三十美分之間，這代表公司在收取小額費用時，支付費用反而比賣幾美分數位商品所賺的錢更多。[23]美國體系的不便之處還不足以讓美國科技巨頭去打造一個與Q幣相當的系統，它仍然依循絕大多數的線上商業模式，不是賺取大筆金額的交易，就是以廣告來賺錢。

然而，騰訊對於經營一個最後無法控制的實際支付系統，完全沒有做好準備。當時，某個繁榮的黑市選擇了Q幣作為它的貨幣。職業玩家把贏來的Q幣賣掉，賭博圈用Q幣來洗錢，而駭客則駭入人們的QQ帳號偷取Q幣。還有透過色情線上聊天交換Q幣的所謂QQ妹子；有名遊戲玩家甚至為了某款遊戲中要價七千二百人民幣（超過一千美元）的一把虛擬武器，而在真實世界殺害另一名玩家。[24]騰訊剛冒出頭的對手阿里巴巴也變成了一個非正式的交易所，在它的電子商務市集貼出Q幣的買賣報價。[25]

面對失控的局面，騰訊在二〇〇六年年底對Q幣轉移做出限制，讓它更像是一種禮物卡。但是，即使是禮物卡也可以在發行商的控制外進行買賣。用戶可以隨意設立想要的QQ帳戶數量，放入Q幣，然後透過提供登入資訊，把Q幣轉給另一名買家。二〇〇七年四月，銷售Q幣的黑市價格大約是〇．八二人民幣，這使它成為一種平行貨幣，擺脫了「在政府控制下的單一穩定貨幣」這個最重要的原則。[26]政府對此提出警告，將採取行動以「防止虛擬貨幣打擊真實經濟與金融秩序」。[27]但中國政府花了兩年多才想出要如何處理這個不受監管的支付系統。二〇〇九年六月，法規終於出現了，禁止賭博公司的虛擬貨幣用來購買發行商數位服務以外的任何東西，這個行動大致關閉了Q幣的黑市經濟。

對Q幣的狂熱成為滿腔熱情的中國人擁抱比特幣的前兆，這是一種創新的數位貨幣，就在監管機關阻止Q幣在騰訊系統之外使用時，比特幣出現在一份晦澀難懂的線上白皮書。雖然Q幣對騰訊早年的成長很重要，但最後還是走進死胡同，就像曇花一現，短暫地推動了線上商務，但並未改變更廣泛的支付方式，因為它威脅到政府的利益，所以基本上被關閉了。而另一位新的競爭者即將從騰訊手中接下金融科技的火把。

• • •

在馬化騰創辦騰訊的四個月後，馬雲於一九九九年四月在家鄉杭州成立了阿里巴巴。杭州是浙江省省會，距離上海兩個小時車程，這裡以創業精神與小企業而非政治與國家計畫聞名。馬雲後來談到他的公司在杭州家鄉時說道：「最好離中央政府越遠越好。」[28]馬雲的父親在一家工廠工作，母親是一名攝影師，但馬雲對生命有更大的想望。馬雲對美國文化著迷，並把英語視為與外界聯繫的一種方式，在一九七〇年代末期與八〇年代早期，他每天一大早就騎著自行車去迎接來到杭州的外國遊客，以免費導遊交換練習英語的機會。即使有這般的毅力與好奇心，他卻沒有通過前兩次大學入學考試。令人意外的是，這個即將成為全世界最成功的科技創業家之一的人，竟然無法通過數學考試，而且永遠沒有培養出編碼之類的技術能力。從很多方面來看，他和馬化騰完全相反。

馬雲考試失利後，他父親能幫他找到的最好工作，就是搬運成綑雜誌的體力活，對一個將成為全世界最富有之族群的人來說，這是不怎麼有前途的開始。但是，在馬雲的職業生涯中，他並未受到失敗的阻礙。在第三次的入學考試，馬雲考上了當地的師範學院，他在那裡成長並建立了政治關係，最後成為該市的學聯主席（譯註：馬雲是杭州師範學院的學生會主席，後來成為杭州市學生聯合會主席。學聯是中國共產黨領導下的中國高等學校學生會、研究生會和中等學校學生會的聯合組織）。大學畢業後，他找到一份教職，但是當鄧小平在一九九二年高舉「讓一部分人先富起來」的口號重新啟動經濟改革時，馬雲跳上了改革的列車。

馬雲的第一家公司是翻譯社，是他在政府教書工作之餘的副業，只是從來沒有足夠的生意，於是就關門了，但失敗從未嚇到他。他的英語能力讓他在一九九四年得到前往美國旅行的機會。就像周小川一樣，一次偶然的國外旅行讓他很早就發現了網際網路。馬雲發誓，要用網際網路讓中國與世界相連。他的下一間公司是中國黃頁（Chinapages.com），是一個讓外國人可以找到中國公司的線上目錄，但這間公司超前了當時的中國，因為他的客戶中很少人聽過網際網路，很多人還以為他是個騙子。

馬雲此時已經展現出卓越的公關技巧，他的演講風格豐富精采且引人入勝，受到全國的關注，包括他曾經編造比爾・蓋茲（Bill Gates）的名言，好讓他的言論更有權威性。[29]然而，由於中國黃頁的生意不見起色，這家經營不善的公司就和一家國有企業成為合資企業，但這家國有企業很快地利用其資本與政治力量完全掌握了控制權。從這次的失敗中，馬雲學到了關於政府的寶貴一課，他後來總結為：「要和政府談戀愛，但不要嫁給他們。」

短暫消停了一段時間，就像在北京工作不快樂的文官，馬雲準備嘗試第三次的創業。這一次，有了出乎意料的成果。中國與美國當時的網路公司正達到極高的估值，他不想錯過這艘自己幾年前就看準的成功飛船。從一開始，馬雲就致力於成立一家全球性的公司。他把公司命名為阿里巴巴，因為這個名字有正面的聯想以及全球的辨識度。這個名字根據的是《天方夜譚》（*One Thousand and One Nights*）中阿里巴巴的故事，只要念出咒語「芝麻開門」，就可以進入滿是金銀財寶的山洞。馬雲的公司能讓中國的公司透過網際網路直接連上外國買家，可以消除昂貴的中間人費用。

和騰訊一樣，阿里巴巴（Alibaba.com）一開始也是免費的，運用矽谷的經典策略，先獲得用戶，之後再賺錢。這個策略奏效了，但必須從外國投資人那裡得到大筆的募資。早期的投資人包括高盛、軟銀（SoftBank），以及其他來自香港、新加坡、瑞典與美國的公司。阿里巴巴也借用並調整別人的點子。為高盛做出這筆投資的林夏如後來說到：「馬雲的點子完全不是原創的，很多國家已經試過這個想法。但是他完全投入要讓這件事在中國成功。」[30]

阿里巴巴以電子商務起家，靠著像是一萬件公司T恤等批發訂單，讓中國與海外的公司連結起來。在二〇〇三年，再以名為「淘寶」的網站把業務擴大到一般消費者的線上購物，這個名字就是「尋寶」的意思。馬雲擔心，剛剛挾帶鉅額投資進入中國的eBay將控制市場，不會給自己這樣的小公司留下任何空間。的確我們在今天很難想像，但當時中國本土的科技公司和來自美國的全球巨頭相比，真是微不足道，因此非常脆弱。阿里巴巴和其他中國本土公司與eBay、谷歌、雅虎（Yahoo!）互相競爭，結果還在未定之天。大多數的外國網站在中國還未被屏蔽，在資金與經驗上有相當的優勢，但與之交戰的中國新創公司則對本土市場有更靈活的特性與知識。

當馬雲推出淘寶網，也就是阿里巴巴第一個面對消費者的電子商務網站時，馬雲對競爭的回應造就了今日的阿里巴巴——是加上更多功能的中國亞馬遜。打造淘寶網迫使阿里巴巴面對比騰訊Q幣的問題更為棘手的局面，因為它是擁有線上商店的獨立賣家平台，更像eBay，只是沒有拍賣。它不只要向全國各地的用戶收款，也必須把他們引導到大量的第三方商家。阿里巴巴將會遇到兩個重要問題：信任，以及落後的基礎設備。

• • •

淘寶早期遇到的嚴重問題是，賣家已經出貨卻收不到款，以及買家已經付款卻收不到貨，糾紛不斷，因此削弱了消費者在線上購物的信心。[31]大部分使用信用卡在線上購物的人並不知道，線上購物就像貸款，是一種授信行為。

進行當面購物時，一手交錢，一手交貨，是同時交易的，因此雙方即使不信任彼此，仍然可以做交易（當然，可能會發現產品有瑕疵，或現金可能是偽造，但雙方通常可以看見自己拿到的東西）。在線上購物時，有一方必須要跨出信任的一大步，在知道他會得到什麼回報之前，先提供某個有價值的東西。如果買家下了訂單時就馬上付款，賣家可能會違約不發貨或寄出劣質品。反過來，如果買家可以之後付款，即使賣家已經出貨，他也可能拒絕付款。在中國電子商務發展初期，網路上找到彼此的買家與賣家，只會願意與住在同一座城市裡的人交易，他們會親自碰面與付現，這種情形嚴重限制了電子商務的潛在規模。[32]信任問題沒有解決，中國就不會有今天的地位——成為目前全世界最大的電子商務市場。

由於法律與信用卡已經建立了消費者保護措施，美國的消費者與企業對於信任問題幾乎不必考慮這麼多。如果使用信用卡在線上訂購的商品沒有送到或商品錯誤，受委屈的消費者可以要求「退款」，撤銷付款。銀行如果無法從商家追回這筆錢，通常會承擔這個成本。因此信用卡制度就有篩選商家的誘因，確保他們之前沒有違約行為，才允許使用信用卡，這就像是一種信用審查。但是信用卡在中國很少見，而且頂多只有基本的消費者保護措施，所以消費者對線上購物的態度是猶豫的。美國與中國情況的差異說明了，為了新市場的妥善運作，制度的環境與誘因必須一致，然而阿里巴巴最後的解決方案顯示，一家堅定的公司可以填補環境中缺失的環節。

阿里巴巴的員工研究了PayPal的商業模式與騰訊的Q幣，兩者似乎都無法解決這個問題。[33]最後，阿里巴巴複製了eBay與其中國合作夥伴的作法，他們嘗試「第三方託管」的制度，要求買家預先付款，但只在買家確認商品送達且狀況滿意時，才會把錢發給商家。賣家知道，在他們出貨之前，買家已經付款。買家知道，賣家在沒有寄出保證的貨品下無法捲款逃逸。他們不必信任彼此，但必須信任阿里巴巴，線上交易才能行得通。

支付寶設法開始和中國工商銀行的一家當地分行合作，讓它在銀行帳戶之間直接持有貨款並處理付款。中國工商銀行是中國最大的銀行，由政府擁有。而阿里巴巴只處理法律風險較小的部分：資訊、調解貨品品質的相關糾紛或付款收據。中國工商銀行冒著聲譽受損的風險，為支付寶提供託管服務，給用戶可靠的保證：他們的錢是安全地存放在一家國家銀行，並由其監管著，而不是一些幾乎沒有紀錄的不知名科技公司。[34]淘寶的託管系統後來變成了支付寶，處理的第一筆付款是要給一名中國學生，他在二〇〇三年十月於淘寶網賣了一台二手的富士（Fuji）相機，但這筆交易因為買家臨時退縮而差點失敗。

儘管如此，問題仍然存在。買家必須用中國落後的支付系統才能使用支付寶。這個重大障礙給了支付寶更大的壓力，他們必須打造比託管方式更完善的作法。即使在中國最發達的城市，也很少有中國人使用網路銀行，所以人們通常必須親自到銀行排隊等候，以完成轉帳。[35]對於沒有銀行帳戶的人，支付寶與中國郵政合作，讓人們親自到郵局各分支據點，把錢放進支付寶帳戶裡。這樣做很有幫助，但是和只要輸入信用卡號的美國人相比，仍然非常花時間。[36]阿里巴巴高階主管彭蕾回憶說：「在支付寶營運初期，每一個部門都有一台傳真機。客戶透過銀行或郵局轉帳後，必須把銀行匯款憑證傳真給淘寶。然後我們會再次查核確認。」[37]在很多情況下，如果買家親自去當地某一家商店以現金付款，花的時間會更少。商家也很沮喪，因為已經送達的貨品，可能要花上幾週時間才會收到付款。主要是因為，當時中國的銀行之間使用的支付系統速度非常緩慢。

支付寶一點都不像今天的自動化奇蹟——一秒鐘可以處理數十萬筆交易，當時支付寶的很多工作都是手工完成的。這種低技術模式在二〇〇三年還行得通，因為中國當時整個客戶對客戶（customer-to-customer，c2c）模式的線上電子商務，大概只有十億人民幣左右，大約一．二億美元。那時支付寶每個月只處理大約三十筆交易，而且都記錄在Excel表格中。[38]隨著使用的人像滾雪球一樣增加，成長的痛苦就出現了。由於頻繁出錯，導致很多付款被撤銷或延誤，有時還須等待長達數月，讓商家非常惱怒。中國工商銀行必須手動印出支付寶的付款單，然後員工將它輸入中央銀行的支付系統，這些工作量嚴重超載，導致銀行想要中斷這個合作關係。但這麼做將扼殺支付寶，也會嚴重打擊電子商務在中國的興起。

這種生存威脅激發了創新。阿里巴巴開始批量交易，這是邁向真正的支付系統的第一步（舉例來說，阿里巴巴的支付團隊以前要提供指示給銀行，一天就可能要為一名高銷量的淘寶賣家進行數十筆以上的付款。在新政策下，他們可以等到一天結束時，再把當天的銷售額加總起來，一次付款）。這個改變讓淘寶每天的銀行付款次數減少了一半，但還不夠：阿里巴巴仍然在銀行手續費上大失血。[39]馬雲一開始嘗試使用現有的系統，他向銀聯接洽，希望建立合作夥伴關係，讓支付寶可以一站式連通各銀行。銀聯是金融卡與信用卡支付的強大政府壟斷公司。銀聯表現出對這家小科技公司的蔑視，只派了一名低階主管來見馬雲。這是銀聯方面的失算。支付寶因此不得不建構自己的解決方案，而這成為改變中國金融體系並威脅銀聯壟斷局面的決定性事件。

為了維持銀行夥伴關係的需求，支付寶在引進虛擬帳戶時轉變成一個真正的支付系統，這完全是出於必須，而非計畫。就像Q幣，用戶可以使用落後的銀行系統一次性投入一筆錢到支付寶帳戶，然後支付寶就可以在這個生態系統中處理交易，期間無須銀行介入，直到有人把這些錢取走。虛擬帳戶降低了銀行夥伴的工作負荷，也減少了銀行的手續費，並讓阿里巴巴賺到它代表客戶存在銀行的資金利息。雖然支付寶一開始只能從阿里巴巴購買商品，但後來變成一套可以為所有線上商家提供付款的基礎系統。

支付寶變成支付系統之後解決了很多問題，但還是冒著法律的風險。雖然不是正式違法，但也不是完全合法。沒有政府授權的集資投資，在當時會被判處死刑。中央銀行負責支付，但支付寶正在做的事卻沒有法律或法規的正式紀錄。無論如何，馬雲繼續努力前進。[40]一名商人如果沒有「評估哪些風險值得嘗試」的政治頭腦，就無法變得像馬雲一樣成功。中華人民共和國是一個列寧主義的黨國體制，從來沒有接受過由獨立法院執行的法治等概念。[41]比起了解一個商業決定的政治涵義，違法或扭曲法律根本算不了什麼。這樣的考量以及與政治支持者的談話，在政治上過於敏感，在中國是無法公開談論的。

馬雲可能已經知道，中國的金融體系通常是保留給強大的國有企業使用的，這可能讓私有的支付寶在進入這個領域時感到猶豫。由於這個風險沒有得罪任何強大的公司，似乎值得嘗試一下。畢竟，銀聯對這個市場不感興趣，而各銀行也從它們與支付寶的關係中賺到錢。馬雲可能還注意到，Q幣有很多支付寶的功能，但這並未對騰訊或馬化騰帶來任何麻煩。馬雲在政府中的人脈也可能告訴他，政府看好電子商務，但尚未密切關注這個市場。然而，從二〇二〇年以來，黨的態度轉趨強硬，顯示了這種寬容總是有期限的。當政治風向轉變時，如果不能快速調整，昨日成功的冒險家就可能成為明日的賤民。

這是周小川再次上場的時候，為了實驗與成長，他確保馬雲等創新者得到監管單位的支持。後來由世界銀行（World Bank）與中國人民銀行共同撰寫的一份報告發現：「中國監管當局一開始採取『觀望』態度，允許新興產業在相對較少的限制下創新與發展。」[42]周小川也得到更高階層的支持，中國政府高層機關於二〇〇五年頒布意見，推動「線上支付系統的進展」，以促進電子商務，因為這可以「改變我們的經濟成長方式，並提升公民經濟活動的品質與效率」。[43]線上支付符合政府的目標，這給了周小川與中央銀行靈活處事的餘地。中國人民銀行不是強行施加規則，而是在二〇〇五年頒布「指導意見」，正如一名官員說明的：「為電子支付公司創造一個相對寬鬆的環境。」在五年內，還不會強行施加正式法規。[44]

但並非所有政府部門都放手不管。杭州政府很支持阿里巴巴，希望這個本地的企業能夠留在當地投資，而不是搬到上海或北京等更有名氣的地方。在杭州市網站發布的一封電子郵件中，當時的杭州市長茅臨生（Mao Linsheng）在二〇〇三年告訴馬雲：「阿里巴巴的營運如果有任何困難或問題，請盡快告訴我們，我們會盡力協助解決。」杭州市提供了阿里巴巴土地，也制定政策鼓勵其他公司上網。[45]中國的政經環境是獨一無二的，但是補貼、減稅以及其他吸引公司投資的支持措施，在世界各地的各級政府都是很常見的作法，包括美國。

在全面檢視中國的產業政策時，加州大學聖地牙哥分校的巴里·諾頓（Barry Naughton）教授發現，一九九〇年代末期與二〇〇〇年代初期，中央政府專注於「讓企業更市場取向」，並「停止嘗試發布特定的產業與技術結果」。[46]所有的規畫都聚焦在大型的硬科技（hard technology，譯註：有別於由網際網路模式創新構成的虛擬世界，這屬於科技創新構成的物理世界。需要長期研發投入、持續積累才能形成原創技術，具有極高的技術門檻，難以複製和模仿），例如半導體與電信網路。騰訊與阿里巴巴早期的成功，主要是因為他們解決問題，並適應市場，而不是北京選擇他們作為贏家。

黑馬阿里巴巴在中國擊敗eBay與PayPal

在強大的外國競爭中，支付寶與淘寶幫助阿里巴巴占了上風。eBay在二〇〇〇年代初期，收購了在客戶對客戶（c2c）電子商務中主要的中國本土業者易趣網（EachNet），接著在二〇〇五年把PayPal引進中國。PayPal在一九九八年成立，是eBay拍賣平台的線上支付工具，成長快速。PayPal就像支付寶，它與電子商務的發展一起共生與成長。eBay在二〇〇二年以十五億美元買下它。當eBay把它帶進中國時，PayPal已經是全球支付巨頭，在幾十個國家擁有超過八千萬個帳戶，每年的轉帳金額達二百五十億美元。[47]面對eBay的資源以及PayPal的經驗與技術實力，成立一年的支付寶似乎毫無勝出機會。

關於eBay，馬雲說過一句令人印象深刻的挖苦話：「他們的口袋很深，但我們會在他們的口袋裡挖一個洞。」[48]eBay向賣家收取上架費用，但淘寶與支付寶都是免費的。軟銀在日本資助雅虎成功抵擋eBay，它也向阿里巴巴投資了數百萬美元。雅虎投資更多錢，在二〇〇五年八月，投資了十億美元。由於海外的大量資金湧入，阿里巴巴得以推廣淘寶，並讓淘寶免費。當時馬雲說了一句俏皮話：「感謝eBay……，你讓這一切成為可能。」[49]這句話說明了，在促進改善與投資上，外國的競爭可以產生積極的影響。

淘寶對中國市場的適應更好。二〇〇〇年代中期，中國電子商務市場發生了驚人的命運逆轉，不到兩年，淘寶就打破了eBay／易趣網的領先局面。淘寶在中國客戶對客戶電子商務市場的市占率，在二〇〇五年是五成，到了二〇〇七年變成八成；而eBay／易趣網的市占率則從二〇〇三年超過七成的主導地位，下降到二〇〇七年的不到一成。儘管eBay對中國的營運投資大筆資金，嚴重的錯誤注定了失敗的下場。例如，它把中國網站的後端移到美國，因此交易必須穿越中國的國家防火牆（這是網際網路的審查系統），才能到達中國用戶的電腦。[50]此舉得到的結果是：糟糕的用戶體驗，網站速度慢，還有一些網站被封鎖。部分原因當然要責怪中國政府的審查，但eBay的不幸決策讓這個問題惡化，加上它也無法選定一個能讓用戶理解與信任的支付／託管服務。eBay在中國推廣了PayPal和易趣網自創的安付通（An Fu Tong）託管服務，導致令人困惑的客戶體驗，用戶感到挫折，也破壞了他們對這項服務的信任。[51]

如果人們想去的商家不接受某個支付系統，那個支付系統就是沒用的。eBay／易趣網的市占率暴跌，使PayPal失去了推動消費者採用其系統的使用案例。PayPal當時的中國區總經理田毓中（Alan Tien）在給同事的信中寫道：「淘寶的產品開發週期要快得多。馬雲是對的。我們無法用他的條件對抗。」接著寫道，「我認為，eBay沒有更認真看待這些威脅，實在是太嚇人了……。淘寶／支付寶已經站上中國拍賣／支付龍頭的地位了。」政府對外匯與跨境支付的嚴格規定，削弱了PayPal多於支付寶的眾多優勢，例如它的全球網絡可能有助於中國企業進行海外銷售。[52]儘管如此，我採訪了多位參與PayPal進軍中國的人都一致指出，支付寶戰勝PayPal的最關鍵性因素，是淘寶在客戶方面的成功，而不是保護主義的作用。

與此同時，淘寶的快速崛起帶動了市場對支付寶的需求。二〇〇六年年中，支付寶有二千萬名用戶，每天交易三千萬人民幣（大約四百萬美元），銀行也急切地想從處理付款的手續費中分一杯羹。主要的國有銀行，甚至威士卡，都與支付寶簽署了策略夥伴關係。支付寶甚至與銀行合作，進入塑膠信用卡與金融卡業務（「四大」國有銀行之一的建設銀行發行了一張特別的金融卡，更容易在淘寶上付款。中國郵政也跟進這樣做；二〇一〇年，中國銀行甚至發行了一張與淘寶帳戶綁定的信用卡）。

儘管銀行很感興趣，但是相較在美國使用信用卡於亞馬遜購物的便利，支付寶的用戶體驗仍然很差。由於沒有利息可賺，也沒有向銀行帳戶一樣得到國家保證，大部分用戶並沒有留錢在支付寶帳戶上。[53]這意味著，每一次要買東西的時候，用戶必須登入自己的線上銀行系統，才能把付款「推送」到支付寶，這是一種古怪又緩慢的過程，導致將近一半的支付寶付款失敗，讓阿里巴巴損失了巨額的銷售額。相較之下，亞馬遜的「一鍵下單」（one-click ordering）讓用戶在網站上輸入信用卡資訊時，只要輸入一次。系統會儲存這些詳細資料，並在未來需要付款時，流暢地從用戶帳號中取出資金。

支付寶的重大突破叫作快捷支付（QuickPay）。多年來在美國被視為理所當然的簡單線上支付經驗，終於在中國成為選項之一。用戶可以用金融卡連結銀行與支付寶帳戶，這樣就可以從銀行提取資金，流暢地完成支付寶的交易。快捷支付大大提升了客戶體驗，這讓付款成功率飆升了九〇%。在中國金融科技成就中，被低估的其中一個因素就是：大多數中國人已經擁有可以綁定支付寶的銀行帳戶，既可以作為驗證身分的方式，也可以作為把錢轉入與轉出的方式。二〇一一年，六四%的中國人擁有一個金融帳戶，比其他中等收入國家的平均高出二〇%。[54]對支付寶來說，依靠銀行幫它驗證用戶身分，並把錢轉入與轉出支付寶帳戶，比自己必須建立這種能力要容易多了。

支付寶不得不做出重大承諾，才能讓銀行同意且允許支付寶從其客戶的帳戶中提取資金。在二〇一〇年期間，為了建立這些關係，馬雲至少親自拜訪各銀行行長與主席十次之多。[55]大多數中國頂級銀行在經過初期的試驗後都同意加入，這顯示違約風險是可以控制的，更重要的是，能夠在快捷支付上連結支付寶的卡往往更常使用，這產生更多收入。[56]

線上支付讓線上購物變得更方便，但反過來，淘寶在電子商務飛快的成功，讓支付寶成為對銀行有影響力的後起之秀，銀行視其為可以收取手續費的搖錢樹，而不是未來的競爭威脅。到了二〇〇七年，支付寶在中國的線上支付市場有五〇%的市占率，擁有超過四千七百萬名用戶，每天進行超過七十五萬筆交易。三年後的二〇一〇年，支付寶成長了十倍，成為全世界最大的線上支付公司。雖然支付寶只活躍於中國，但中國的國內市場如此之大，以至於超越了PayPal的全球用戶總數，每天使用人數約五億，而交易金額達二十億人民幣（三億美元）。[57]

自由放任的結束

在政府的自由放任態度下，無須政府正式批准就可以成立一家支付公司。但是在發生一波醜聞後，出現了監管與清理此行業的壓力，政府因此結束了自由放任的態度。二〇〇九年年底，主管當局發現，一家名為深圳NPS的支付公司，有七〇%的營收來自協助支付海外色情與賭博網站。二〇一〇年年初，另一家叫做民生（Mingsheng）的公司，因為支付了一．三億人民幣給五萬名線上賭客而被抓獲。[58]在這些醜行之後，中國人民銀行在二〇一〇年頒布了支付規定，接著在二〇一一年要求線上支付公司必須得到許可證，並接受政府監管才能繼續營業。中國人民銀行還是保持支持態度，之後才提出很多讓合規變得困難的複雜細節。

實際情形就是，先是容許一段長期的寬鬆監管，直到某件惡行演變成一種延續模式後，接下來就會制定法規。舉例來說，Q幣等金融創新的推出，與第一條相關的真正法規的出現，之間時隔七年。政府並不想中斷創新，所以僅限於控制最糟糕的濫用，例如為了降低顧客的風險，支付公司不能捲走顧客的錢，或是協助非法活動。支付寶並沒有捲入這些惡行，但馬雲一定感受到正在形成的政治壓力。他在二〇一〇年特意對政府表示忠誠：「只要政府需要，支付寶隨時可以交給政府。」[59]這個聲明暗示，如果政府提出要求，馬雲不反對國有化。當然，他沒有預料到政府會這麼做。支付寶一直受到政府的青睞，因為事實證明，它得到新法規頒發的第一張支付許可證。

然而，許可證包含了一條保護條款，這導致了一件惡行，並打擊了馬雲的聲譽，讓中國看起來像是一個做生意不可靠的地方。二〇一〇年的法規在一個地方上很強硬：不允許外國公司（這項法規正式聲明，外國的電子支付公司條件將於之後確認，這是一種常用來將外國人排除在某個市場外的策略，以避免違反世界貿易組織規則的明確禁令）。當雅虎與軟銀提供阿里巴巴打敗eBay所需的資金時，中國政府顯然並不反對，他們採用一個常見的解決方法：透過一家空殼公司買下阿里巴巴大約七三%的股權。但是馬雲聲稱，中國政府這一次的許可規則，非常嚴肅地要將外國人排除在外。他表明，如果阿里巴巴擁有支付寶，會被視為是一家外國公司，就無法得到讓支付寶持續營運的許可證。

就在馬雲說，如果政府要求，他會把支付寶交給政府的幾個月後，馬雲把價值數十億美元的資產——即支付寶，從阿里巴巴轉移出來，並轉進一個由他控制的實體組織。當時雅虎的共同創辦人楊致遠在雅虎與阿里巴巴都有董事席位，他對此舉感到非常憤怒，聲稱自己被暗算了。在這段爭執期間，他在北京會見了中國人民銀行的一位高階主管，據說這位高階主管告訴他要「接受現狀」，因為這是「它們（中國人民銀行）無法控制的事」。[60]由於中國的法律沒有統一執行，監管的程序也不透明，究竟是政府要求？還是馬雲侵占外國股東的權益？我們並不清楚。以騰訊為例，騰訊擁有線上支付市場的二〇%，但它並未把支付部門從外國股東如Naspers等分割開來。阿里巴巴與其股東後來得到支付寶的一些權利，但遠低於它們仍是同一家公司時所獲得的權利。

對於外國人在中國這樣不透明的地方做生意所面對的挑戰，雅虎—阿里巴巴的案例是一個鮮明的提醒。他們必須依賴當地的合作夥伴，去經營一個沒有法治制度的政府關係。如果政府與當地合作夥伴串通一氣，或者當地夥伴提出要求但聲稱是政府的要求，他們就很容易被侵占權利。在這些情況中，外國投資人根本無法了解真相，直到今天，支付寶轉移的真實故事，可能除了馬雲與幾位高階官員之外，沒有人知道。諷刺的是，這些外國投資者幫助了一家中國公司在支付領域上排除外國競爭，只落得自己也被排除在外的下場。

然而，後來改名為螞蟻集團的支付寶，它的分割對公司有很重要的正面影響。它很快就為擴張籌到數十億美元的資金，包括前高階官員很有政治影響力的親屬們，以及沒有被軟銀與雅虎所發生的事嚇到的外國投資者。分割對它的文化也有很重大的影響。因為它自己現在就是一家實體公司，不再是一家電子商務公司的子公司，有更大的自由來打造自己的金融業務，可以推動支付之外的業務。它在金融領域上的擴張，將比騰訊具備更多攻擊性。

每個地方的小公司都有取得貸款的煩惱。馬雲看到了這個問題，並且很早就想到了，阿里巴巴的資訊可以協助評估信用度，以取得貸款。繼支付之後，阿里巴巴在金融領域邁出的第一步，是在二〇〇七年和兩家國有銀行合作，貸款給在自家平台上銷售的企業，但這段合作關係並不順利。阿里巴巴會提供各公司的信用報告，幫助銀行控制其貸款風險，然而這種合作方式注定行不通。資深的金融監管官員閻慶民說道，該合作關係「忽然」在二〇一〇年結束，因為「各方對信用相關概念的理解有重大差異」。[61]由於銀行的貸款條件太過嚴格，阿里巴巴必須以其他方式證明它的資訊具備效用。

二〇一〇年，阿里巴巴採取了一個更有野心的行動，它成立自己的小額貸款公司。隨著收集到更多的資訊，並從經驗中學習，它進步了不少。阿里巴巴比銀行更了解自己的借款人。它可以即時觀看使用支付寶的付款、營收、客戶滿意度、成長，甚至在阿里巴巴平台上提供商家採買的供應商。憑著自有資金，阿里巴巴擁有比銀行更高的風險承受能力，而它與賣家的現有關係也降低了客戶取得成本。雖然它的資金成本遠高於銀行，但它有一種不同的優勢：借款人對阿里巴巴平台的依賴。阿里巴巴會點名並羞辱違約者，利用公開的壓力要求還款；另外，害怕被淘寶或支付寶禁用，也可能是一個很大的誘因。[62]僅僅簡單地把一家違約的企業放在商品搜尋結果列表的較低位置，對一家線上公司來說，這可能就是一種災難。

二〇一二年六月底，阿里巴巴已經借出二百六十億人民幣（四十億美元）給十二萬九千家小型企業。下半年，它開始透過與信託公司的夥伴關係提供貸款資金。中國最領先的電商公司此時在支付與貸款方面已經成功，而它的野心也從這裡繼續壯大。

金融科技的基礎

騰訊與阿里巴巴的早年經驗是跳蛙模式（leapfrogging，譯註：指發展中國家擁有後發優勢，得以跳過較舊的科技，直接引進較新的科技，並形成比西方先進國家更高的滲透率）的經典故事。它們透過引進或調整先進國家與公司的點子及資金而成功。政府把公司起步與吸收國外點子所需的競爭性經濟基礎元素準備到位，包括網際網路、手機連線到教育，以及有利於成長的穩定經濟環境。要說有什麼區別的話，支付寶是和當地政府結盟，但北京選擇了其他贏家——也就是大型國有企業，給予補貼，但支付寶仍然贏了。

令人驚訝的是，很多援助支付寶與騰訊最成功產品的原始知識材料，以及補貼多年免費服務以取得市場占有率的很多資金，都是來自外國，而不是政府。阿里巴巴決定推出淘寶的最主要動機，是來自外國公司eBay的實際競爭威脅，所以保護主義無法解釋它的成功。如果沒有淘寶，也不需要支付寶。如果中國採取保護政策，eBay就會被擋在門外，可能就會延遲金融科技的發展。

無論阿里巴巴與騰訊的長期企圖是什麼，它們進入金融領域也是出於必要。中國落後的支付系統與信任問題，阻礙了非金融的企業發展。由於信用卡的接受度低，它們必須打造自己的支付系統，而政府也讓它們在沒有任何監管的情況下這樣做了好多年。臨時湊合的改革劇本發揮得非常好，只要提供創新空間，就能移除中國採用技術時遇到的支付障礙。至少在支付方面，政府對它們的主要成就貢獻採取不妨礙或沒有太關注。金融當局完全不管這些私人公司，直到它們的金融產品夠成熟也夠重要，才根據它們的利益與風險制定規則。

二〇一二年，金融科技對中國金融與人們生活的影響僅限於購買線上商品，即使促進了電子商務與線上服務的成長，但尚未影響到大多數顧客的金融生活。這是一種共生的關係。隨著線上服務與購物的成長，人們對線上支付的需求與熟悉也跟著增加。強大的現有企業沒有理由向政府施壓，要求限制Q幣或支付寶，這讓它們在政治上可以站得住腳，也給它們很大的空間。銀行將支付寶視為收入來源，能帶來交易費用與存款，而銀聯的卡片支付業務成長太快，以至於不太關心線上支付的業務，然而馬雲與馬化騰不會在支付上停下腳步。正如馬雲所說：「只要支付寶成長得夠大，我們就可以快速地直接付款。而且，隨著我們的支付寶越來越流行，它有一天可能會變成中國最大的銀行。」[63]

行動網路與智慧型手機即將成為金融科技跳過既有金融設施的基礎。二〇一二年年底，四．二億名中國人使用行動裝置上網，比使用桌上型電腦更多。[64]網路用戶總數超過五億人，約占總人口的四二%。隨著中國本土科技公司華為、聯想、小米等企業互相爭奪正在蓬勃發展的中低端智慧型手機市場，也加速了智慧型手機的接受度。這種手機擁有的功能以及性能和iPhone等高端裝置類似，但成本是一般中國人負擔得起的價格。

二〇一二年年中，買智慧型手機的中國人比美國人更多，超過了全球總量的四分之一。[65]騰訊於二〇一一年年初推出的行動優先（mobile-first，譯註：在設計網站與應用程式時，優先考慮手機這種行動設備的用戶體驗，隨後才擴展延伸到平板或桌面版本）聊天應用程式微信，在第三章會深入探討，僅營運兩年便擁有二．七億名用戶，這暗示了科技業者獲得新服務用戶的速度可以有多快。中國行動優先的網路接受度，為行動支付的繁榮奠定了基礎，因為進行支付所需的所有技術就在人們的口袋裡，即使他們沒有帶實體錢包出門。

產品與應用程式都可以直接設計給行動裝置使用，然後應用程式產生的資訊反過來可以用在貸款與行銷其他金融商品的核保或承銷過程。可以接觸到的五億個網路用戶形成了一個利潤豐厚的潛在市場，同時又吸引了資助金融科技新創公司的資金浪潮。

中國在世界上的地位正在改變，而且很快速。在中國技術崛起的十年期間（二〇〇二至二〇一二年），中國幾乎在每項措施上都蓬勃發展，因此對於使用自己的模式管理自己的經濟深具信心。人均GDP從一千一百美元到六千三百美元，成長了四五〇%。全世界都在買中國出口的產品，例如高鐵等基礎設施大量出現，把人們帶到摩天大樓林立的新興城市。億萬名中國人湧入城市到世界工廠工作，而不是待在家鄉靠著自給自足的農業勉強維生。隨著中國人的財富增加，除了購買額外的公寓或把錢放在銀行，他們對投資選項的需求也變強烈了。創業越來越有吸引力，人們不想加入國有企業從事輕鬆的終身工作，中國銀行無法提供的貸款需求也增加了，因此金融服務的一個巨大缺口就出現了，如果國家允許，科技公司完全有能力填補這個缺口。

第二章

革命的時機已經成熟

「我們必須打破他們的壟斷！」

阿里巴巴與騰訊可以在很多年沒有監管的情況下，打造及營運創新且突破性的支付系統，讓中國的金融看起來就像是自由放任主義者（libertarian）的夢想。但是，線上支付是獨一無二的，它是政府壓抑與控制的金融體系中的特例。在幾乎所有的其他金融領域中，政府都設下了進入障礙與競爭限制，而受到保護、效率不彰的現有機構則專注於服務它們真正的顧客——共產黨。相較之下，美國人視以為常的好投資與貸款選擇，例如股票、債券和信用卡，對中國的普通老百姓來說是很難接觸到的。

在距離現在還不算太長的時間以前，一九七八年的中國金融體系基本上只有一家國有銀行，即中國人民銀行，它的存在主要是為了把錢導向政府計畫者指定的地方。它不需要培養風險定價等能力，或執行例如資金配置等功能，但這些都是像美國等市場經濟金融體系中的重要部分。在隨後幾十年的改革中，政府成立了新的銀行、信託公司、信用合作社、債券市場與股票市場。有些會彼此競爭，但幾乎全部都是國有的單位。中國經濟的許多領域開放給私人資本與競爭，但國家仍然嚴格管制金融，因為金融在控制資金流動上有其戰略重要性。[1]

中國在一九七八年從中央計畫經濟開始轉型，但中國的金融一直在共產黨官員的兩大派系之間激烈拉鋸。儘管這兩大派系有時被稱為自由派與保守派，但在中國的背景下，這兩個詞彙和美國的用法有點不同。保守派緬懷過去，但在中國，過去是指國家計畫與更多的控制。自由派也不像美國的進步人士，比較像經濟學中傳統自由放任主義的支持者。

包括周小川在內的「自由派」陣營支持市場改革，因為這可以提高中國經濟的效率，並維持它的成長。他們主張，政府所有以及細微掌控往往會產生不良貸款，並壓抑了支持經濟成長的現代金融部門的形成。相對地，與許多先進國家一樣，國家監管可以確保金融部門保持穩定以及支持政策目標。然而，這些改革派對抗的是強有力的「保守派」，上從政治局常務委員會，下到低層級的官僚，全部試圖反對任何會減少政府對銀行直接控制的行動。有些人是出於意識形態的理由，以確保政府控制經濟的「制高點」，但其他既得利益者也全力抵制市場改革，因為他們可以從國家對銀行的影響中得到利益，既可以為當地計畫取得便宜的資金，也能和國家企業建立關係。

周小川——改革者與未來金融科技的保護者

周小川的職業生涯有助於說明，金融科技在金融體系中面臨與突破的挑戰。周小川算是「太子黨」，他的父親曾經是擔任江澤民人生導師的高層官員，江澤民是中國共產黨在一九八九到二〇〇二年的總書記。研究中國經濟的專家巴里．諾頓稱讚周小川是那一代人「最優秀、最聰明的人之一」。他和很多政治派系都有關係，這讓他的技術專長更有吸引力。[2] 事實證明，這些關係對他完成艱難的改革非常重要，即使發生了重大的損失。他受過良好的教育，對中國邊界以外的世界充滿好奇。

一九六〇年代到七〇年代，毛澤東主席進行暴力的文化大革命期間，當時都市菁英的孩子被放逐到貧困的農村地區，對「資產階級」表現出興趣的人可能會在暴民領導的「鬥爭大會」中被當眾毆打至死，即使是在這段時期，周小川還是收集了一大疊可以堆成五英尺高的西方古典音樂演奏與音樂劇唱片。[3]

就在中國開始從指令經濟（command economy）轉變到較以市場為基礎的經濟時，周小川開始了他的職業生涯。為了設計改革方案，他親自到國外尋找中國所欠缺的經濟與金融專業知識。他甚至以加州大學聖克魯斯分校訪問學者的身分，在美國長期逗留。來自匈牙利等轉型經濟體的外國人、世界銀行專家，甚至是米爾頓・傅利曼（Milton Friedman，諾貝爾獎經濟學獎得主）也來到中國教導現代經濟如何運作，並分享其他國家轉型成以市場為基礎時所面臨的挑戰。[4]當時像周小川這樣的人必須清楚考慮，在中國的政治與經濟限制下，什麼樣的做法才能行得通。

一九九一年，共產黨任命周小川為中國銀行副行長及共產黨委員會成員，他開始跳進金融界。中國國有銀行的高階銀行家都是由共產黨挑選的政治人物或官僚，因此這些高階銀行家最後是對他們的黨職或個別的政治庇護人（political patron）負責，而不是他們名義上經營的銀行。[5]在周小川的新角色及隨後的高階職位上，他可能已經意識到地方政府的干擾作為，例如如何藉著貸款決定，把資金導向浪費公帑的興趣專案（pet project，譯註：指與工作不相關，為了興趣或好奇，在工作之餘自己進行的專案）。地方官員使用信貸在管轄範圍內推動經濟成長，以便可以藉此升官，卻讓繼任者負責償還貸款。[6]他可能已經看到，政府主導的貸款如何導致國家對不良貸款進行紓困。只有商業銀行才能支持一個更市場導向的經濟，但中國銀行界的高階主管因此未能獲得這些機構成為商業銀行所需的能力。

一九九〇年代晚期，周小川升任中國建設銀行行長，這是四家最大的國有銀行之一。他把一場危機轉化為改革的突破點，正如後來對國家主導金融的擔憂，會為金融科技的革命打開大門一樣。國家指示貸款給虧損的國有企業數十年來，已經把中國帶到了金融危機的邊緣。以下的資訊可以更明白中國面臨的挑戰：最大的國有銀行所放出的貸款中，超過四〇%是壞帳，但美國各大銀行在二〇〇八年金融危機期間的最高不良貸款率也只有五%。[7]

周小川在黨的官方喉舌《人民日報》上公布整頓銀行的計畫。為了「有更明確的營運目標，抵抗政府干預，並幫助轉變……非市場運作的傳統」，他敦促中國引進外資，並在中國大陸以外的地方出售股票。外資也有助於確保中國納稅人不會完全承擔驚人損失的責任。周小川的大部分計畫都被採納了，不良貸款減少，銀行開始獲利，而且也在香港證券交易所掛牌上市。當高盛與其他投資機構投資中國工商銀行時，該銀行行長強調，中國有機會向外國人學習，他說銀行「不僅是在尋找一些資金，更重要的是，引進國際先進的管理概念與技術，以加強公司治理」。[8]

政府還向國外學習，全面修訂了金融監管措施。二〇〇三年，中國政府遵循國際慣例，成立了一家獨立的銀行監管機構，即中國銀行業監督管理委員會（簡稱中國銀監會）。第一任的主席劉明康擁有英國管理碩士學位，並且「嚴厲教育下屬知曉全球監管規範的重要性……。官員開玩笑說，劉明康很會嚇他們，他會沒有通知就忽然突擊他們的部門，即興盤問有關新巴塞爾資本協定（Basel II）的內容，這是與銀行資本有關的國際協定」。[9]改革者仍然必須謹慎小心，避免觸碰到敏感的親市場政策，像是提出股東報酬最大化就是實現共產主義原則，以及「具有中國特色的社會主義」等扭曲的說法。[10]

未滿足的融資需求為金融科技打開機會

然而，即使周小川領導著央行，金融改革在二〇〇〇年代中期卻停滯不前，因為政治阻力使銀行無法完全轉變為商業機構。周小川希望政府出售他們在大銀行中的七〇%股份，但是他的老闆——最高的經濟決策者總理朱鎔基，要周小川淡化這個提議，以得到更保守的最高領導階層的批准。國家仍然保留多數的所有權，[11]即使股票在中國大陸以外的地方上市，並且採用現代公司在治理上的所有特點，但國有銀行的最高階主管仍然直接由黨挑選，同時在黨的職務中兼任高層官員。[12]由中國共產黨委員會的官僚所管理的國有銀行，自然就會優先貸款給政府或國有企業。

在金融壓抑下，銀行無法滿足民眾對更多投資選擇與信貸的巨大需求，但金融科技可以。政府禁止其他的投資選擇，例如債券及很多類型的基金，而把民眾的積蓄導入銀行成為存款。政府設定的存款利率很低，通常低於通貨膨脹率，銀行因此擁有便宜的資金，可以便宜地借給國家與國有企業。至於股票市場，簡直就是內線交易與市場操控的巢穴，以至於知名的經濟學家吳敬璉曾經諷刺說，拿股票市場與賭場相比，對賭場來說很不公平。[13]與此同時，如果投資人想把辛苦賺來的積蓄從壓抑的制度中取出來，就會遇到嚴格的資金管制。

然而，到了二〇〇〇年代後期，那些能夠負擔法定最低投資額五萬人民幣（七千五百美元）——中國城市平均年薪一．五倍的人，就可以購買各種理財商品（wealth-management products，WMP），它們的報酬比存款更好。二〇〇九年年底，一檔三個月期的理財商品報酬率是二．八%，比存款整整高出一個百分點。[14] 投資人紛紛搶購，代表那裡有追求更好報酬但受到壓抑的需求，以及願意嘗試新產品的意願。二〇一二年，投資人持有至少九兆人民幣的理財商品，金額是短短兩年前的三倍。[15] 但與銀行存款相比，理財商品的金額只是九四．三兆人民幣銀行存款規模的十分之一。[16] 對於未來的金融科技投資來說，這是一把雙面刃，由於理財商品可以得到更好的報酬，很多中國投資人後來願意嘗試新的投資。可惜的是，理財商品造成了經濟學家所謂的「道德風險」，因為投資人學會了期待無風險、高報酬的免費午餐。

中國存款人無法依賴銀行給他們更好的報酬率，沒有足夠積蓄的人也無法仰賴銀行提供資金，讓他們可以搬到城市找新工作，或幫助希望創業的企業家。世界銀行在二〇一二年發現，中國的小型公司最常提到的障礙就是資金取得的問題，只有四%的小型公司使用銀行信貸作為投資的融資來源。[17]

二〇一二年年底，儘管私人公司比國有企業創造出更多的經濟價值，但相比之下，未償還的商業貸款中，國有企業占五七%，民營企業只占三六%。很多國家的大型民營企業可以到債券市場直接籌資，但在中國沒有辦法。二〇一二年，非金融公司發行的債券中，只有七%來自民營企業。[18]中國本土股市也不是一個好選擇，部分原因是，政府的批准程序導致公開募股的管道不順暢。因此像騰訊與阿里巴巴等中國最有潛力的公司，他們是到香港或紐約掛牌上市，而不是到深圳或上海。

家庭也需要在銀行以外的地方尋找貸款機會。二〇一三年初，中國銀行業的貸款只有四分之一撥給了家庭，其中大部分是房屋貸款。[19]到二〇一四年，只有一五．八%的中國人有信用卡，甚至更少，而最貧窮的四〇%人口中，只有五．八%的人有信用卡。[20]雖然中國銀聯到了二〇一二年已經營運十年，但中國大部分地區依然使用現金，而不是使用信用卡付費。在二〇〇八年，只有十分之一的卡在使用中。[21]原因之一是使用度很低。在二〇一二年年底，這個擁有十三億人口的國家，只有四百八十萬間商家接受支付卡，而且只有四十一萬五千台ATM可以取款。[22]這些缺陷成為金融科技能夠進行跳蛙式成長的關鍵因素。在中國這個潛在市場中，一個更便利、更科技化的金融服務提供者，比在先進市場的金融科技公司要大得多，因為在先進市場中，傳統金融機構未滿足的潛在市場較少。

我在二〇一三年搬到中國時，每個人大多使用現金付款。即使上億中國人擁有中國銀聯金融卡，但除了在ATM提領現金，也很少使用卡片。似乎只有高檔場所才接受信用卡。現金的普及將成為支付寶與騰訊的一大機會，因為金融科技讓買賣變得容易多了。比起谷歌、亞馬遜、蘋果或臉書為了改善美國支付方式所做的事，支付寶與騰訊在中國改善的幅度要大多了。

不管是從現金到卡、卡到行動支付，或現金到手機，要讓一個國家轉移到一個新的支付方式是件複雜的工作。支付是一種雙邊市場，消費者與商家雙方必須採用新方法，才能建立一個成功的網絡。如果消費者沒有嚷嚷著要用新的方式付款，商家也沒有理由去承擔新方式的成本與努力；另外，除非商家已經支持新方法，否則也沒有消費者會費心去開一個新的支付帳戶。由於遭遇到消費者與商家雙方的障礙，中國嘗試透過支付卡推動電子支付只成功了一部分。

在消費者方面，已發行的卡片中，信用卡不到十分之一。如果消費者可以得到三十天的免息信貸、靈活的信貸及獎勵積分，要求消費者改變現金使用習慣會比較容易。相反地，在中國使用信用卡的成本比較高：有些商家會對用卡人收取附加費用，而且銀行有時也對金融卡用戶收取隱藏費用，這些行為嚇跑了消費者。[23]

在商家方面，收取費用是破壞交易的因素之一。政府監管機構設定商家支付的交易費用，一開始最多是占交易的二%。[24]這個費用略低於商家接受威士卡或萬事達卡平均支付高達二・五%的費用，幾年後監管機構降低了這個費用，但任何費用都高於「免費」的現金。使用卡片可以追蹤銷售紀錄，這讓收入與欠稅更難隱藏。有了信用卡，至少商家知道，消費者可能會購買沒有信用就買不起的東西。但中國卻聚焦在金融卡，這限制了願意費事換卡的商家數量。

中國的經驗與美國的情況形成鮮明的對比，美國的支付卡在一九五〇年代被引進後就快速流行起來。即使收取的費用是銷售額的六%，小商家還是抓住了接受信用卡的機會。信用卡取代了店內抵用金（store credit），而不是現金。美國的消費者已經習慣使用信用消費，經常會攜帶一大疊各種商店的簽帳卡（charge card，譯註：又稱記帳卡，持卡人在每月帳期前要償還發行商為持卡人預付的款項。儘管有時與信用卡的意義一樣，但有各自的財務條款），或是擁有多個店內抵用金帳戶。對消費者與商家來說，信用卡透過一個簡單的帳戶讓這一切都變得更容易，因為執行卡片業務的銀行要承擔信用風險、後台計費與收款等工作，以前這都是公司自己要處理的事。[25]

官僚作風與缺乏競爭拖住了銀聯這個準政府組織。銀聯的負責人通常是前央行官員，而不是商人。它受到政府命令的保護，免於競爭。任何被賦予這種壟斷權力的組織，就會專心維護這個局面，只顧取悅政府，而不是滿足消費者或投資在創新活動上。這種態度導致它低估了線上支付，並斷然拒絕了馬雲共同建立線上支付系統的提議。

我們很容易誤以為，中國現在的支付市場看起來更像是美國的支付市場。如果外國的信用卡與其他支付公司，如同中國之前承諾的，在二〇〇六年底被允許進入中國市場加入競爭，他們就可以利用自己的經驗與技術優勢，在中國的支付市場上開創出很大的市場占比。銀聯不得不向各銀行爭取業務，而各銀行也可以從各種選項中選擇自己要用的卡。讓銀聯參與競爭肯定會加速信用卡與金融卡的發行與接受度。

如果卡片支付被廣泛接受，就不太需要像支付寶與騰訊這樣的線上公司去建立自己的支付系統了。延誤中國卡片市場發展的保護主義，對於頭幾年的支付市場肯定沒有好處。但是這種落後，卻成為二〇一三年開始跳蛙式成長的關鍵因素之一。無數小商家仍然只收現金，加上對銀聯收費不滿的其他人，形成一個未被滿足的市場，等著跳到一個更好的狀態中。

控制的極限

共產黨對金融體系採取了兩手策略。一方面，它行使控制權；另一方面，只要沒有出現嚴重問題，它總是在最少的監管下，允許合法性不明確的金融活動。決策者意識到，私人公司與消費者需要資金，但國有部門並未提供，所以他們對非正規的金融活動就視而不見。當時擔任中國銀監會副主席的閻慶民，他在二〇一四年曾說：「為了維持金融的穩定，金融監管一方面要鼓勵多種影子銀行（譯註：指正規銀行體系外運作的非銀行信用中介機構）業務，另一方面要嚴格控制正規的信用體系，這是必要的。受到限制的商業銀行體系無可避免一定會孕育影子體系。」[26]

二〇一二年的一項調查發現，中國有將近六〇%的中小型企業參與了非正規的金融市場，整整超過銀行貸款比例的兩倍。[27]以創業文化出名的溫州，小公司會聯合起來借貸，並形成一個互相擔保的網絡，但這最多就是準合法的公司間借貸（intercompany lending）。超過十分之一的人會透過非正規管道把錢借出去，三分之一的人有非正規貸款，且利率非常高，是銀行收費的二到三倍。[28]「老太太銀行」（Old lady banks）通常由老年婦女經營，她們從自己的社群中集資，然後借出大額貸款。[29]

政府在二〇〇八年進行了私人借貸活動評估，估計有二．五兆人民幣，約占金融機構總貸款額的八%。儘管如此，非正規貸款的重要性遠大於這個數字的規模，因為，這是沒有多少能選擇的小公司與消費者最關鍵的融資形式。[30]非正規的放款人靠的是對當地經濟的知識，以及他們熟知的人性特質。[31]由於沒有強大的法律制度，以及像信用機構一樣的市場機制來執行貸款合約，有些放款人會依靠社會壓力來讓人還款，而高利貸業者可能會「雇用殺手緊追追人、毆打，甚至殺害」無力還款的借款人。[32]

地方官員通常會支持這些準合法活動，因為他們依靠快速的經濟成長來獲得晉升，而且每一個人都知道，銀行無法滿足民營部門對金融服務的需求。約翰霍普金斯大學政治學教授蔡欣怡，在對中國非正規金融的開創性研究中發現，非正規的金融家「顯示了一種經營政治關係的能力，這種關係不只讓他們可以繼續營運……，還獲得了最高官員的大力公開支持」。[33]地方政府甚至不予理會來自中央政府嚴格管制風險的命令。

這是一件危險的事。許多缺乏監督的非正規金融機構陸續倒閉或進行詐騙，但由於他們不屬於國家體系，政府拒絕紓困。吉星控股公司（Three Star Holding Company）在一九九〇年代中期陷入困境，它曾經承諾投資公司的「榮譽員工」，每年二〇到三〇%的報酬率。它吸收了數萬名投資人將近九億人民幣（一・一億美元），接著政府在一九九八年介入調查，由於恐慌的存款人撤走了自己的錢，導致公司計畫失敗。此事後果預示了後來的「線上點對點借貸公司倒閉事件」的發展。數萬名投資人走上街頭，他們不是抗議吉星，而是表達對政府的憤怒，因為政府沒有等他們把錢領出來就讓它停業，並讓國有銀行在同樣不穩定的財務狀況下，繼續維持生計。

這是中國管理經濟的核心方式中一個迷人的矛盾之處：政府無法控制一切。在某些情形下，它看起來像是用另一種方式避免給大眾任何暗示：國家將對新的投資形式紓困。傳統的金融體系依然受到嚴格控制，但是新的活動很少或沒有監管，只要沒有引起太大問題，就可以在監管邊緣壯大。非正規金融的這種模式也適用於金融科技：快速成長與繁榮，一旦出現風險，接著就會有一段緊縮與鎮壓的時期。

中國壓抑性的金融體系未能服務到中國的存款人、借款人與消費者，但是政府對國有企業壟斷的控制與保護措施開始放鬆。如果有助於達成政策目標，有關當局就願意放鬆金融壓抑的程度。因此，過去保留給國有企業或藏在陰影中的非正規金融領域，已經打開了民營公司打造金融業務的大門。藉由經濟的再平衡以維持成長的需求，還須對消費者與小型創新公司提供更多貸款，但國有銀行過去並未提供。因此，允許更多民營公司進入金融領域，其實並非與銀行競爭，而是填補了不是他們優先考慮的領域。

中國金融體系的最後一個重大變革，是為了因應一九九〇年代初期的危機。二〇一二年，周小川等改革派必須讓領導階層相信，為了避免經濟成長的潛在危機，變革是必須的。中國長期以來以出口與投資導向的成長模式，在二〇一二年已經失去動力。因此，金融必須做出改變，以支持未來新的成長來源。由於二〇〇八年金融危機之後，全球經濟疲軟，國外對中國出口的需求減緩，用於政府主導投資案的大量信貸，每一年產生的債務遠遠高於經濟成長。

因此，中國的政策制定者在二〇一二年面臨到一個令人擔憂的局面。成長率急速下降至八％以下，而債務卻激增到GDP的一九〇％。如果成長率持續下降，將更難償還越來越多的債務，這會提高中國的銀行與經濟的危機。成長與信貸之間的差異說明了：信貸分配不當，浪費在對成長沒有幫助的計畫與公司上。

政府採納了經濟學家的建議，表示將透過「再平衡」來控制債務與維持成長，儘管在實務中，這將是一個像是為「鐵達尼號」掌舵的挑戰。其目標是激勵國內強勁的消費、創新與效率提升，以促進投資與出口無法達到的成長。政府將這些目標寫進了二〇一一至二〇一五年的五年計畫中。[34]

圖利國有銀行的金融壓制態度必須修正。例如壓榨儲戶、抑制消費，以及政府指導貸款，導致創新公司與一般家庭得不到創新及消費所需的貸款。在放款給大型企業，特別是國有企業，中國的銀行有其優勢，但他們忽略了消費信貸，也不準備提供最近受到青睞的小公司放款。二〇一二年年初，中國最高階層的經濟官員溫家寶對銀行提出尖銳的批評：「坦白說，我們的銀行賺錢賺得太容易了。為什麼？因為少數的大型銀行占據了壟斷地位，需要貸款與資金的人只能去找他們……。這就是為什麼我們現在處理讓私人資金進入金融部門的時候，在本質上就意味著，我們必須打破他們的壟斷。」[35]這個非常坦率的聲明是給官僚的一個信號，它應該移除私人公司進入金融服務的障礙，即使此一行動會威脅到國有的現有機構。幾個月後，中央銀行的金融改革計畫宣布，將對私人資金進一步開放金融業務。

中央銀行在二〇一二年對支付領域缺乏競爭的含蓄批評，支持了溫家寶對銀行壟斷的沮喪評論。[36]銀聯的壟斷地位因此受到嚴厲批判。銀行家們私下抱怨，即使他們是股東，銀聯的費用與利潤分配也是圖利自己，而不是為他們的利益服務。美國的銀行能夠與彼此競爭的銀行卡片網絡協商，但中國的銀行不一樣，在國內的環境下完全別無選擇。商家對壟斷的不滿也與日俱增，一位傑出的商界人士在全國人民代表大會上呼籲，「盡快成立第二個銀聯」，以制衡銀聯的勢力。[37]

更重要的是，銀聯的壟斷造成中國在國際上的處境尷尬，並和美國產生摩擦。由於中國拖延美國的威士卡與萬事達卡等公司進入中國的人民幣支付市場多年，美國在挫折中向世界貿易組織對中國提出指控，稱銀聯的壟斷違反了中國允許外國競爭的承諾。世界貿易組織裁決中國理虧，這個案子讓中國在國際上顏面盡失，也凸顯出銀聯壟斷造成的國際成本。[38]銀聯的問題對支付寶來說是一個機會，因為支付寶還太小，不足以造成威脅。從政治上來說，比起把外國人拒之門外，召集有關當局阻止一家受歡迎的公司在國內加入競爭會更困難，何況即使銀聯沒賺到錢，各大銀行還能繼續從支付寶上賺錢。

新領導階層支持科技的發展

二〇一二年，中國共產黨完成十年一度的領導階層交接，經濟政策議程尚未明朗，中國新任最有權勢的人立刻挑出了科技公司「以示皇恩」。習近平以中國共產黨總書記的身分（中國最高階層的官員是共產黨的總書記，負責領導政治局常務委員會。第二位是總理，是領導國務院的政府之首），意氣風發地走在華麗紅地毯上不到一個月後，就展開他的第一次出訪。他的目的地讓他接收到一個信號：在往後十年的治理期間他應該優先處理的事項。不過現在確定會持續更長的時間。習近平沒有參觀與毛澤東共產革命有關的「紅色」地點，而是去了深圳，這是科技創新的基地。他在那裡造訪了騰訊，這表示該公司受到新領導階層的恩寵。

習近平大力稱讚了馬化騰一番，並暗示該公司與政府的合作關係：「我們如何調整網路來管理社會?我們看到你的工作很重要……。你掌握了最豐富的資訊，所以你可以做最客觀、最準確的分析……。提供政府這樣的建議，是非常有價值的。」[39]習近平的言論暗示，將要求大型科技公司協助監控人民，但保留具體的細節。如果願意提供這種協助，中國的網路公司就會得到高層的朋友，而這是他們無法拒絕的條件。因為一旦金融科技擾亂了現有機構的強大地位，在即將發生的政治鬥爭中，他們就會需要強有力的朋友。

二〇一三年三月，一年一度的中國人民代表大會繼續釋放出正向的信號。傑出的科技公司高階主管，例如騰訊的馬化騰、百度（搜尋引擎）的李彥宏、小米（消費電子）的雷軍，以及盛大（遊戲與投資）的陳天橋，全都是人大代表，這讓他們有機會接觸高層官員（百度是中國領先的搜尋引擎；小米最知名的是手機，同時生產各種電子產品；盛大最初是一家遊戲公司）。馬化騰提倡政府要在行動網路上做更多投資，並且要降低資訊費用，他稱這是中國跳躍式領先的「一個千載難逢的機會」，因為「全世界很多網路公司還沒準備好迎接這股浪潮」。[40]他的想法很快就成為中國的官方目標。[41]

馬雲當時的共產黨員身分還未公開，但他也享有接觸最高層級官員的待遇。當年稍早時，他就受邀進入位於中南海的共產黨領導階層辦公場所，對即將離任的溫家寶總理就政府工作報告提出建言，工作報告的最終版本中包括「鼓勵創業」。馬雲得到的特別關照與高層訪視待遇，延續到新任總理李克強，他邀請馬雲討論經濟。[42]總書記習近平也很熟悉馬雲與阿里巴巴。習近平於二〇〇二到二〇〇七年擔任浙江省委書記期間，就住在省會杭州，而這就是阿里巴巴總部的所在地，阿里巴巴正是他轄區最重要的公司之一。

二〇一三年另一個對金融科技的正面信號是，支持創新的中國人民銀行行長周小川，意外再次連任第三次的五年任期。他已經過了法定的退休年齡，但是他的國際地位、能幹的風評，以及展示經濟政策連續性的願望，讓新的領導階層將他留職。在一場全國人大新聞發布會上，他重申了對金融科技的堅定支持：「我個人一直支持新進者，特別是利用科技來推動金融的公司……。這種挑戰是好事，可以透過競爭改善傳統金融體系的發展……，並保持跟得上時代與技術。」[43]

周小川對於能讓金融體系更有效能、更以商業為中心的改革停滯不前而深感挫折，因此他認為透過競爭的力量，金融科技有助於達成他的目標。阿里巴巴與馬雲獲得了中國最有權力的監管機構負責人的批准，不僅得以進入銀行忽略的利基市場，也能兌現他在二〇〇八年要「改變銀行」的宣言。由於政治上的突破，實現兩種金融科技類型的機會也跟著出現。第一種是政府批准新的許可證給金融科技，移除了進入金融的具體障礙。第二種是放寬進入的隱形障礙，允許金融科技公司在現有法律權力下可以從事更多業務。支付寶與騰訊的微信支付等線上支付工具，讓用戶本人可以在餐廳與商店離線使用，這就是此種開放的一個明顯例子。點對點的借貸平台（將在第四、五、七章探討）也擴大了適用於個人人際借貸的規定，以形成龐大的全國性線上借貸業務。

這種開放不限於中國的科技公司，但科技公司擁有無人能望其項背的資訊，他們的用戶群已經超過了個別銀行的規模，而他們的技術也比其他公司更能善用這扇敞開的大門。溫家寶在二〇一二年說，中國應該「利用科技方法以促進金融服務與管理上的創新，並提升金融資訊應用的水平」，此時可能已經預見了他們潛在的影響力。[44]

騰訊與阿里巴巴的用戶、資訊與技術，將對於由國家擁有、掌控、保護的整個壟斷性金融體系，產生重大的影響。二〇一二年的政治突破讓阿里巴巴與騰訊得以挑戰現有機構，而不是被直接輾碎。為了因應二〇〇八年金融危機之後的成長趨緩，政府越來越重視小型企業、國內消費、技術與效率，這都是科技公司比行動緩慢的國家銀行更有能力服務的領域。有史以來的第一次，中國共產黨對私人資金開放了大片的金融領域，引進了將能促進繁榮的競爭，還打破了舒適的國家壟斷與金融壓制，以改善現況為最主要的目標，重新改造中國的金融體制。

Part 2 金融科技的寒武紀大爆發

第三章

金融科技帶來金融自由（二〇一三至二〇一七年）

「它模糊了生活與網路之間的界線。」

二〇一四年九月，馬雲的阿里巴巴創下公開募股史上募集最多資金的紀錄。科技的崛起超越傳統金融，這是對中國崛起超越美國的一個隱喻，公開募股就能募到二百五十億美元，遠遠超過任何美國科技公司所募到的資金，也讓中國國有銀行之前所擁有的紀錄黯然失色。藉著移除支付的障礙，金融科技對中國電子商務的崛起至關重要。阿里巴巴可以這麼有價值，原因之一在於支付寶的剩餘股份，以及與支付寶的合作夥伴關係。支付寶從事的是正在蓬勃發展的金融科技業務。

雖然阿里巴巴是在紐約募集資金，但對中國來說，是一件讓全國感到驕傲的事，證明了中國有能力在世界舞台上建立新的科技競爭力。當時，阿里巴巴的估值將近二千三百億美元，超過臉書與摩根大通，也超過亞馬遜與eBay的總和。公開募股之後，馬雲成為中國最富有的人，同時強化了他成為激勵中國年輕人的角色，於是越來越多的年輕人決定創業，而不是尋求穩定的政府工作。不過，在中國，任何太有錢與太有權勢的人都會在共產黨內部敲起警鐘，而且總書記習近平正在其中鞏固權力。

投資者與習近平都不知道的是，阿里巴巴與其主要競爭對手騰訊，即將展現大型科技公司改變金融的潛在力量。與騰訊的微信行動應用程式競爭的支付寶，推出了一個新模式，這將代表中國與矽谷之間思想流動的轉折點。這個新模式就是超級應用程式，它一開始只在中國出現，利用了行動網路革命，在短短幾年之內，就把中國金融從低技術的閉塞局面轉變成全世界最大和最先進的數位金融市場。阿里巴巴與騰訊都想成為中國的主要行動平台，所以他們開始進行競賽，這個轉型來得比任何人的預期更快。他們在行動應用程式中內建的支付系統，成為將「社群媒體、電子商務、叫車及外送等服務、旅行與金融」融合到一個超強應用程式的基礎。很快地，對於尋求啟發的其他國家來說，中國的超級應用程式比來自矽谷或華爾街的任何東西，看起來更像是金融的未來。

事實上，從很多方面來看，超級應用程式比起普通應用程式更像是操作系統。就像開發商為谷歌的Android與蘋果的iOS開發應用程式一樣，中國的大型科技公司和各種合作夥伴簽約，從大型零售商到小型新創公司都有，用來生產能在這個超級應用程式上發售的新服務與商品。因此超級應用程式就變成了一種龐大、無法超越的服務搭售組合。儘管美國的公司持續作為全世界智慧型手機操作系統供應商而居主導地位，但中國人並未放棄控制權。他們實際上是在打造一個iPhone與Android設備都可以使用的祕密操作系統。

在金融領域引進大型科技公司，為長期受到金融壓抑的十億中國人帶來了現代感與自由度，這是一個我們可以學習的經驗。二〇一七年底，中國人成為世界第一的金融科技使用者。全國將近七〇%的數位活躍用戶都使用了金融科技，超過世界平均水準的兩倍，也超過美國的三三%。[1]由於超級應用程式的出現，現金不見了，人們出門不必帶錢包，因為帶智慧型手機就夠了。借款人無須送出整理成堆的書面文件給銀行，然後再等上數星期才能知道貸款申請是否通過。相反地，現在的線上公司爭相放款，幾分鐘內就批准並匯出資金。習慣線上購物的人開始透過科技平台、應用程式與網站進行投資，有些網站提供了過多的投資選擇，有些還充滿了可疑的高報酬保證。

建構超級應用程式所用到的許多技術與點子，並不是「中國製造」的，這些技術與點子主要來自矽谷與日本，但它們透過「二代創新」（second-generation innovation），以越來越成功的方式重新組合。[2]最好的例子可能是掃描支付用的QR（快速反應〔quick-response〕）code。這是日本開發的技術，但之後在中國產生了更具革命性的影響。中國比其他國家更晚採用很多技術，但後進者優勢（second-mover advantage）彌補了較晚起步的缺點。後進者與第二代創新者不必像先驅者一樣進入未知領域，他們可以從先驅者的經驗中學習，就像阿里巴巴與騰訊從較早推出數位錢包的谷歌與蘋果的錯誤經驗中學習一樣。

中國金融的這場快速革命是科技力量的見證，對競爭來說，更是如此。網路公司擁有強大的技術優勢，部分彌補了現有機構享有的經驗與明確的國家支持。對這些新的業者來說，舒適與壓抑的規則都不適用。他們不得不把美國公司用來打破金融壓抑的雜亂劇本拿出來複習，數十年前，美國也受到金融壓抑的限制。例如，透過尋找與利用金融法規的漏洞，貨幣市場資金得以繞過聯準會（Federal Reserve）對銀行存款的利率管控。

對於不習慣競爭的國有企業來說，金融科技革命將會是一次猛烈的覺醒。騰訊與阿里巴巴競爭激烈，加速了金融的數位轉型。為了讓消費者與商家採用數位支付，他們還付出了巨額的補貼。他們對消費者需求的持續關注，與國家主導的金融部門的糟糕客戶服務，形成鮮明對比，甚至連黨的官方喉舌都對此多有批評。

藉由在放貸與投資上引進真正的競爭，超級應用程式中的新式金融產品顛覆的不止是銀行，還有金融壓抑體制。現有機構一旦意識到威脅，他們的本能就是動用政治影響力去遊說政府，要求對這些顛覆性產品發出禁令，或是把它們監管到徹底消失。而決定性的關鍵是，政府繼續保護金融科技。科技公司已經成為政治顯貴，並且非常符合政府的目標。笨拙的銀行被迫重整旗鼓，為儲戶與借款人提供更好的交易條件。為了與科技公司爭奪之前無處可去的資金，銀行提高了利率，儲戶因此賺取到數千億甚至是上兆人民幣的額外收益。

最後，在世界各地，金融科技公司的形象將會因為隱私、錯誤訊息、壟斷與其他浮現的問題而受到抨擊。然而，中國的金融科技革命是發生在全球對大型科技公司的強烈反彈之前。二〇一三年，政府把這些本土的科技巨頭視為超越西方金融體系的完美優勢，當時的西方金融體系更發達，但接受金融科技的速度仍然很慢。這個策略大致上是按照計畫進行。至少在一開始是如此。

馬雲打破金融壓抑

支付寶在二〇一三年二月大獲成功，它的行動支付總額在二〇一二年成長了五四六%，在線上支付的市場占有率也超過八〇%。[3]但支付寶的影響力僅限於阿里巴巴的核心線上業務，特別是透過其電子商務平台購買商品的付款。不過這個情況即將改變。馬雲對政治開放的氣氛充滿理解，他指示支付寶的領導團隊要從大局思考：「不要只是想著支付業務。中國金融服務的改善空間極大。」[4]

從決定投資基金開始，是對銀行與國家金融壓抑政策的鳴槍警告。馬雲與他的團隊將支付寶重新命名為「小型金融服務集團」（Small Financial Services Group），以反映它壯大的企圖心，但表面上仍然專注在那些得不到銀行體系良好服務的小人物身上。二〇一四年，第二次更名為螞蟻金服（Ant Financial），估值很快就達到一千五百億美元，大約是當時高盛的兩倍。科技與金融聯合在中國創造的新財富，已經超過美國悠久的金融業者的過時傳統模式。馬雲的企圖心並不限於強大他的電子商務帝國，而是更宏偉的事，他想在翻新中國金融體系上大推一把：「我們做金融不是為了賺錢，我們關心的是十年、二十年後，在中國建立一個更開放、透明的金融體系。」[5]

二〇一三年六月十三日，螞蟻推出了餘額寶，意思為「剩餘的寶藏」，這是第一個威脅到中國現有銀行的金融科技產品。當時，銀行對定期存款支付的利息幾乎為零，對於將資金鎖定三個月的理財商品支付的利息大約是五％，但餘額寶的貨幣市場基金（money-market fund，MMF）支付的資金利息超過六％，而且可以隨時取用（當儲戶想用錢時，可以隨時提取活期存款，不會受到處罰。當時，中國將活期存款的利率限制在〇．三五％）。支付寶用戶只需投資一塊人民幣（大約十五美分）來測試水溫。這個作法打開了一個龐大的潛在市場：絕大多數中國人負擔不起金融機構對理財商品要求的最低投資額。高利率、包容性、靈活性的結合之下，讓此產品非常成功。只花了一週時間，投資人數就達到一百萬，不到一年，投資餘額寶的人就比投資整個股市的人更多。[6] 到了二〇一五年年底，十億投資人之中，就有四分之一的人對餘額寶投入資金。

這是中國人態度轉趨開放的跡象之一，習慣把積蓄存進有政府保證的國有銀行裡的人，願意將錢交託給一家民營科技公司。阿里巴巴透過多年的財務關係，贏得了用戶的信任。與此同時，來自銀行與其他投資公司的理財商品也讓數百萬名投資者熟悉了新的金融商品。投資人信任螞蟻的另一個理由是，中國中央電視台在一個專題中報導了餘額寶，對很多中國人來說，這就相當於是一種政府背書。就像上海散戶莊承展（Zhuang Chengzhan，音譯）所說：「只要它的規模已達『大到不能倒』，我就會挑選任何有最高報酬率的大公司所銷售的商品。」[7]中國的散戶樂於獲得更高的報酬，許多人也認為：可以不冒任何風險就能得到高報酬。而這將成為一個嚴重的問題。

之前，政府幾乎禁止所有銀行以外的機構銷售貨幣市場基金，但銀行本身並沒有興趣推廣這種產品。人們的投資選項因此限制在便宜或免費的存款中，而在此情況下賺到最多的銀行，根本沒有動機去銷售能提高資金成本的商品。餘額寶會成功僅僅是因為，中國證券監督管理委員會移除了後來自己也承認的「過高的進入障礙」[8]，並對螞蟻金服核發新的許可證，允許行銷與處理理財商品的支付業務。

貨幣市場基金實際上是中國金融壓抑的一個漏洞。政府限制了銀行的存款利率，但並未對理財商品的利率設定任何限制，餘額寶因此可以支付比銀行更高的利率。事實上，早在一九七〇年代，美國正是為了這個目的而發明理財商品。那時的通貨膨脹率超過了聯準會設定的存款利率上限，美國的金融創新公司就銷售這些新的理財商品，這些商品不受利率上限的影響，並從小投資人那裡集中資金，以市場價格大量購買債券與存款憑證（certificate of deposit）。[9]餘額寶也是這樣做，它從小投資人那裡集中資金，並以更高、更市場性的利率投入中國的銀行同業市場（interbank market）。

餘額寶的成功有部分要歸功於幸運的時機。中國人民銀行在二〇一三年年中緊縮流動資金，以遏止猖獗的影子銀行，這導致資金的稀缺與昂貴。[10]餘額寶因此可以取得高利息，並轉手給它的投資人。這個基金成長驚人，在頭六個月裡，就從零成長到一千九百億人民幣（三百二十億美元）。一年後，它掌控了將近六千億人民幣（約九百六十億美元），並成為全世界第四大的貨幣市場基金，甚至超過餘額寶推出前的整個理財商品產業。[11]騰訊與其他網路公司隨後用自己的資金加入這股潮流。雖然沒有公司可以和餘額寶互相抗衡，但騰訊的理財通透過提供更好的報酬率——年利率將近七．四%，第一天就吸收了八億人民幣。[12]銀行必須對這種威脅到自身獲利的商品做出因應。

受到政治保護的破壞行為

餘額寶是一個新時代的標誌。民營科技公司可能威脅到國有銀行的利潤，因此爭議一定會隨之而來。二〇一四年年初，餘額寶的總資產加起來僅占銀行中家庭存款四十六兆人民幣的一・三%。但是，餘額寶第一年的成長金額，大約是家庭銀行存款成長金額的三分之一，如果沒有餘額寶，這數千億元的人民幣就會成為報酬率幾乎為零的銀行存款。人們開始把全部薪水從銀行帳戶轉入餘額寶，然後用支付寶做線上購物。雖然大部分的錢又回到銀行，但是以更昂貴的形式回來。當數以億計的人把錢投入餘額寶，銀行擔心金融科技會提高原本的資金成本，削減獲利，並削弱與客戶的關係。銀行害怕這些破壞行為是正確的。

中央銀行資訊顯示，家庭銀行存款在二〇一二年成長一七%之後，在二〇一三年下降到一三%，接著在二〇一四年降到九%。[13]雖然餘額寶只是這股潮流的一部分，但對中國的銀行來說，損失是顯而易見的。中國最大企業之一的中國工商銀行在二〇一三年年度報告中，主席表明這件事正在喚醒一個新世界，他說網路金融與「大數據」正在推動「銀行業的根本革命」。[14]

馬雲擔心，銀行會想辦法運用政治影響力取締餘額寶。推出幾天後，他在十年前發布行長周小川銀行改革計畫的同一份國家報紙《人民日報》上，發表了一篇專欄文章，為打破銀行壟斷的行為提供充分的理由。他主張，只有透過外來者的推動，金融才會改變。他聲稱，當時的銀行只服務了二〇％的客戶，對八〇％的客戶棄之不顧。那時絕大多數的中國人都有銀行帳戶，但很少人可以取得銀行信用貸款或市場利率投資。馬雲也反對過度的監管。[15]幾年前，這種關於銀行剝削客戶的說法一直有爭議。而他對於監管的第二個看法，將在政治環境丕變的幾年後，讓他惹上麻煩。

不過在當時，從總理溫家寶到行長周小川，對銀行把持的壟斷局面，以及提供給大多數人的糟糕服務，都已經表達過非常失望。他們也含蓄批評保護銀行壟斷局面的監管單位。但是，精明的讀者都知道，只有非常有權勢的人表達黨內有力人士同意的觀點，才能在《人民日報》發表文章，因此這意味著：馬雲得到了強有力的政治支持。阿里巴巴認為投資人就像當時總理溫家寶的兒子，也是前國家主席江澤民的孫子。[16]在保守派批評者呼籲要禁止餘額寶來保護銀行的聲浪中，中國證監會發表聲明，支持餘額寶「為投資人提供了更多的投資與理財選擇」，就像「對市場創新的一種積極探索」。[17]

對於馬雲與其他金融破壞者來說，政治發展的情勢令人鼓舞。二〇一三年七月，國務院呼籲「成立民間資本發起與營運的民營銀行」，以協助金融業適應新的經濟情勢。[18] 八月，在一份中國人民銀行的官方報告中，表達了對大數據與網路金融大力支持，並寫道「金融產品與服務方式的創新方法，彌補了傳統金融的不足之處」，以嘲諷銀行。文中甚至指出，阿里巴巴的不良貸款率低於銀行的平均水準。[19] 周小川行長領導的中國人民銀行堅定支持阿里巴巴與餘額寶。

之後，在二〇一三年九月，由中國最有權勢的官員組成的整個政治圈，為了一個主題為「利用創新推動發展策略」的研究會議而登上公車。這一次，行政官僚與政府專家不像往常一樣到黨的領導機構朝聖，這些中國領導人物去了中關村，這是北京試圖模仿矽谷成功元素所建造的一小塊地方，用以吸引新創生態。[20] 民營公司的企業家針對他們的產品以及科技未來的願景發表演講，這顯示，在共產主義國家中，最有權勢的人也會重視一個成功資本主義企業家的見解。但在不久前，資本主義企業家的身分會讓一個人成為危險的「階級敵人」。

在中關村會議上，總書記習近平提倡，政府要支持與協助創新及創業。[21] 中國的企圖是在不放棄控制權下鼓勵創業精神，這將讓創新成為成長的動力，而企業家就會需要創新的融資方式。金融科技完全符合習近平的宏願：讓中國成為關鍵技術領域的全球領先者。而且，受益於政府的支持，中國的確將成為金融科技的全球領先者。

緊接著，在習近平領導下，黨在十一月推出第一個主要經濟政策藍圖。三中全會報告呼籲市場，在資源分配中發揮「決定性作用」，並對私人公司設立銀行的想法給予黨的重要支持。[22]發展「普惠金融」（inclusive finance，譯註：聯合國於二〇〇五年提出的金融服務概念，又稱包容性金融，意旨所有人都能得到金融服務，特別是被傳統金融忽略的農村、偏遠地區、微型企業等）與「鼓勵金融創新」變成了黨正式的政策。[23]解讀著政治風向，地方政府也使出渾身解數吸引金融科技公司。上海是最早發布支持網路金融政策的地方政府之一，還包括提供辦公空間的補貼。[24]扶植的政策隨後在中國各地出現。

隨著科技公司享有如此強大的政治支持，銀行意識到自己必須整頓起來，並與他們競爭，而這正是行長周小川等改革者所期望的事。在一次採訪中，他明確概述了中國監管機構對新科技在金融領域的應用所採取的靈活與支持策略，以及為什麼要這樣做的原因：

> 科技創新可以推動經濟成長。我們應該從支持科技發展開始。當他們剛出現的時

候，我們不一定能把這些事情說清楚，我們也不知道這些事情動態發展的下一步，所以我們首先要盡可能採取正面的支持態度，並給他們一些空間。有些新產品可能不符合我們的常規作法，但如果規模很小，監管機關應該給他們警告，不一定要馬上禁止。

第二，在目前的監管條件下，會出現兩種情況：一方面，金融機構使用網路、手機、科技來做生意。大多時候，我們可能只要對現行法規進行一點修改，然後他們就可以發展這種業務。另一方面，若是沒有金融許可的公司應用網路科技從事需要金融許可的生意，我們必須想辦法研究這些新的商業模式，並給他們某種許可和一定的空間。[25]

周小川將金融科技視為一種有發展空間的實驗，同時政府仍然保留對傳統金融體系的控制權。他的政策讓競爭環境有利於金融科技企業家，他們不會被迫遵守為既有機構設計的法規。相反地，他們參與了可能是世界最大的監管試行計畫或沙盒（sandbox，譯註：一種電腦安全機制，為執行中的程式提供隔離環境，經過此階段測試後才會移到正式的環境）。一旦市場成長到夠大，值得進行真正的監管，政府最後也會決定法規，以處理風險。不過，新的現實就是，不公平的競爭環境是對民營企業有利，而非國有銀行。周小川希望透過競爭來達成政府命令永遠無法完成的事。[26]

一位常為銀行說話且頗具影響力的國家廣播員，我們從他某次負面的回應中可以清楚看到，政府與監管部門對金融科技的支持程度。二〇一四年年初，這名廣播員稱這些新的網路基金為「金融寄生蟲」，是「從提高整個社會的經濟成本中獲利」。《人民日報》反駁，如果銀行擔心，就應該改善他們的客戶服務。[27]他們改善了，數百萬的中國儲戶就能因此得到更好的報酬率。

當時的分析師將其視為一個艱難的選擇：「為了捍衛他們的客戶群，銀行別無選擇地推出自己的貨幣市場基金產品，並對自家的存款基礎同類相食。」[28]很多銀行提高存款利率以便較能與餘額寶競爭，有些銀行則發行了貨幣市場基金。[29]一旦銀行提高利率並提供更好的選擇，餘額寶的資產成長就會停滯一段時間。但餘額寶仍然增加了數億用戶，而且對中國金融市場的正面影響仍然存在。對於一般人與金融科技來說，這是一次重大的勝利，但這只是一場長期戰爭的第一場戰役。

行動支付破壞國家支付的壟斷

隨著餘額寶的蓬勃發展，戰役轉移到支付業務。在支付業務上，是科技而不是政策開啟了「打破國家支持的壟斷」局面。二〇一四年年初，支付寶主導了九兆人民幣（一．五兆美元）非銀行線上支付市場，遙遙領先第二名、市占率大約一〇%的騰訊。但是大部分的支付仍然是離線作業，人們只用現金或銀聯卡付款。事實上，很多人在阿里巴巴電子商務平台做線上訂購時仍然親自付款，他們給快遞員現金或卡，而非支付寶。[30] 聯銀金融卡在二〇一三年共處理了將近三十二兆人民幣（五．二兆美元）的消費支付，是支付寶這個新創公司線上支付的三倍。挑戰銀聯卡支付的壟斷地位是非法的，但行動手機與QR code讓卡片及壟斷因而過時。

二〇〇〇年代中期，線上支付與電子商務發展出共生關係。同樣地，到了二〇一四年，由於所謂的線上對線下（online-to-offline，O2O）商業模式，例如優步（Uber），允許人們透過智慧型手機訂購與支付面對面的服務，這讓行動支付有了新的需求。在美國，這樣的企業可以讓用戶在應用程式中輸入信用卡訊息，所以搬到線上的作法並沒有挑戰到信用卡。但是在中國，信用卡仍然很少見，這些新的線上企業很容易就接受了支付寶或騰訊支付。

智慧型手機成為徹底改變中國支付方式的關鍵。二〇一三年年底，中國的行動網路用戶超過五億，其中很多人用的是快速的4G網路，而且超過四〇%的網路用戶已經在使用線上支付。如果晚餐時可以用智慧型手機在淘寶上購物，為什麼不用手機支付晚餐與搭計程車回家的費用呢？隨著中國人從現金到行動支付的跳蛙式成長，他們很快就可以這麼做了。支付寶與騰訊之間的競爭，以及免費可得的外國技術與手機，這個強大的組合在幾年內所達到的成就，是即使有政府全力支持的銀聯在過去十年都做不到的。

中國現在備受稱道的行動支付系統沿用了整合國外首創技術的較早模式。在這方面，中國有後進者優勢，可以從先驅者代價高昂的錯誤與不正確的起步中學習，其中包括矽谷的創新公司，他們的數位錢包創意對塑膠卡片的使用幾乎沒有影響。中國的科技巨頭擁有來自世界各地超過十年的經驗與技術，可以融入現在全世界最大的行動支付市場。

從技術觀點來看，設置當面付款的機制看似簡單。用於當面付款的銀行卡只需儲存持卡人帳戶的少量資訊，讓商家的銷售點終端機可以讀取。然後它會連繫支付網路驗證該帳戶是否有效、金額是否足夠，如果沒有問題，它會通知機器，這筆交易被批准了，並把這筆交易記錄下來。但現在，智慧型手機可以做到這一切，而這導致塑膠卡片與銷售點終端機一起過時了。

韓國與肯亞的電信公司經常是這個領域的創新者。他們擁有龐大的用戶群與現有的分支網路，可以用來處理該系統的現金進出，並且掌控了可以安全儲存支付資訊的ＳＩＭ卡，因此他們為其他商家提供支付服務打下堅實的基礎。從二〇〇二年開始，早在智慧型手機出現之前，韓國電信業就是第一批嘗試使用行動錢包的業者，而日本最大的電信業者ＮＴＴ DoCoMo，則在二〇〇四年推出手機支付系統FeliCa。由於ＮＴＴ占有絕大的市場，有龐大的用戶群來吸引商家，其他電信業的競爭對手甚至自覺成功無望而放棄支付市場，並加入他們的系統。[31]在肯亞，主要的電信業者薩法利（Safaricom）則在二〇〇七年推出M-PESA，把支付內建到ＳＩＭ卡。今天，它處理了肯亞大約一半ＧＤＰ的金額。連同中國，肯亞也有全世界關於數位支付與金融最了不起的成功故事。然而，除了M-PESA，這些系統都沒有成功到能夠減少現金或卡片的使用。

至於美國，威士卡公司創新部門主管曾在二〇〇九年說：「在使用紙鈔的地方，要用電子支付打敗現金並不困難……。但是在美國，我們還沒有找到獨特的價值主張，可以遠遠超越消費者現有的支付方式。」[32]他是對的。和中國與其他主要使用現金的國家相比，美國對行動支付的需求並不大。

美國大多數知名的行動支付嘗試，其實都比支付寶更早，只是沒有一個成為信用卡之外的重要替代選擇。二〇一〇年，Square推出了使用一個小小的附加組件就能把手機變成銷售點終端機。它已經成為小公司的主要依靠，但是在消費者這一端，它保留了塑膠卡，而不是行動支付。PayPal雖然對電子商務與點對點支付有積極的影響，但並未在離線支付上流行起來。美國的大型科技公司的行動支付也比支付寶更早，但是二〇一一年推出的谷歌錢包（Google Wallet）與二〇一二年推出的蘋果錢包（Apple Wallet），都未能運用其技術實力與龐大的用戶群，在行動支付上取得與支付寶及微信支付相提並論的成就。部分原因是消費者根深蒂固的習慣，以及信用卡鎖定的功能，例如獎勵回饋金等，在中國則沒有這種問題；另一個問題是，他們選擇的技術需要多方合作，有太多人必須要參與。

蘋果與谷歌都依賴近場通訊技術（near-field communications，NFC，又稱近距離無線通訊），這使他們捲入一場競爭標準之戰，牽涉到電信業者、商家、手機製造商，以及想要建立更好的支付系統的科技公司。遺憾的是，科技公司、大型商家與電信業者不是彼此合作，而是每一個都想藉著推出自己的系統來控制支付的未來。

一名建立谷歌錢包的工程師將谷歌錢包沒有進展歸咎於電信公司，因為他們試圖阻止谷歌錢包的使用。[33] 威訊通信（Verizon）、AT&T與T-Mobile等電信業者沒有合作提供SIM卡開通權，因為他們想要發展自己的系統（他們的合資系統取了一個不幸的名字：ISIS pay）。而蘋果等手機製造商則拒絕Apple Pay之外的應用程式來連通iPhone的近場通訊功能，因此，第三方支付應用程式就無法提供基於近場通訊技術的錢包給數百萬擁有iPhone的潛在用戶。而美國的大型零售商長期以來都在抱怨信用卡的費用，他們也建立了自己的系統，稱為MCX，只是命運多舛，結果就是市場碎片化。

近場通訊的另一個缺點是，它要求大多數的零售商在每一家店都要支付新的銷售點終端機的費用。對商家來說，這些新的行動支付方式都無法達到足夠的消費者使用量，來承擔主要的費用與必要的麻煩。這群分裂而互相競爭的業者，因而無法達到減少使用塑膠卡片所需的規模。美國的大型科技公司也不如中國的大型科技公司富有野心，通常只是在現有的卡片支付系統上添加一點技術的表層飾板而已，因此手機在美國沒能發揮掀起金融技術革命的潛力。

美國的支付問題不在於塑膠卡片，和手機支付相比，它沒有那麼不方便。問題在於，支付系統成本是中國的數倍，而且對小型線上交易特別昂貴，因為它並不是為此而設計的。支付寶與微信支付對商家收取〇・三八到〇・六%的費用，相較之下，美國商家要為接受信用卡付一・五到三%，外加二十到三十美分。[34]一個美國商家賣一杯三美元的咖啡給一個頂級信用卡持有人，最後商家可能要付三十九美分的費用，比放進去的咖啡豆成本更高。這個費用會吃掉一三%，比中國咖啡店使用支付寶所支付的百分比高出二十二倍。

可惜的是，我們幾乎沒有能力或壓力改變這種情況。銀行竭盡全力保護他們的搖錢樹，商家則承擔消費者所有免費信用與豐厚獎勵的成本，沒有能力引導消費者使用更便宜的支付方式。無論如何，對於任何像支付寶等新進者來說，即使可以為商家大幅降低支付費用，讓消費者轉而使用這種新的支付方式，但補貼會高得令人卻步，因為必須要高過獎勵卡（rewards cards）才行得通。使用現金、金融卡或非獎勵卡付款的人就這樣承擔著整體更高的成本，讓我們的支付系統成為一種加劇不平等的隱藏機制。[35]

QR code後來成為中國支付最具革命性的技術，不過在中國流行起來之前其實已經有二十年的歷史。一九九四年，豐田的一家子公司為了追蹤供應鏈進度而發明QR code，後來被拿來應用在更多用途上。QR code可以編碼的資訊比條碼多更多，對於像日文與中文擁有數千個字符的大型字母系統來說，也是必要的，而且智慧型手機更容易讀取。QR code在二〇〇六年來到中國，但那時的技術還沒有準備好。當時，手機要花費十七秒才能在螢幕生成一個QR code，對支付來說實在太慢了。[36]

二〇一〇年代初期，QR code在美國與加拿大還頗為盛行，但後來就退燒了。當時的智慧型手機相機還缺乏讀取這種圖碼的性能，行動網路也很慢，隨身攜帶智慧型手機的人數也不多。另外，安全也是一個問題。這和進入一個網站的網址不同，你永遠不會知道自己是否在掃描一個帶有病毒的QR code。令人意外的是，我在美國找到一個最早用QR code付款的例子，不是支付工具或科技公司，而是來自星巴克（Starbucks）。星巴克的卡片應用程式在二〇〇九年的測試版產生了一個QR code，在櫃檯掃描這個QR code，就能支付「預定的咖啡」。[37]

中國採取本人購物的線上支付開始於二〇一三年一月，當時支付寶的某個程式更新引進了「類似錢包的體驗」，把QR code整合到支付服務中。這個錢包工具也想把支付寶轉變成更成熟的財務管理平台，而不僅僅是支付應用程式，其中功能包括支付帳單、記錄支出、數位優惠券等等更多功能。[38]對於付款來說，QR code既簡單又靈活。小型商店甚至不需要銷售點終端機來接受付款，更精確地說，他們只要在紙上印出一個QR code，或在店家的手機上顯示QR code給顧客掃描，顧客輸入要支付的金額，接著店家在手機上驗證已經收到的錢即可。也可以請顧客在手機上顯示QR code，商家掃描後就可以從消費者的支付寶錢包中扣掉該付的錢。用店家自己的智慧型手機，或是用成本大約五〇美元的銷售點終端設備，都可以完成掃描動作。[39]

儘管如此，支付寶的行動應用程式並沒有立刻流行起來。當時在北京，我認識使用支付寶的人，大多只在淘寶網線上購物時使用，或是（和美國的Venmo沒有什麼不同）分攤餐廳帳單。幾乎沒有什麼地方是用QR code付款。與此同時，幾乎每一個人都黏在微信——後來在國際上稱為WeChat，這是騰訊新的聊天與社交行動程式。支付寶為了趕上，為員工安排辛苦的「九—九—六」工作時間表，每天上午九點到晚上九點，每週六天。但是騰訊在行動裝置上打敗支付寶的程度，遠遠大幅領先支付寶在支付上打敗騰訊的程度。[40]

儘管阿里巴巴的電子商務與金融焦點似乎與騰訊的社群媒體及遊戲世界截然不同，但他們卻是競爭激烈的死敵。支付寶把騰訊支付與Q幣狠狠拋在腦後，但微信在行動裝置的成功給了它趕上金融科技的機會。二〇一一年一月推出的微信，已經成為中國人日常生活不可或缺的一環，但在中國以外幾乎沒有得到任何關注。在它推出時，唯一的一篇英文文章指出，它的大部分功能就像加拿大的應用程式Kik，暗示騰訊持續在做早期抄襲的事。[41]微信最初非常專注在中國市場，騰訊甚至懶得給它取一個英文名字，直到一年多後開始有更多的國際用戶，才有了英文名稱WeChat。[42]

騰訊明智地選擇從頭開始為行動裝置開發微信，而不是把在個人電腦上用的QQ聊天產品移到行動裝置上。行動優先的策略讓它很快地注意到：在個人電腦上行不通的新媒體的可能性。就像發送快速的語音訊息，中國人認為這比文字為主的聊天更私密，結果風行一時，二〇一三年一月就達到三億用戶，一如支付寶推出電子錢包一樣火紅。[43]阿里巴巴長期以來都想在聊天與社群媒體上與騰訊競爭，但都沒有成功，它即將發現，在社群媒體上的弱勢，也將導致支付服務上的弱勢。支付寶在二〇一三年年底只有幾百萬的每日活躍用戶，相比之下，微信則超過一億。[44]想要付款的支付寶用戶會退出支付寶程式，並用微信溝通付款訊息與金額，然後確認收款。對很多人來說，忘掉支付寶，用微信付款更容易。

騰訊在二〇一三年八月把支付功能加入微信，開始把聊天程式轉變成一個擁有很多其他功能的平台。一開始，它的流行速度很慢，因為微信用戶認為，沒有理由將他們的銀行訊息交給聊天服務商。就像北京居民葛飛（Ge Fei，音譯）告訴《環球時報》（*Global Times*）：「把微信帳號與銀行卡連結起來，感覺不是很舒服，因為微信主要是社交工具……，我有安全的顧慮。」[45]阿里巴巴的優勢在於，每個人都知道他們需要分享金融訊息來購買它的商品。但支付寶錢包起步緩慢則意味著，行動支付市場仍處於各方爭奪的階段中。支付寶低估了這個威脅。[46]

二〇一四年中國春節期間，當社會習俗碰上大家轉移資金的需求時，騰訊的機會來了。數億人趕往家鄉與家人團聚，旋風式地走訪親戚朋友，包括交換塞滿現金的紅包。中國大規模的都市化把給錢的人與收錢的人分散在全國各處，讓紅包習俗變得更為複雜。在這個狀況下，大家很難親自送上紅包，而這卻是數位支付的一個完美用法。

從二〇一四年一月開始，微信用戶可以發送裝有數位現金的虛擬紅包。這件事風靡一時。用戶可以在他們正在使用的程式中收錢，但必須提供詳細的銀行資訊才能發錢或領錢。這是很聰明的方法，讓一些早期使用者為了收到現金去募集連絡人，從而把社交與銀行帳戶連結起來，也因此克服了早期一些安全顧慮。騰訊還把紅包變成遊戲，把病毒式傳播行為變成上癮的程度。用戶可以對某個群聊發錢，這筆錢會隨機分給最早點擊該連結的前面幾個人。[47]因為不想錯過撒在群聊中的錢，人們被這個遊戲黏在手機上。微信還擴大了這個傳統的規模。以前幾塊人民幣的實體紅包顯得小氣又奇怪，但現在人們卻喜歡對著非正式的群組發送小額的金錢。紅包變成微信支付的基礎。在最初的十天裡，八百萬用戶送出了超過四千萬個紅包。競爭也變得骯髒起來，因為微信拒絕用戶在微信上發送支付寶的紅包，暗中布局，為自己營造有利的情勢。[48]

支付寶的領導階層簡直嚇壞了。馬雲縮短了新年假期以策畫因應對策，他把這件事誇張描述為在他的領土進行「珍珠港偷襲」。後進者優勢再次出現：觀察人士指出，支付寶花了八年才達到的成績，騰訊一天就做到。支付寶也提供紅包，但沒有騰訊好玩的遊戲特性，而是提出一種有點粗魯、類似Venmo的方式，就是向連絡人要錢。

建構離線的行動支付競賽開打了，這是兩家公司都輸不起的戰役，因為這將讓對手的技術生態系統在線上對線下市場中占有很大優勢。第一個戰場就是叫車服務，在這方面，中國已經適應了優步的模式。付款速度是其中的關鍵：在傳統上，搭車付錢代表必須在後面車子猛按喇叭的催促聲中急急忙忙地數錢，而且偶爾會發現，司機在找的錢塞了一張假鈔（雖然這不是常態，但當天黑或很匆忙的時候，我就曾經拿到幾次假鈔）。如果要說服司機刷卡，甚至會花更多時間，因為他們必須在汽車雜物箱中翻找出一台布滿灰塵、操作緩慢的銷售點終端機。

支付寶是先驅者，它與計程車合作，在車中用它的 QR code 付款。接著，支付寶和叫車程式快的打車（Kuaidi）簽訂了協議，允許支付寶可以用 QR code 或在快的程式中付款。騰訊更勝一籌，整合叫車與付款功能，全部都可以在微信程式裡完成，再加上補貼四億人民幣給司機與乘客，一下子為其支付服務找到數千萬用戶。支付寶跟隨騰訊在叫車與計程車補貼上投入了五億人民幣，以培養使用行動支付的先鋒部隊。[49] 這種促銷方案是一大吸引力，可以包含短程搭車的大部分費用。

在不斷添加新功能以超越對手的配備競賽中，為了讓人快速使用超級應用程式，計程車付款是早期的重要行動之一。給乘客的補貼方案顯示，一個新的支付方式在初期要有進展並打破根深蒂固的習慣，補貼是非常關鍵的方法。忽然之間，金融科技領域競爭激烈，或者至少從近乎獨家壟斷變成雙頭壟斷。微信支付的行動支付市占率於三年內從一〇到四〇%，成長了四倍。支付寶依然是老大，但它從在二〇一四年晚期掌控將近八三%的行動支付市場，到二〇一七年只剩下五五%。[50]

很快地，騰訊隨後投資了阿里巴巴在電子商務的主要對手京東購物網站，並給予京東在微信上銷售產品的權利。這個動作讓微信更像是阿里巴巴操作系統的替代選擇。就像餘額寶一樣，成功產品的模仿者成群結隊地進入市場。京東推出了金融部門，接著搜尋引擎百度、微網誌服務商新浪、設備製造商小米，以及超級應用程式競爭者美團，全部推出了支付服務。沒有人想在收入上受制於銀聯或大型科技平台。

支付寶與騰訊在為線上支付爭取用戶與商家簽約的較量上，刺激了能快速形成市場的競爭動力，與缺乏競爭的卡片支付形成鮮明對比。螞蟻集團的一位副總裁後來以正面的眼光看待這種競爭：「實際上，（騰訊）和我們長期以來一直維持著這種互相模仿的浪漫關係……。正是透過這樣的創新與互相學習，以及競爭的環境，我們全都可以進步。」[51]他們的努力促使行動支付在中國以閃電般的速度普及開來。光是在二〇一四年的前六個月，就有八千萬名中國人首度使用手機線上支付。[52]騰訊進入市場僅僅一年之後，科技公司等非銀行業者處理的支付總量，幾乎與使用金融卡的花費一樣多，到了二〇一八年，他們處理的金額已經是金融卡消費總量的兩倍多。

隨著科技公司與他們推出的系統在消費者支出上呈現爆炸成長——二〇一五與二〇一六年，每年成長一〇〇%，銀聯的壟斷地位很快就被削弱了。行動支付的使用不僅適用於中國沿海城市的富裕居民，在最貧窮的四〇%中國人之中，使用行動支付的比例從二〇一四到二〇一七年也成長了兩倍。[53]

支付寶與騰訊從谷歌及蘋果的煎熬中學到，把近場通訊與其混亂的利益關係人排除在支付寶錢包之外。與近場通訊不同，透過手機程式就可以完全控制QR code，無須經過SIM卡或近場通訊接收器，這意味著不需要與電信公司或手機製造商協商。支付寶因此可以專心爭取用戶與商家。商家很容易就可以幾乎免費地添加支付寶程式，不需要有接受近場通訊的新銷售點終端機，甚至根本不需要任何銷售點終端機。

與美國的科技公司相比，支付寶早期經歷的劣勢最後變成了優勢。支付寶在銀行帳戶之間的付款流程已經有自己的系統，但美國在二〇一〇年代的行動錢包不是必須從頭建立網路，就是要保障與卡片網路合作的安全性。蘋果與谷歌都選擇信用卡與其高昂費用，因此無法提供更便宜的支付費用吸引商家簽約。私人的支付寶帳戶之間，大部分的支付都是免費的，而支付寶對商家收取的費用，也比美國商家支付的信用卡交易費低了很多倍。

與美國的同業相較，中國的銀行對行動支付替代方案比較沒有抵抗力，因為他們長期和科技公司有處理付款業務的合作夥伴關係，而且信用卡對增加獲利來說比較不重要。二〇一七年，摩根大通扣除獎勵金等成本後，在信用卡交易費用中得到四十四億美元。如果這些營收全部列入獲利，將占銀行獲利的一八％。[54]相較之下，中國工商銀行從卡片業務中得到大約一百六十億人民幣，僅占總利潤的六％。[55]支付寶也給了銀行一個比銀聯更具市場性的替代方案，但是美國的銀行在信用卡上總是面臨威士卡與萬事達卡網路之間的某些競爭。

對美國來說，令人擔憂的是，人們對支付系統抱持一種「夠好了」的心態，因此讓美國堅持傳統的支付方式，這表示在尖端的科技創新以及制定最佳的新形態商業模式上，美國將遠遠落後。與此同時，中國在最先進的支付方式上，已經提升了競爭力與規模。一旦金融科技巨頭在中國取得重大的成就，一定會把他們的創新帶到海外，並在海外與習慣於主導全球支付市場的美國互相競爭。

數位支付正在全球風起雲湧地發展，其中以中國的成長最快速，而且到目前為止，總量也最大。光是二〇一四到二〇一七年，隨著數億人口開始掃 QR code，中國成年人使用數位支付的比例就成長了二四％，達到將近七〇％。

二〇一七年，和其他中等收入的國家相比，中國人使用數位支付的可能性高出五〇%。和高收入國家的平均相比，中國人使用線上支付在網路購物的比例更高。[56]拜大型科技公司所賜，中國已經從一個以現金為主的落後支付體系，轉變為採用行動支付的領先者。

壟斷者的強力反彈與監管行動

QR code支付的盛行迫使銀聯進入戰鬥模式，也讓較為中立的政策制定者感到不安。沒有一個國家使用過以QR code技術為基礎的零售支付系統，其中的風險並不清楚，所以很難將保護現有銀行的法規和基於真正安全顧慮而制定的法規區分開來。但是隨著行動支付的蓬勃發展，確實必須進行監管，以確保科技公司快速成長的急迫性不會讓金融體系陷入風險之中。因此，監管機關被多方拉扯著。銀行、銀聯以及其政治庇護者提高了打擊科技新貴的壓力。而周小川與這些科技公司的庇護人則試圖確保法規沒有超過安全範圍，以便為持續的創新保留空間。

第一個攻擊來自銀聯，銀聯想把新的支付方式納入它的網路，以終結這場擾亂自身地位的作為。二〇一三年一整年，它向各銀行發出通知，要求所有離線支付要透過它的網路並支付費用。[57]起初，銀聯似乎在政治鬥爭上贏過了挑戰者，因為阿里巴巴被迫放棄推出自家的銷售點終端機計畫。

銀行也進行了反擊，他們彼此協調開始阻止客戶的資金流入支付寶錢包與餘額寶。他們聲稱，為了遵守舊的「了解你的客戶」的身分識別規定，必須限制轉帳，但馬雲認為這是濫用市場的力量，銀行利用掌控客戶的帳戶來限制馬雲所謂的「存款人分配自己資金的權利」。他在一條憤怒的微博貼文發洩他的不滿，指責銀行想要「扼殺」支付寶，他還告誡監管當局：「更重要的是，這些聯合阻擋支付寶的『國家之手』，由誰來規範其合法性？」他還呼籲要公平競爭：「決定市場競爭勝負的，絕對不應該是壟斷或權力，應該是客戶！」[58]這篇文章和經過仔細審查的《人民日報》專欄文章不同，因為講得太過火，所以很快就被刪文了。

銀聯本想聯合銀行消滅支付寶，但沒有預料到，支付寶的政治支持與銀行對銀聯的不滿。銀行拒絕冒著與支付寶斷絕關係的風險和銀聯站在同一陣線，畢竟支付寶仍然繼續支付他們豐厚的交易手續費用。[59]

人們在手機顯示的第一代QR code一點都不安全，小偷可以在用戶等待付款時，偷偷拍下QR code並盜光帳戶，其他像是騙人的條碼等種種詐騙手法也會盜走人們的錢，[60]但支付寶為了比對手更快占有優勢，它希望盡快打造自己的QR code支付服務。憂心忡忡的中國人民銀行下令，緊急暫停離線的QR code支付，並提出其他線上支付限制，例如交易規模的限制，以確保他們在變得太大之前是安全的。[61]當時的預測認為，阿里巴巴與騰訊將很快得到一百萬家實體商店的接受，與銀聯使用近場通訊技術的銷售點終端機行動支付系統互相抗衡。[62]

在如何處理線上支付的爭論中，還有比壟斷問題更攸關利害的事：快速擴張的大型科技公司帶來的風險與創新之間的緊張關係，這正是金融科技的核心問題。

研擬的交易限額引發了爭議，這說明大型科技公司獲得了新力量。支付寶用戶在線上抗議，認為交易金額限制太低，購買一支iPhone就會超過上限。耐人尋味的是，到此時為止，很少出現消費者遺失錢的報導。如果媒體有更多這方面的報導，也許會嚇得人們不敢使用行動支付，並對政府施加更多監管的壓力，甚至禁止使用事實證明非常具顛覆性的QR code。很可能的情況是，阿里巴巴想辦法壓制了這類負面報導，因為它對微博很有影響力，畢竟微博是中國最接近推特的平台。後來，阿里巴巴的不良公關消息在微博上似乎都被刪除了。阿里巴巴占有微博很大的股份比例。由於擔心阿里巴巴對輿論的影響力，中國官員後來考慮強迫阿里巴巴出售它的媒體持股。

馬雲還進行了一次私人遊說行程。多位前央行官員告訴我，馬雲越過中國人民銀行，向更有權勢的政治庇護者提出抗議。馬雲贏了，嚴格的交易上限並未出現在中國人民銀行最後的法規中，最令人震驚的是，QR code支付禁令根本沒有執行。儘管根據中國的法律，QR code支付是違法的，但在二〇一四到二〇一六年之間，支付寶與騰訊還是有足夠的力量把QR code從支付比例的一小部分，推廣到變得無所不在。然而，馬雲成功推翻央行的監管措施，也導致了螞蟻金服與中國人民銀行關係惡化。[63]

螞蟻金服與騰訊無法移除的一條監管紅線是：消費者信用貸款。中國人民銀行制止了他們發行虛擬信用卡與線上支付信貸的計畫，如果通過，將使螞蟻金服一夜之間成為中國最大的消費放款機構之一。二〇一三年年底，螞蟻金服的八千萬合格用戶已經接近了工商銀行信用卡的總發卡量。[64]但是中國人民銀行的禁令取締了整個產品類別，大概是因為對於支付的安全顧慮，對信用來說更為重要。與QR code的情況不同，這些規則無法撼動。如果資金是借來的，不安全的支付網路所構成的風險會更大：用戶可能會發現自己陷入了從未打算要借用的債務困境。

儘管如此，網路公司已經獲得巨大的力量，得以對抗央行、銀聯與其他銀行。在這種情形下，阻止現有銀行阻斷創新可能是有益的，但是這樣的力量結合金融之後，可能會成為一個嚴重的問題。如果監管當局遠遠落後於這些新金融業者的規模與風險，有可能會拖垮中國的金融體系，然而中國的科技向金融領域的擴展，才剛剛開始起步。

從支付到超級應用程式

在二〇一四年之後，政府持續允許科技公司成為金融集團，為他們打開超越支付的大門，並讓支付寶與微信變成超級應用程式，提供金融以及非金融商品與服務的一站式超市服務，這在中國便利的日常生活中已經變得不可或缺。人們帶著智慧型手機去到哪裡，就把這個線上世界帶到哪裡。阿里巴巴二〇一三年的執行長陸兆禧，生動描述了行動網路帶來的新時代可能性：「它模糊了生活與網路之間的界線。」[65]美國的科技公司很快就會羨慕地看著曾經只會模仿他們的中國同業所取得的成就。

數億中國人已經在使用支付寶與微信做付款或投資，但在二〇一五年一月，中國政府核發了提供信用評估的臨時許可證，包括信用積分。現在，根據科技公司的支付、購物與社交資訊的演算法，就可以決定一個人取得信貸的機會，銀行更是可以用這些評分來核發貸款。央行對騰訊與螞蟻金服等企業開放信用評估與評分，打破自己的壟斷地位。央行希望，科技公司應用新的資訊來源與先進的技術，可以補足它的徵信中心，以幫助貸方把風險管理做得更好，並讓數億缺乏信用紀錄的中國人有機會取得信貸。這麼做也承認了政府無法靠自己促進創新。多年來，馬雲一直在改善信用體系，例如他說自己希望「讓信用等於財富」。中國人民銀行最後允許了這件事。[66]

在電腦運算、資料收集與儲存以及機器學習技術上的進步，讓信用評估業務已經成熟到可以應用創新的方法，也就是使用借款人信用紀錄以外的「替代資訊」。這在中國尤其重要，因為中國有數億人從未得到正規的信貸。最有價值的替代資訊是支付、投資、線上購物紀錄以及社會關係，而阿里巴巴與騰訊擁有大批這類資訊。看起來與信用毫無相關的資料，也可能有用，例如，美國的放款業者就發現，購買防磨墊以保護地板不被家具刮壞的人，更可能償還貸款。[67]這樣的數據擷取了難以衡量的特徵，像是提前計畫、愛護資產、擁有值得愛護的資產等，這些在中國特別有用，因為很少人擁有傳統的信用紀錄。

螞蟻金服率先推出了芝麻信用系統（Sesame Credit system）。它從應用程式介面開始，允許像銀行這類的第三方可以取得它的信用資訊與評估，來作為貸款評估的一部分。[68]該系統的首席資訊科學家清楚說明它的使命就是：「專注在傳統信貸機構中可能沒有信用記錄的人。他們可能從來沒有取得銀行貸款或申請過信用卡。但是，他們可能是活躍的網路用戶，經常在網路上購物、按時以電子支付水電帳單、居民身分穩定，而且長期使用相同的手機號碼。在評估消費者的信用度時，我們會考慮這些因素。」[69]

用戶選擇加入這個支付寶程式，以查看他們在350至950分制中的位置。美國不一樣，美國最常用做信用評估的信用積分（FICO score）只根據財務資訊，但芝麻信用使用更廣泛的標準。信用紀錄、財務資源證明等傳統因素，以及確認個人身分的識別訊息，這些只是其中的一小部分，芝麻信用也統計用戶的嗜好與購買紀錄，例如長時間玩電子遊戲會降低你的分數，購買尿布顯示有責任感，就會提高分數。最後，最具爭議的因素是人際關係，這代表若是你與信用不佳的人有金錢往來，就會將低你的分數。[70]

芝麻信用很受歡迎，因為它解決了中國人長期以來的一個痛點，而那是擁有信用卡的美國人幾乎從沒想過的困難。對我們很多人來說，信用貸款很容易取得，以至於不認為它會成為問題，但是在中國，沒有簡單的方法來評估信用度，也很少人有信用卡。由於缺乏信任，從醫療到租房、租車或入住飯店，在牽涉到信用的很多交易進行之前，中國人必須先存入大筆存款。相比之下，西方人只要簡單輸入信用卡資訊，就可以繼續下一步。在商家與螞蟻金服合作、免除高評等用戶的押金後，芝麻信用讓用戶擁有了西方人持有卡片的便利。一些放款業者，雖然不是大型國有銀行，也開始使用芝麻信用進行評分。它成為一種代理功能，可以在放款時用來評估信用度、房東評估房客、雇主評估求職者，無需押金的汽車與飯店租賃，甚至可以在線上約會網站用來過濾潛在匹配對象的信用度。[71]

芝麻的影響力越來越大，它的高分用戶現在還可以輕鬆獲得前往新加坡與盧森堡等國家的簽證。芝麻還與北京首都機場合作，允許特別高分的人進入一條特快安檢通道。為了讓高分者更容易得到信用卡，芝麻舉辦「大學生信用日」活動，在三千間學校共接觸到二千七百萬名學生，甚至幫這些高分的學生介紹工作。[72]這個活動在校學的成功引起了中國監管當局的警戒，因為他們一直對「允許大學生借錢」抱持疑慮，畢竟除了父母給的零用錢之外，學生們通常缺乏穩定的收入來源。

相比之下，騰訊的信用評估系統則是在幕後作業，專注在利用騰訊豐富的社交資訊與貸方合作，而不是開發自己的評分系統。一家點對點借貸業者已經利用騰訊的資訊評估了超過三千萬名中國人，並且據此核發出三百萬美元的貸款。[73]這個系統實現了馬化騰多年前的一個願景：「未來也許會出現一種道德評估系統，它將決定你可以借多少錢。如果你的朋友品德高尚，那你的信用應該也會是好的。」[74]但這種方法存在很大的問題，因為如此肯定會加劇不平等與侵犯隱私。另外，中國官方發展中的社會信用系統（將在第五章探討），可能是受到馬化騰的想法所啟發。這些參數可能會導致人們在困難時期被朋友拋棄，因為朋友可能會擔心：和一名違約者往來會讓自己失去信貸的機會；而且，利用違約者的連絡人得知其財務狀況持續惡化，也侵犯了這個違約者的財務隱私。

集體責任的類似觀點導致線上討債人採取了一些最被濫用的做法，例如利用手機連絡人去騷擾借款人的朋友與家人，以羞辱借款人還錢，這種做法在美國是違法的。其中的道德挑戰在於，可以輕鬆取得信貸的人無須提供這些資訊，但是若沒有這些另類資訊，就很難讓那些之前被金融體系排除在外的人得到信貸核可，所以收集另類資訊會導致窮人與被排斥的人比有錢人受到更多監視。騰訊與較傳統的金融機構合作，但是就像芝麻的情況一樣，更保守的大型銀行沒有一家願意與騰訊簽約。[75]

騰訊也曾經「即將推出根據個人線上社交網路的消費信用評等服務」，但後來放棄了，根據報導，由於馬化騰對用戶隱私的顧慮而取消該計畫。[76]騰訊的信用評分原本就比螞蟻金服的系統更讓用戶感到不安，因為支付寶在輸入資訊到信用評分系統時，並沒有私人談話等私密的個人資訊。也許是因為在信用評比上，社交資訊沒有比阿里巴巴與螞蟻金服的財務及電子商務資訊更有用，因此在芝麻評分系統流行起來的時候，騰訊只能坐在一旁觀看。

芝麻評分在中國似乎改變了信貸的遊戲規則，但尚未得到證實。對於整個金融體系的貸方來說，芝麻評分的資訊與演算法正逐漸變成關鍵決策點，而不僅僅是不用押金租借腳踏車這類花俏的用途。如果它沒有做到它自己保證的那麼好，就可能會導致貸方做出壞帳，並擴大整個金融體系的風險。中國人民銀行擔心的就是，芝麻信用的成長速度太快了。

然而，政府依然全速前進，核發給大型科技公司新的金融許可證，大張旗鼓地批准了由騰訊與阿里巴巴支持的銀行。銀行有獨特的優勢，包括可以募集存款，這是多數情況下最便宜、最穩定的資金來源，也有進入中央銀行支付系統的特殊權限。騰訊支持的微眾銀行

（WeBank）在二〇一五年一月的第一筆三萬五千人民幣貸款，是由李克強總理親自批准的。李克強甚至提到登陸月球來強調這個嶄新行動的重要性：「這是微眾銀行的一小步，卻是金融改革的一大步。」[77]螞蟻金服旗下的網商銀行（MyBank）則是後來才推出專注在小企業的貸款。

存款加上阿里巴巴與騰訊的用戶及技術，原本可以快速地將他們所支持的銀行變成大型機構，但是中國人民銀行對存款的限制，讓他們無法坐大。中國一向要求任何開立銀行存款帳戶的人要親自開戶，但是微眾銀行與網商銀行都沒有實體的分支機構。儘管這些科技公司可以用線上營運來提供貸款、支付服務以及貨幣市場資金投資，但他們這類新銀行卻不能馬上提供存款服務給支付寶與微信的現有用戶。

兩年之後，二〇一六年底，所有私人銀行登記的未償還貸款只有六百一十億人民幣（不到一百億美元），[78]私人銀行的試點計畫僅取得了有限的進展。被李克強總理吹捧為一大步的改革計畫，到頭來只是踮起腳尖躡手躡腳地向前走了一小步，在蓬勃發展的點對點借貸產業中，占不到未償還貸款的十分之一。然而，螞蟻金服與騰訊正在找尋成為大規模信貸提供者的方法。

只要政府允許，螞蟻金服與騰訊的資訊、得到的信任以及數億用戶，讓他們完全有能力成為重要的消費信貸提供者。政府後來也放寬了之前的禁令，並在二〇一五年四月允許螞蟻金服推出花唄，它的用法就像虛擬的信用卡。花唄才發行二十天就累積了超過一千萬名借款人。在一年一度的十一月「雙十一」購物節當天，有六千萬筆消費是用花唄信貸購買。[79] 一開始，花唄就像店內抵用金，只能用在阿里巴巴的線上購物網站，但隨著數萬家實體零售商接受支付寶，商家可以先支付一筆費用，讓顧客使用花唄來信貸購物。支付寶聲稱，簽約接受花唄的商店在二〇一五與二〇一六年之間，平均銷售額的成長超過四一%。[80]

在申請信用卡時，中國的銀行通常需要書面文件，並且親自到分行才能申請，和這個程序相比，加入花唄的過程可能太過簡單了。我的一位中國朋友在漫不經心中快速付款時，不小心加入了花唄，他為此感到非常生氣。螞蟻金服把加入過程稱為「3—1—0」：提供申請信貸的訊息最多三分鐘，做出放貸決定只要一秒鐘，整個過程沒有人為參與。這種自動化程序，加上把該產品推送到螞蟻金服現有五億用戶的能力，可以保持較低的貸款初始成本（origination cost，譯註：指投入使用前支出的全部成本）。到了二〇一七年，花唄已經擁有一億用戶。

美國的信用卡很少調整信用額度，但花唄不一樣，花唄可以基於動態的風險評估而隨時調整信用額度。這有助於螞蟻金服在疫情初期的財務壓力上，把違約率保持在大約一%（二〇一九年十二月，螞蟻金服只有一．〇五%的貸款逾期九十天或更長時間）。維持這個產品可行性的另一個方式，是透過有效的反詐欺機制。螞蟻金服對支付寶的控制，讓它不僅可以透過用戶的帳戶，還能透過用戶最後付款的商家帳戶來追蹤貸款的去向，比大多數銀行可以做到更完整的能見度。

花唄與其他網路借貸業者從一個漏洞中受益，這個漏洞允許只受地方政府監管的小額貸款公司在中國各地放貸，並把貸款打包成資產擔保證券（asset-backed securities，ABS）。這是一種常見的作法，阿里巴巴的對手京東也是把自己的消費信貸打包銷售，而不是保留在資產負債表上。個人貸款背後的所有資訊、與客戶的關係以及風險管理標準，都掌握在螞蟻金服的手中，然後銀行就大口吞進了這些證券。政府對此的監督能力是有限的。

一個月後，騰訊推出自己的消費貸款產品微利貸。透過騰訊微信的微信與QQ用戶，可以得到五百到二十萬人民幣（約八十到三萬二千美元）的無抵押貸款。騰訊的流程也是快速自動化，整個貸款申請與批准過程需要大約十五分鐘。營運一年後，它已經提供了二百億人民幣的貸款給三千萬名借款人。[81]

金融科技公司發行的這些消費信貸產品存在一個問題，就是缺乏透明度。即使是像京東這樣的公開上市公司，財務報表上也沒有披露他們的未償還貸款總額，或審計過的不良貸款金額。很多貸款被打包銷售給金融機構，所以這些公司或他們銀行的資產負債表，不太能夠看出他們對金融體系有多重要或多危險，以及他們公司的演算法對於控制壞帳的效果如何。從擁有大量便宜資金的金融機構那裡募集大部分的資金，是很合理的，因為這樣做可以放貸更多錢，成本也更低。更便宜的融資反過來代表了更多的利潤、更便宜的貸款，以及更低風險的借款人。

然而，其中的風險最後都轉移給了銀行。美國的次貸危機已經暴露出這一點，很多地位相當於螞蟻金服的公司，知道風險已經轉移給其他人的貸款創始機構就放寬了放貸標準，最後終於釀成金融危機。快速發放貸款有明顯的誘因，因為在爭取客戶的競爭中，消費信貸可以成為一種優勢。在主導電子商務的競賽中，提供信貸的平台可以促進銷售，並吸引新的買家與賣家。

隨著微信擴大服務項目，人們將更多時間投入其中。到了二〇一六年，每天登入的七．

六八億用戶中的一半用戶，每天在這個應用程式上花費超過九十分鐘。[82]

由於馬雲的雄心壯志以及與馬化騰的競爭，金融科技的繁榮發展在短短幾年內改善了數億中國人的生活。到了二〇一七年，中國已經不再是一個主要以現金、獲得有限信貸機會的落後金融體系。中國的金融體系由於閃電般快速且便宜的支付系統，以及豐富的投資與貸款選擇，開始受到世界各地的讚揚。它的金融科技市場從微不足道的規模，快速演變成為目前為止世界最大的市場。

馬雲與馬化騰抓住了中國在二〇一三年對金融科技釋出的機會。中國當時正處於跳蛙式發展的最佳位置，因為它擁有最大的潛在市場、很多重要的基礎設施、擁有數億用戶的世界級科技公司，而且最至關重要的是，有取消對現有銀行保護的政治意願。原本私人公司無法進入參與大部分的金融領域，中國移除了這些障礙，因為政策制定者把賭注下在金融科技上。他們知道，注入新的競爭可能會逼迫國有銀行進行改善，好過任何政府的命令或充滿補貼的五年計畫。破天荒的第一次，競爭環境是有利於私人公司這一邊。

所有環境因素都幫助了他們，這麼多消費者如此快地使用了他們的金融產品，這證明了阿里巴巴與騰訊在產品設計及商業敏感度上的能耐。無論是支付還是投資，信任是金融的基礎。阿里巴巴與騰訊即使缺乏國家的保證也贏得了用戶的信任。他們的創新產品不斷吸收來自國外的經驗與技術，但隨著發展，他們以新的方式結合外國的技術，並創造了創新的商業模式。

中國不是唯一金融科技產業蓬勃發展的國家，但它的超級應用程式是獨一無二的，更像是手機操作系統，而不是一般的應用程式。儘管這個應用程式變得非常龐大，可能會跑很慢，也會很快耗盡手機電池，但是比起美國金融科技與科技公司的任何嘗試，中國的金融科技模式更強大、更符合直覺。比起在數十個平台上追蹤資金與服務，操作一個程式的經驗要容易多了。

然而，在美國與整個西方世界，金融科技的策略完全相反。美國金融科技的流行作法不是新的搭售（bundle），而是分拆（unbundling），一家小型金融科技公司只專注在一個特定的「痛點」，也就是現有金融機構做得不好或收費過高的領域。美國的作法承認，銀行提供的服務搭售中，有些服務產生的利潤會用來補貼其他較不賺錢的部分。因此，銀行在某些地方收費過高，其他地方則收費過低，所以金融科技可以挑戰這些消費者被過度收費的利潤中心，提供他們更好的交易。這種狹隘的作法意味著，這些金融科技公司往往是雜亂的新創公司，因為大型科技公司原本能以一種新的搭售方式更直接挑戰銀行的作法，現在卻頂多採取膽小、非顛覆性的行動進入金融領域。二〇一五年，美國作法的最佳寫照是顧問公司CB Insights，它從富國銀行（Wells Fargo）的網頁開始，網頁先是展示了該公司提供的所有服務，然後在每個細分的服務領域中疊加上與富國銀行競爭的新科技公司商標，這些公司有的是消費信貸，有的是商業信貸、支付、儲蓄、投資等等。[83]

基本上，富國銀行業務的每一部分都已經被某家專業的金融科技公司複製了。然而，分拆的問題在於，它需要一堆應用程式才比得上富國銀行一個帳戶的功能，這表示即使每一家公司都比富國銀行在這個利基市場上做得更好、更便宜，消費者的體驗也會很差，因為要記住很多登入的身分驗證資訊，要花費精神尋找這些程式，還要冒著資訊外洩的風險。因此，金融科技未能充分發揮其顛覆美國金融的潛力，而是完全翻新中國付款、借款、放貸、投資與到處旅行的方式。

在這關鍵的早期階段，西方可以從中國的經驗中吸取寶貴的教訓。監管的競爭環境通常會有利於現有機構，部分原因是政治影響力凌駕於法規制定者，但也是因為新的商業模式落入了法律的灰色地帶，導致馬雲要考慮面臨牢獄之災的可能性。在涉及到新法規與執行舊法規時，即使是在一黨制的國家，也能透過靈活度與主動性為創新打造必要的條件，而不是碾碎一個可以帶來真正好處、剛剛出爐的新產品。然而，當問題出現但還未過度反應時，政府必須準備好快速採取行動。

中國的經驗顯示，最適合投入舒適的壟斷或寡頭壟斷的支付領域，是本身已經有很多用戶的業者。這些用戶為新業者提供了建立新網路的起步優勢，以及政治智慧與影響力，打擊了與政府人脈勾結、試圖在萌芽階段就扼殺潛在顛覆性產品的現有機構。肯亞也是如此，成功的M-PESA行動貨幣系統，是由一家擁有很多用戶的電信公司推出，並不屬於銀行產業。肯亞的政府和中國政府一樣採取靈活的策略，並在銀行的壓力下堅持不對新進入者採取更嚴格的規定。

阿里巴巴與騰訊這兩家大型科技公司，在個人與企業付款方式上大膽做出重大的改革，因而擠進中國的金融體系。這些改革在美國尚未發生，也許實際上沒有必要。中國的付款流程情況不佳，對於胸懷大志、想要從頭建立新的線上系統的阿里巴巴與騰訊來說，這就是一個機會。而他們的美國同業，例如亞馬遜與蘋果，大致上是接受現有的支付系統——主要就是信用卡，有時也和銀行一起發行自己的卡。像Apple Pay等系統沒有支付寶的雄心壯志，並未挑戰現有的支付網路。他們只在現有的信用卡網路增加一層數位卡片的技術，以管理資金的流動，而不是建立一整套新的支付系統。美國因此避免了一些稍後將會看到的大型科技公司在金融領域造成的負面影響，但它也卡在一套比中國貴很多的支付系統，很大原因是因為銀行從信用卡支付中賺取的超額利潤。這個系統有很嚴重的缺點，例如高額的固定費用，而部分原因是，它並不是為小額數位交易的網路世界所設計的。

中國金融科技故事的基本教訓是競爭的力量。保護主義也有幫助，只是它促進金融科技發展的主要作用，不是保護任何新興產業，反而是讓中國的支付系統維持落後這麼久，以至於建立更好系統的壓力大到足以引爆一場革命。因此，保護主義讓中國付出了沉重的代價。如果美國的信用卡公司被允許進入中國市場（這件事現在才剛開始發生），中國人可能會用有威士卡與萬事達卡商標的卡片消費，而不是數位錢包，但並不保證這些美國公司就會擠掉支付寶與騰訊。畢竟，儘管eBay財力雄厚又經驗豐富，但阿里巴巴還是在中國打敗了eBay。

如果有的話，中國的金融科技革命證明了「保護主義限制競爭」的危險，十年來，由於賦予國有企業壟斷地位，保護主義阻礙了中國發展支付系統以及依賴現代支付流程的企業。只有當中國政府開始鼓勵競爭後，支付系統才有了現代化的發展。現在，兩家大型科技公司幾乎控制了整個市場，更多的競爭——包括讓外國業者真正進入，將會有所幫助。

超級應用程式讓支付寶與微信成為銀行及其他金融機構的有利競爭對手。中國最大金融機構之一的平安集團執行長馬明哲曾經說：「作為一家傳統的金融機構，平安未來最大的競爭對手不是其他傳統金融公司，而是現代的科技行業。」[84]科技公司是少數可以與銀行競爭的公司，但是，隨著科技公司與銀行的競爭比預期的更有成效，也終結了「幫助他們起步的寬鬆監管」的環境壓力。決策者開始面臨：科技公司在金融領域的成就所帶來的長期影響問題。科技公司是否以技術上無人可匹敵的雙頭壟斷，取代了一個缺乏競爭力的銀行寡頭壟斷？新式金融的成長背後潛伏著什麼樣的隱患？科技公司是否變得太過強大了？

第四章

金融科技的蠻荒地帶

「我們並沒有完全在法律規定的範圍內做事。」

二〇一五年五月，在上海一個陽光普照的日子，我和丁寧一起喝茶，他是中國發展最快的一家金融科技公司的創始人。在數千個平台——當中包含有信貸需求的公司與個人，以及數百萬尋求比銀行或餘額寶更高報酬率的投資人，丁寧的線上平台e租寶正是其中之一。由於他為投資人提供高達一五%的報酬率，e租寶在上線不到一年就迅速竄紅，而且公布的貸款已經高達七十億人民幣（大約十億美元）。

由於政府支持金融創新的推波助瀾，出現了一股新的數位淘金熱，激勵了像丁寧這樣的人。每個人都希望，金融科技可以讓他們快速致富或變得強大。地方官員在轄區內鼓勵金融科技新創公司，年輕企業家則希望成為下一位馬雲，當然，還有騙子與高利貸業者，他們將那些相信低風險能獲得高報酬的投資人當成獵物。正如丁寧極為奏效的行銷活動所說：「一塊人民幣就可以開始，隨時可以把錢拿走，高報酬，低風險。」官方媒體對他的公司熱烈評論，中央電視台也播放他公司的廣告，投資人因此相信該公司有高層的政治支持，對他們來說就表示這是一項安全的投資。

丁寧是我在這個行業採訪過最誠實坦白的人，他的話讓我大為震驚。大多數的人會吹捧他們的大數據與人工智慧風險演算法，但他似乎對其中的挑戰看得非常清楚。他警告我，不要相信線上借貸平台報告中，任何低得令人印象深刻的不良貸款數字，因為這些數字都是假的。他認為，中國信用積分所使用的「大數據」根本沒有用，因為借款人可能欠高利貸業者大量未償還的債務，但這些金額並未出現在任何數據庫中。丁寧幫助我理解許多金融科技產業對大眾公開的創新聲明背後的醜陋現實。

七個月後的某日早晨，我在看新聞時差點把咖啡灑出來。丁寧與他的二十名高階主管都被捕了。調查發現，e租寶是個龐氏騙局，詐騙了近百萬名投資人五百億人民幣（七十六億美元）。當局發現，該公司處於崩潰邊緣並將其關閉。這件事在中國各地引起一波抗議浪潮，但馬上就被壓制。在網路審查機關的命令下，所有抗議的相關消息都消失了。[1]未來，e租寶的幽靈會敗壞金融科技形象好幾年，而接著在多年後，馬雲會因為一場演講惹上麻煩，他在演講中請求當局對待支付寶時，不要用對待失敗的點對點行業的方式。

金融科技的繁榮發展，以及提供發展機會的自由放任態度，是很脆弱的。創新一定會有代價，因此中國金融科技革命也有危險的陰暗面，e租寶就是很重要的一部分。法國知名央行官員伯努瓦・科爾（Benoît Cœuré）在二〇一八年表示：「在金融創新的歷史中，到處都是這樣的例子——早期迅速成長，接著出現很多意想不到的發展後果，最後崩毀。」[2]中國也不例外。在由國家巡查、精心掌控並培育的花園牆外的自由投資，為中國的投資人打開了一個不熟悉且不守法規的金融市場，而其中有他們無力評估的風險與報酬。畢竟，他們在金融商品的經驗，大多來自國家明確支持的產品，而且為了避免激怒投資人，國有銀行經常會金援理財產品。官員必須提出的問題之一，就是要在哪裡劃清界線，應該如何鼓勵金融科技革命與實驗，但不會讓投資人以為政府會為他們的資金作擔保，這也正是導致更多風險的原因。

像支付寶與騰訊等大型科技公司非常關心自己的商譽，在大眾與政府的顯微鏡檢視下，提供相對安全的投資與理財工具，但他們並不是新遊戲中的唯一玩家。本章探討在中國金融科技革命中，由丁寧的起落體現出危險與更高風險的那一面。本章將披露動搖中國經濟穩定，並從數百萬投資人積蓄中騙錢的醜聞事件。本章還涵蓋中國與比特幣等加密貨幣之間愛恨交織的關係，在共產黨的眼中，這給了人們在監督與控制之外進行投資及交易的能力，創造了太多金融自由。

所謂的創新公司卻發生轟動的破產事件，並導致繁榮與蕭條週期循環的惡化，破壞金融科技的風評，也迫使中國的黨國體制採取行動。中國無現金革命的這一環是令人警惕的故事，告訴我們很難知道哪些創新是有益的，以及中國在推動創新方面出現的缺失。

中國的比特幣熱

在大型科技公司的線上支付服務外，第一個繁榮發展的金融科技領域，是在貨幣本質與支付上更激進的改變，它是一種僅存於電腦中的貨幣想像，完全不受主權國家與銀行等強大守門人的束縛。比特幣是一種創新的數位貨幣與支付系統，於二〇一三年中期開始在中國流行起來，大約與餘額寶起步的時間相同。然而，比特幣與其他加密貨幣的自由放任主義理想，與北京的自由放任態度完全相反。比特幣不像大部分的貨幣，它沒有中央權力機構來管理貨幣供給，沒有以稅收支持價值，也沒有銀行記錄誰擁有什麼。更精確地說，它是靠電腦編碼與加密管理的去中心化網路來處理付款，並透過限制比特幣的供給以維持其價值。

二〇一三年的年中左右，短短幾個月內，主要來自中國的投機者把全球比特幣價格從一百美元推升到一千美元。在國際金融科技發展中，使用比特幣挖礦設備及購買比特幣的投機需求，中國率先發揮了主導作用。比起過去的金融創新，這種投機活動導致當局更快介入干預。從共產黨的角度來看，去中心化表示比特幣是有風險的，而且無法控制。政府並非盲目支持所有表面上的金融創新，而是採用一種風險／報酬的考量，但是比特幣的情形看起來就是全部風險／沒有報酬。然而，中國的投資人對比特幣的反應顯示，如果可以快速致富，或將他們的錢轉移到充滿警戒與小心控制的金融邊界之外，就會有越來越多的人願意擁抱新的金融科技。

中國的第一家比特幣交易所「比特幣中國」（BTC China）於二〇一一年成立。數位貨幣交易所讓人們可以用人民幣或美元等傳統貨幣來買賣比特幣。創始人將它當成一種嗜好在經營，因此非常不正式，這些創始人還用個人銀行帳戶處理稀稀落落的少量訂單。[3] 直到二〇一三年四月發生大地震之後，一家慈善機構為了救災而接受比特幣捐款，中國人才開始注意到比特幣。當月就有七萬二千名中國人下載了交易比特幣所需的軟體，大約是全球總數的一三%。[4]

中國初期對比特幣最重要的貢獻是，成為這股新數位淘金熱潮的「李維．史特勞斯」（Levi Strauss）。中國公司製造了「開採」數位貨幣所需的設備，就像史特勞斯賣牛仔褲給十九世紀的淘金者，不管礦工是否找到主礦脈，都能從這股熱潮獲利。比特幣網路要求稱為礦工的參與者保持它的安全性、處理付款，並且大約每十分鐘會發行一批新的比特幣。第一個正確猜出某個數學加密難題的礦工，連同交易費用，還能獲得新發行比特幣的一個「區塊獎勵」（block reward）。之後，列出誰擁有硬幣的共用帳本，就會在整個比特幣網路中更新。比賽接著重新開始，其中的隨機偶然性很高，而礦工唯一可以提高解出下一個區塊並贏得比賽的機會，就是更快速地嘗試更多猜測，做法通常就是投入更多電腦運算（以及電力）在加密難題。在熱潮的頭幾年，愛好者是在普通電腦跑採礦軟體，但隨著比特幣變得更有價值之後，競爭就更激烈了。

二〇一三年一月，一家叫阿瓦隆（Avalon）的中國公司，出貨了第一批以特殊應用積體電路（application-specific integrated circuits，指客製化的特殊規格積體電路）為基礎技術的比特幣專門採礦設備。就此開啟了一股趨勢，並見證了中國的發展對數位貨幣的未來極為重要。比起之前的採礦設備，阿瓦隆的設備能夠嘗試解決更多加密問題，而且比起其他中國以外生產的採礦設備，它在使用能源上更有效率。[5]中國的其他公司也紛紛仿效，而且由於中國的技術創新，比特幣網路的總電腦運算能力在短短三個月內就翻了一倍。

自此，中國的設備製造商與礦工將主導這個市場。同時，總部位於美國蝴蝶實驗室（Butterfly Labs）的採礦設備市場早期競爭者，卻因為遇到問題延誤出貨，害得客戶的數位錢包空空如也，而使用中國尖端採礦設備的人則大賺一筆。最後，蝴蝶實驗室未能出貨，就不得不關門，以美國在科技領域的領導地位來說，這是第一個令人遺憾的信號。[6]

人們對比特幣不斷升高的興趣，中央電視台注意到了，並在二〇一三年五月上旬播出一則專題報導。和吹捧餘額寶一樣，對很多觀眾來說，這就等同於國家的背書。國家的官方頻道說，比特幣用於慈善行為上，「讓它更貼近中國人的心」，以及比特幣「看起來越來越像一種真實的貨幣」。中央電視台還展示出比特幣價格飆升的圖表。為了暗示比特幣通過監管的能力，中央電視台採訪的一名外國人指出，使用比特幣讓資金進出中國有多麼容易，後來這成為政府制裁比特幣的原因之一。[7]在該片拍攝期間，可以花一百美元買一個比特幣，價格是五個月前的一千一百多倍。

受到壓抑的投機能量在二〇一三年十月十四日釋放了，當時中國頂尖搜尋引擎百度的一個小單位宣布，他們可以接受比特幣，這是比特幣可以成為中國主流貨幣之一的第一個信號。一家數一數二的房地產開發商隨後也宣布，可以接受比特幣買公寓。忽然之間，交易所充斥著訂單。比特幣中國的共同創始人李啟元（Bobby Lee）寄電子郵件給同事說：「市場會繼續超級熱門，我們的工作量會停不下來。」對很多買家來說，比特幣是他們有史以來第一次投資的金融產品，而主要就是為了快速致富而購買。[8]

價格一路飆升，從十月中旬到十一月中旬就漲成兩倍，然後又漲到三倍，突破一千美元。大量投機資金湧入比特幣，當時中國的交易還不到全球比特幣交易的一半。從經濟基本面來看，沒有什麼好方法可以為比特幣的價格建立模型，但這種漲勢顯然超越了使用它作為貨幣的速度。二〇一三年年中，只有大約四十五個中國商家接受它作為付款貨幣。[9]政府將此熱潮視為一種投機泡沫——可能會破裂，並危及社會的穩定。

以Q幣與支付寶的金融創新經驗來說，中國的監管機構會先採取觀望態度，在大約七年後才實施嚴格的法規，但這一次不同。十二月五日，槌子落下了，監管機關發出限制其合法用途的通知，只是並未禁止比特幣。交易所可以繼續在監管中運作，人們也可以自負風險買賣比特幣。但是，當局切斷了比特幣與金融體系之間的關係，因為他們不想讓比特幣成為一種平行貨幣，這會鬆動國家對經濟的控制。

市場反應清楚地顯示出中國在比特幣泡沫中所扮演的核心角色。在中國人民銀行宣布干預之後，由於看到中國不會成為比特幣的主要使用者，比特幣全球價格下跌超過四〇%，從十二月四日將近一千二百美元，到了十二月七日跌至不到七百美元。線上支付公司與銀行也被警告，停止處理比特幣交易所的付款。然而，一如往常，當局的控制是有限的。中國人還是想方設法把比特幣弄到手。儘管中國在十二月的交易量下降，但在世界其他地方跌得更多。中國在世界交易比例上升到六〇%以上，而且最後會超過九〇%。

這一連串的事件說明了，中國環境特別適合使用金融創新，以及即使在中國只占很小市場的某個線上金融產品，也可以湧入龐大規模的資金。而且有更龐大的年輕族群以前買過Q

幣，他們習慣用支付寶線上付款，因此把錢交託給不知名的線上網路，似乎不再是一件困難的事。一項針對中國早期比特幣使用者的調查發現，很多人在購買比特幣之前，從未擁有過任何金融資產，[10]其他人則是為了讓政府無法拿到錢而購買比特幣。學術研究發現，在中國人民銀行介入干預之前，比特幣會用於資本外逃（capital flight）[11]。因此，這也是促進金融自由的另一個金融創新，但是在另一方面，大部分外逃的錢一定來自犯罪或貪汙的不義之財。

儘管處於法律的灰色地帶，勇敢的企業家還是成立了購買、銷售與開採比特幣的公司。一直尋找著應用於金融新技術的中國人民銀行，很快就會開始探索如何將比特幣背後的技術應用在自己的目的——這是與比特幣去中心化的自由放任理想完全相反的目的。

點對點借貸泡沫

二〇一四年十二月，一家與中國沒有什麼利害關係的美國公司引起了轟動。它可說是在中國引燃了全世界最重大、最危險的金融科技榮景火花。當時，全球的線上點對點借貸領導者——借貸俱樂部（LendingClub），正在進行公開募股，華爾街把該公司估值為八十五億美元之後，點對點就從一個未被證實的行業，變成吸引全世界模仿者的靈感來源，尤其是在中國。[12]當時認為，點對點可能成為金融的未來熱門行業。

這個想法很簡單。藉著充當連結同儕的媒合者，線上技術平台可以讓投資與借貸大眾化。要借錢的人可以繞過銀行等無聊的大型中介機構，連繫上有多餘資金投資的人。它不像比特幣發明的去中心化貨幣那麼激進，但是走在相同的去中介化方向。

阿里巴巴與騰訊等中國大型科技公司已經徹底顛覆了支付方式，但在貸款與高報酬投資這些被壓抑的龐大需求上，只提供了一小部分的服務。但點對點可以介入，以滿足雙方的需求。政府再次採取實驗性策略，以「觀望」的態度監管，廣泛鼓勵這個新的行業。

點對點借貸的理想模式是：讓借款人在網站或應用程式上申請即可。在沒有人為的介入下，由自動化的數據驅動模型評估公平的利率與信用積分。投資人登入線上的「市場」，然後根據各自的風險偏好或由演算法協助，選出他們想要資助的貸款。理論上，這些媒合機構可以比銀行更省成本，並以更便宜的貸款、報酬更好的投資形式，把這些成本轉嫁給銀行，因為他們沒有銀行的遺留成本：實體的分支機構與人工信貸人員。最棒的是，他們本身的風險似乎比銀行更低。（即使銀行發出的貸款變成壞帳，銀行也有責任償還儲戶的錢，這讓銀行成為風險集中的源頭。另一方面，點對點平台保證把這種風險轉移到很多分散的投資人，平台本身的風險因此降低。從理論上來說，投資人也不能要求在貸款到期之前償還，這就表示平台本身不會面臨流動性風險。）

與銀行存款相比，點對點借貸的投資人比較沒有保障，舉例來說，通常不保證會償還他們的錢，但是人們可以藉由「群眾募資」降低風險，例如，一名擁有一千美元的投資人可以資助數十筆不同的貸款，或者一百名投資人每人投資五十美元，就可以為一名借款人提供五千美元的貸款，從而分散風險。

美國的監管機關對這種新模式保持懷疑態度，並採取行動確保這個模式符合金融法規。中國官員不僅表現出不干涉的態度，還鼓勵點對點借貸企業提供資金給缺乏信貸的私人公司與消費者。以上海為例，政府為點對點的貸方安排補助辦公空間，試圖從北京與深圳等地區爭取人才與資金。二〇一五年，點對點借貸行業在中國已經創造了大約九百億美元的信貸，是美國市場的三倍，幾乎是英國的二十倍。[13] 隨著數千家平台趕著進入市場，並爭相快速提供貸款，從二〇一一到二〇一五年，未償還貸款每年成長為三或四倍。資金瘋狂湧入，大家都想要成為下一個借貸俱樂部的中國公司。投入中國金融科技公司的創投資金從二〇一四年的五億美元，到二〇一五年成長為六倍，達到三十一億美元，然後在二〇一六年又翻了一倍，成為六十四億美元。[14]

點對點借貸一開始在中國看起來特別有前途，沒有其他任何地方像此處繁榮。到了二〇一四年年底，已經成為一個競爭非常激烈的市場，競爭的平台超過一千五百個，隔年再增加二千個。借貸俱樂部的公開募股合法化點對點借貸行業，並有助於說服普通投資人，不知名的網路平台是金融創新領域的國際趨勢，不像四處詐騙毫無戒心之人的投資騙局。比特幣與餘額寶已經打開了利率管制之外的投資閘門，但無法滿足被壓抑的需求，特別是在比特幣失去光環，而餘額寶的報酬率下降之後。隨著成長速度變快，在借貸俱樂部公開募股之後的那一個月內，點對點平台就吸收了超過四百億人民幣，總貸款餘額達一千四百二十億人民幣。

點對點行業的成長乍看之下似乎是良性的循環。行業規模越大，看起來就越合法與成熟，並吸引更多投資人投入更多資金。二〇一五年，借貸俱樂部公開募股的一年後，這個行業規模已經成長為三．五倍，未償還貸款達到三千五百七十億人民幣（五百五十億美元）。由於提供比餘額寶更多的利息，又較比特幣更穩定，點對點成為新的投資熱潮。其平台提供比餘額寶平均將近三倍的報酬率，每年大約一四％。

隨著點對點借貸平台的蓬勃發展，過去沒有太多信貸選擇的人，現在有應接不暇的貸款優惠可以選擇。數百萬急需信貸的人，同意支付比銀行高很多倍的利率。大多數借款人（八四．二八％）申請的是最高一萬人民幣（大約一千五百美元）的小額貸款，用來支付租房押金、購買iPhone或冰箱，或是小供應商用來融資存貨（finance inventory）。儘管如此，有些領先的平台，例如紅嶺創投（Hongling Capital），提供了金額龐大的貸款給房地產開發專案，有時每筆超過一億人民幣。

年輕且正在嶄露頭角的創業者，他們以那些在矽谷賺到數十億美元的應屆畢業生或輟學生為榜樣，希望順著勢頭賺到財富，加上厭倦了國有銀行的行員，他們紛紛成立了點對點借貸公司，甚至金融機構本身也成為點對點借貸公司。陸金所（Lufax）一開始是一家隸屬於平安集團的點對點線上借貸業者。平安是最早認真對待科技的大型中國金融機構（資產約五千億美元）。[15]二〇一二年，它的主席宣布公司將「促進現代科技與傳統金融更緊密的結合」。二〇一四年年中，陸金所每個月增加三十萬名用戶，成為全球第三大的點對點借貸平台，估值達到將近四百億美元。[16]平安有龐大的客戶群與精確的風險模型，可以領先其他的點對點借貸業者，它在二〇一四年已經擁有五百萬名投資人，還有一百四十億人民幣的貸款。[17]

大公司推出了自己的平台。渴望資金的房地產開發商也用這些平台為專案籌募資金，這是一種明顯的利益衝突。由於政府已經下令銀行與信託等傳統放貸業者退出房地產專案，大連萬達以一二%的利率募集到五億人民幣，用來資助購物中心的建設。實體的人際放貸者、高利貸業者及其他非正式的金融家也進入了這個市場，忽然之間，只要一個簡單的網站與大大的承諾，就能夠從全國各地籌到錢。

不幸的是，這個想法在現實中是行不通的。點對點行業變得越大，最後的不良影響就越大，在政府讓它停業之前，已經傷害數百萬人。投資人失去了一輩子的家庭積蓄，還不出錢的借款人被肆無忌憚的討債人強力催討。有些倒楣的借款人還提供自拍裸照，作為可能永遠無法償還貸款的抵押品，從此不得不活在照片可能會被分享給朋友圈的威脅之中。還有人悲哀地自殺，以停止繼續接到討債電話及抹掉失去積蓄的恥辱。這一次，政府的實驗性作法失敗了。這究竟是怎麼發生的？政府為什麼會讓這樣的爛攤子發展起來？這是對中國監管體系的尖銳控訴，也引發對中國監管體系長期維持金融穩定能力的質疑。在此同時，共產黨在沒有金融風險傳播蔓嚴的情況下，成功將點對點行業停業，這激發人們對中國整頓其制度缺陷能力的信心。

從一開始，中國的點對點熱潮就是建立在一個骯髒的公開祕密上。在這個行業裡，大部分都是由高風險的無牌銀行所組成，只是靠網站讓他們看起來像是金融創新者。然而，除了使用線上支付收錢，許多作法都與真正的金融科技無關，儘管被稱為點對點，但也不是真正的點對點借貸業者。點對點市場要正常運作，政府就必須確保自稱點對點的公司實際上就是這樣營運的公司，而不是在背後醞釀大型的非法基金或龐氏騙局，而且貸款目的與風險，以及不良貸款率等資訊都必須是誠實無欺。否則，普通人根本沒有辦法衡量投資的風險。但這一切都沒有發生。中國主管當局早就知道點對點行業充滿問題，卻將它視為如同支付與非正規金融：是一種有用的實驗，在出現嚴重的風險之前，應該放手讓它發展。

中國銀監會在二〇一一年開始針對點對點行業警告投資人，另外，中國人民銀行在二〇一三年年中的一項調查發現，該行業的非法行為非常氾濫。（提出第一次警告的中國銀監會二〇一一年年報中，把這個行業與一個名叫人人貸的點對點平台搞混。中國銀監會本意是要提示風險，但它甚至還不知道如何稱呼這個行業，更不用說該如何管理它了）當時一場監管會議做出結論：「由於點對點借貸的規模太小，現在要制定具體的規定，還為時過早。」[18]此話在當時看來是有道理的。點對點的未償還貸款餘額只有幾十億人民幣，實在太小，不足以引起監管機關的注意，但是點對點的規模不久後就變大了。與過高的融資及技術承諾的相互作用下，一向在法律邊緣運作的非正規金融，大大走紅。

當時（二〇一四到二〇一五年），比起開一家受託數十億人民幣投資金的點對點借貸公司，在附近開一家餃子店必須符合的法規還更多，例如健康安全檢查。正如一間點對點公司的企業家當時和我說的：「我們並沒有完全在法律規定的範圍內做事，但我們很努力避免造成問題。」合法性完全是隨意的。儘管支付顯然是中國人民銀行的管轄，餘額寶也在證券監管委員會的管轄之下，但點對點並不符合任何現有監管機構的權責範圍。中國個人之間的借貸由中國的《合同法》管理，並由法院監督糾紛。點對點公司通常登記為資訊服務商，而不是金融公司，他們可以爭辯自己根本不是放貸業者，只是媒合業者，因此沒有一個金融監管機構有監督其業務的權力。

點對點因此成為監管機構的一個危險盲點，這也暴露出中國支離破碎的監管模式的嚴重缺陷。非正規金融往往是地方政府的責任，但這可能只適用於當地城市經營的小額貸款業者，網路讓這些公司得以在當地的監管下打造出全國規模的業務。也許有人會預期，監管方面的缺口會引起地盤爭奪戰，但點對點反而成了燙手山芋。一位最高階的金融官員告訴我，沒有政府機構願意負責點對點業務，因為他們知道，很多平台最後都會失敗。如果插手監管，就要負責處理不可避免的抗議活動，而這可能會是毀掉一名官員政治生涯的社會不安事件。

詐騙與大多數過度承諾的平台，因此得以利用假專案，以及在幕後形成的隱藏壞帳，不受限制地占領市場，但這就是一顆定時炸彈。道德風險與金融壓抑遺留的問題，在扭曲的點對點市場發揮了至關重要的作用。金融的基本規則之一就是「高風險與高報酬之間的權衡」，但是由於國家多年的擔保與紓困，中國人並沒有學到這個教訓。知名的人民大學財政金融學院副院長趙錫軍對此評論道：「人們急切地想要獲得高報酬，但他們對金融的風險與如何篩選（產品）的知識不足。」[19]投資人認為，最大的平台以及與政府關係密切的平台，就會得到政府的紓困，所以沒有考慮風險的動機。

在此期間，政府則與點對點行業保持距離，也沒有意圖救助不受監管的平台。然而，投資人從經驗理解到，除了政府或銀行合法保證的金融活動，中國還有更多有保障的金融活動。只要賠錢的投資人聯合起來組織抗議，地方官員可能就會擔心「社會穩定」的問題，於是就會出面，迫使投資公司還錢給投資人，這樣就沒有問題了，即使沒有保證的風險投資也是如此。這種紓困方式，以及對金融與社會穩定的執念，導致了長期的不穩定與更多的抗議，因為投資人開始相信，相同的策略也可以用在點對點行業上。

點對點行業的問題被暫時擱置一旁，也是因為監管機關的處理能力有限，而且比起其他形式的影子銀行，點對點是微不足道的。不受監管的點對點行業在二〇一五年左右是一個數十億美元的問題，看起來可能很嚴重，但是有風險的無擔保銀行理財產品、信託與委託貸款，比它大了數百倍，是牽涉很多兆的問題。比起點對點，每一個都充滿了更可能引起系統性金融問題的非法活動與隱藏風險。在中國的經濟成長趨緩時期，點對點行業創造的信貸，似乎是維持經濟繁榮、促進金融普惠的一種方式，可以把信貸導向之前缺乏信貸的行業。然而，在考慮到監管機關的資源有限後，對點對點缺乏關注也造成了一個危險且不斷擴大的盲點。

金融科技的第一次打擊

金融科技的繁榮發展對經濟有明顯的好處，既有助於金融現代化，也為之前沒有得到銀行服務的數億中國人帶來優質的金融服務。但是在較少受到監管的金融領域卻發生嚴重問題，迫使當局重新思考支持創新的這股強大推動力。第一次的打擊發生在二〇一五年六月，當時的金融科技加劇了可能拖垮經濟的股票市場泡沫與破滅。這顯示出第一個跡象：金融科技的風險大到足以構成系統性風險。接著，在十二月，螞蟻金服的某個部門發生違約醜聞，暴露出監管套利（regulatory arbitrage，譯註：服務那些因受法規要求而無法得到銀行服務的顧客）與模糊的借貸鏈問題，而這正是導致美國次貸危機的同樣作法。丁寧騙人的點對點平台e租寶的倒閉，則是最後一根稻草。

大規模的群眾活動抗議政府在亂象中的作為，這讓監管機構感到不安。大眾對e租寶倒閉的反應標誌著一個不可思議的時代——金融科技不受約束、幾乎完全不受監管的時代，即將結束。金融科技的風評受損也擴散到點對點以外的領域，導致政府必須採取新的途徑：著手監管，並確實掌控在金融科技中與點對點其實關係不大的大型科技公司。

金融科技在二〇一五年六月造成了股市崩盤，讓中國的金融市場感到不安。這是源自於助長點對點與比特幣泡沫的快速致富心態，認為政府的背書意味著沒有風險的利潤。中國的成長前景正在下修，但官方媒體開始為市場加油打氣。中國經濟在基本面沒有任何重大改變下，基準股票指數（benchmark stock index）從二〇一四年六月到二〇一五年六月的十二個月內上漲了一五〇％。[20]導致上漲的投資有許多都是借來的錢。來自阿里巴巴家鄉杭州的張民民（Zhang Minmin，音譯），像他這樣的普通投資人就在股票上槓桿押注，並賺了很多錢，他用豪華汽車而不是人民幣來衡量自己的獲利。他說：「市場好的時候，我可以在一或兩週內賺到足夠買一輛奧迪的錢。但市場下跌時，有可能很快就輸掉半輛奧迪。」[21]

在股票市場中，借來的錢就像擴大投資報酬的催化劑。每一次股票價格上漲就會提高作為貸款抵押品的股票價值，讓投資人得以借更多錢，並再投資到市場，因此助長了更多的需求與更多的信貸。在中國，把錢投入股票的合法途徑是透過受到監管的保證金貸款（margin loan），這種貸款會限制槓桿操作的程度，並且限定給更有錢、更有經驗的投資人才能進行交易。如果依據這些規則進行股票市場的借錢行為，泡沫與崩盤也許不會那麼嚴重。遺憾的是，那些沒有獲得保證金貸款資格或想借比規定許可更多錢的人，在金融科技領域找到了朋友。有時，呼籲金融大眾化是有益的，但通常這實際上意味著：以科技為藉口，對不了解的人們推銷有風險的產品。

與馬雲有關的金融服務軟體公司恒生電子，提供了一個稱為HOMS的軟體，可以把理財產品與點對點借貸業者的資金，導向想在股票市場下注的人。HOMS幫助經紀商把數十個因為太小而沒有資格取得保證金貸款的帳戶結合起來，變成一個達到門檻的「雨傘」經紀帳戶，這是監管套利的明顯例子。這個軟體允許的槓桿操作，比中國證監會的官方經紀保證金限制高達十倍，讓人只要用一點點自己的錢，就能在股票市場投下巨額的賭注。如果股票價格快速上漲，他們就可以在短時間內賺大錢；如果股票下跌，損失甚至更快[22]。HOMS有助於提取灰色市場數千億人民幣的利潤去資助股票市場。

每個人都想發財，那就用借來的錢買股票。二〇一五年五月，我在北京遇到一名消防員，他向很多家點對點借貸業者借錢，他宣稱這些貸款是用來買冰箱等消費性產品。事實上，他是把這些借來的錢放進股市。點對點借貸業者至少為炒股提供了兩千億人民幣的貸款，雖然比銀行理財商品貸給投機者的信貸少三倍，但仍然是股價暴漲的重要因素之一。官方的保證金放款（margin lending）達到一．五兆人民幣。金融科技公司是這些影子放貸業者的關鍵。這些影子放貸業者提供未經授權的信貸，為市場增加了大約一兆的資金。這些信貸沒有槓桿限制的保護，也沒有披露資訊讓當局可以追蹤股票貸款是否過多。[23]

當市場終於在六月十二日開始衰退時，所有推高價格的信貸購買行為開始發生逆轉，並導致了崩盤。[24]借貸業者擔心手中作為貸款抵押品的股票價格會下跌，就變現頭寸，導致價格下跌，這反過來助長了進一步的變現，並持續降低價格。來自金融科技更高槓桿的灰色市場融資，讓崩盤狀況更為嚴重，迫使更多股票更快變現以清償貸款。與受到監管的貸款相比，灰色市場貸款的更高槓桿意味著：為了滿足保證金的要求，即使是價格小幅下跌，也可能引發大量拋售。剛賺到的紙上財富瞬間報銷，之後，隨著投機者的股票價值下跌得比經紀人賣得更快時，違約情況就會跟著變多。中國大約有一半的主要股票暫停交易，直到政府向市場投入大量資金，甚至起訴了一些賣股票的人，市場才穩定下來。

證監會的壓力迫使點對點業者停止股票保證金（stock-margin，又稱股票融資）業務，但傷害已經造成。股市停滯了好幾年，只能靠國家下令採購來支撐，但這是扭曲價格的行為。這次崩盤顯示，共產黨與市場的關係在本質上就令人不安，在市場走高時，就樂於加油打氣，當市場走低時，卻不願意承擔後果。

中國市場崩盤嚇壞了全球的投資人，而到了下個月讓貨幣貶值的決定也被視為經濟疲軟的另一個跡象，這壓低了全球各地的商品與股票價格。塵埃落定後，撻伐聲浪四起，但很顯然的是，金融科技可能是一種不穩定的力量，其隱藏的風險導致了一次股市崩盤，因此監管機構開始懷疑，如果繼續讓金融科技成為不受約束的蠻荒地帶，可能還有更多危險會在陰影中滋長。

重新思考點對點

股市亂象促使共產黨終於決定，讓銀行監管機構負責點對點行業，並制定監管原則，但是都沒有太大的效果，監管機構陷入兩難。他們提出的規則將消除點對點行業的大部分風險，並讓它變成真正的技術平台，而不是金融借貸業者。但這些規則與實務之間的落差實在太大，如果嚴格執行會逼使行業中的大部分公司關閉，來自投資人的抗議活動就會在監管機構的門口上演，而且切斷所需的信貸也會減緩經濟成長。因此有關當局反而拖延問題，只是委派地方官員監督他們，但這些地方官員根本沒有能力應付這些全國規模的公司。

儘管點對點行業在中國持續蓬勃發展，但世界其他地方的經驗顯示，早期的炒作是不值得的。美國與英國對大眾的「點對點」體系夢想，早在借貸俱樂部的股價暴跌時就破滅了。大部分的「同儕」借貸業者既沒有評估貸款的專業知識，也不想花時間挑選個別借款人。成長要夠快，才能把科技公司類型的高估值合理化，這種壓力導致新的線上平台借貸業者貪圖方便而走捷徑，並承擔過大的風險。

隨著美國的點對點借貸業者擴展到新的借款人市場，他們的演算法與大數據風險定價方法證明是不準確的，因此導致違約率上升，投資人也在二〇一五年年底大量流失。借貸俱樂部的共同創辦人，同時是這個行業的全球代表人物雷諾．拉普蘭切（Renaud Laplanche），他竄改文件貸款給自己、家人與員工，在這一連串的問題浮出檯面後，於隔年辭職。[25]借貸俱樂部與其他的市場平台借貸（marketplace lender）仍然在營業，但已經無法兌現承諾。部分歸因於美國謹慎監管，這有助於限制其規模，因此不良影響有限。（美國證券交易委員會對當時的點對點放貸行業龍頭Prosper發出了禁止令，直到它遵守有關資訊分享與保護投資人的一系列法規。為了遵守規定，大多數的點對點貸款實際上是由銀行發放，然後再轉移給投資人，這也增加了另一層的規則與監督）然而中國的點對點行業變得更大，也更混亂。在西方，法規限制了點對點公司可以承擔的風險，但是在中國，他們仍然可以為所欲為。

對金融科技的另一個打擊是螞蟻金服的投資與貸款市場平台。二〇一四年阿里巴巴推出的「招財寶」更像是一種直截了當的監管套利，它利用科技繞過合理的監管。中國法律將鬆散監管的募資活動限制在兩百名投資人以內，稱為私募債券（private placement bond）。每人都必須投入大量資金，這也將此類投資限制在機構，以及通常擁有更多管理金融風險經驗的高淨值人士。美國也有類似的規定：把有風險的證券限制在「合格」投資者手中。但是，螞蟻金服把規定視為高報酬的障礙，用金融工程解決。單筆的高額貸款被切分成一連串的小額貸款，然後每一筆投資人不到兩百人，因此沒有違反法律的條文。

金融工程並未就此止步。招財寶讓貸款投資人用他們的投資作為抵押借錢，因此依據那筆貸款就創造出更多信貸。在全球金融危機中，這種活動的問題變得很明顯，當一筆不良貸款或債券錨定在一條信用鏈上時，會形成一連串更大的損失與不確定性。

招財寶一炮而紅。二〇一五年七月，透過這個平台的投資已達到二千六百億人民幣。由於國有公司提供這些債券的擔保，風險似乎很小。招財寶主管袁雷鳴坦言，客戶沒有機會了解他們的投資風險：「我認為，個人投資者沒有能力評估金融產品的風險，所以要由金融機構過濾風險。」[26]可惜的是，這些機構也無法勝任這項任務。證券監管機構帶著相同的擔憂，從二〇一五年九月開始限制巨額貸款分拆成小塊的作法，但為時已晚。[27]

二〇一五年十二月，一件醜聞動搖了此平台，廣東省手機製造商僑興集團拖欠了透過招財寶發行的四千五百萬美元公司債。儘管這只是平台業務的一小部分，但是收到以這些債券作為抵押的點對點借貸業者跟著也違約，結果造成更多損失。接下來上演了一場互相指責的戲碼，擔保貸款的保險人拒絕付款，並指責也擔保這筆貸款的一家銀行。

在將金融產品分發給客戶時，金融科技可能是革命性的，但在限制依然猖獗的詐騙行為及中國銀行體系的不透明上，金融科技的作為是有限的。最後，銀行監管機構發現，銀行與僑興勾結，這意味著，支付寶平台在不知情之下對投資人打包與銷售了一個騙局。一名投資人分享了一個廣泛被接受的見解：「我信任支付寶這個品牌。」[28]投資人完全信任螞蟻金服只會在平台上架安全的產品，但它反過來又過分依賴錯綜複雜的擔保鏈，這在中國的金融市場很常見。

僑興糾紛讓普通投資人猛然警覺，他們認為理所當然的擔保在本質上多麼脆弱，而金融監管機構也必須考慮金融科技領域不斷累積的新風險。監管機構擔心的大問題之一是：如果最精明且須維護最有價值商譽的螞蟻金服都會出現這種問題，在線上借貸與投資產業的其他角落中，還會潛伏著什麼問題？

e租寶敗壞網路金融形象

沖毀金融科技的最後致命一擊，就是e租寶與丁寧。在過熱的金融科技淘金熱潮中，它是最吸引人且最神秘的故事，其中牽涉到數百億消失的人民幣、情婦、走私者、武器、可能的貪汙與豪華的別墅。它也說明了，網路、巨大的承諾、明顯的政治支持，這些結合起來變成全世界最大騙局的速度有多快，而這是任何希望推廣金融科技的國家都必須避免的問題。

丁寧從職業學校輟學後，加入家族的五金事業，稱為鈺誠集團，位於相對貧窮的安徽省。他很快轉向利潤更高的非正規金融。二〇一四年年底，鈺誠掌控了多家金融公司，擁有超過五億美元的資本。[29]如此鉅額的資金來源，對鈺誠、監管機構或媒體來說，是一個討論其安全性都太過敏感的謎團，因為有跡象顯示，這家公司與富裕且有權勢的政治家族有關，但這可能與銷售螺帽和螺栓無關。

丁寧看到了一個機會——家族公司在金融科技熱潮中能轉變為全國性的金融巨頭。鈺誠買下北京一家現有的小型點對點平台，在二〇一四年七月更名為e租寶。[30]把總部設在北京是精明的舉動，設在政治領導階層附近，讓它顯得比安徽的任何企業都更認真。在頭兩個月，它宣稱已經從購買其融資租賃的人那邊吸收了二千萬人民幣的投資金（租賃公司不是借錢給企業買設備，而是購買設備，然後有償出租給企業，自己保留設備所有權）。

e租寶努力表現出國家支持它，藉此來對外吸金。二〇一五年二月，e租寶在北京人民大會堂舉辦年會，以此顯示它與高層政治有關係，這家全新的公司舉辦慶祝活動的地方，和中國共產黨高層官員選擇領導人是在同一棟樓。全國人大常委會前副委員長為慶祝活動揭開序幕，會上更多次提到總理李克強對網路金融的支持，政府各單位的中階官員紛紛到場出席。[31]在會議資料中，有裝滿現金的厚厚「紅包」，讓官員們覺得值得花時間參加，這在當時的中國是很常見的作法。

一家國有報紙滔滔不絕地談論丁寧的「信念與遠見」，並指出「其鼓勵投資人預期可靠的年報酬率一三%」。[32]更重要的是，e租寶還在中央電視台播放廣告。一名來自內蒙古的鋼鐵工人把一半年薪投入e租寶，他告訴《紐約時報》（*New York Times*）：「我心想，既然上了央視，應該有很大的可信度。」一名從事科技工作、也大量買進的前銀行家說：「不是每家公司都能在政府網站上得到免費的文章。」這個電視台是「國家的一部分」，因此理所當然以為這個廣告「已受到嚴格的審查」。[33]另一個吸睛的作法是，把e租寶的執行長張敏打造成「網路金融產業第一美女執行長」。[34]這種與國家的關係得到了回報：數十萬人把錢委託給e租寶。

精明觀察家繞過e租寶與國家的關係，提出了危險信號。針對點對點平台進行評等的網站「融360」，給e租寶的評等是C⁻，這是最低的分數。因為它發現了嚴重的問題，包括利益衝突以及與東南亞的銀行有可疑關係。[35]之後，《北京商業新聞》（*Beijing Business News*）與人民大學進行調查，發現投資人把錢投入了根本不存在的公司的虛構計畫。[36]遺憾的是，在投資人繼續把積蓄投進去時，國家銀行的出現壓過了這些指控。成立不到一年，e租寶宣稱已經完成大約七十億人民幣（十一億美元）的貸款。

儘管對e租寶有如此嚴重的指控，但調查人員並沒有介入，直到六個月後，e租寶已經變成十倍大，擁有超過七百億人民幣。政治保護可能發揮了些許作用，但是管理類似e租寶公司的地方官員告訴我，即使他們看到明顯的龐氏騙局，也無力干預。中國的制度讓監管機構處於雙輸局面，這表示官員通常被迫在自己的職業動機或保護投資人的資金之間做出選擇。當他們坐等騙局大到自己爆掉時，便意味著更大的混亂、更多的受害者，以及更大規模的抗議，但在反常的邏輯中，這對官員的職業生涯傷害較小，因為並不是由於自己的行為而直接引起抗議。

當e租寶用光現金，投資人開始抱怨後，政府才開始進行調查。此時可以拿回來的錢很少。一名高階主管承認：「超過九五%的項目都是假的。」e租寶的真實帳本花了二十小時才從地下六公尺的掩藏處挖出來。丁寧被發現擁有現金、多輛汽車、火力強大的武器，但數百億人民幣都消失無蹤。鈺誠集團在緬甸有一家銀行，位在一個由少數民族所組成的民兵組織統治的自治區，這個民兵組織似乎已經幫鈺誠集團將資金走私到國外了。即使在e租寶被解散且高階主管被關起來的時候，鈺誠還請走私者攜帶一百二十五公斤的黃金越過邊境。[37]

對於習慣政府出手救助政治相關的投資與公司、而不是任其倒閉的人們來說，e租寶的案例是一顆重磅炸彈。憤怒的投資者認為政府難辭其咎，而這種看法導致了共產黨所害怕的公眾活動。網路上廣泛流傳一則呼籲「維權」的通知說：「如果我們不在三天內保護自己的權利，提出訴求，並採取其他激烈行動，我們將拿不回多少錢。」當政府看到呼籲全國性的抗議——其中包括約有十萬人準備前往北京的示威活動，政府立刻動了起來。[38]在一些拙劣且強硬的審查與脅迫手段後，情況壓制下來了。

政府考慮的是，如何處理一個早在六個月前股市崩盤中已經岌岌可危的行業。e租寶失敗後的抗議活動，顯現出兩個令人害怕的事實：這些平台大到足以影響社會的穩定，而且政府沒有控制風險的框架。中國最大的點對點借貸業者之一的負責人擔心，在這起醜聞事件之後，監管機構：「將會關閉所有點對點平台公司。」[39]

在西方的傳統看法中，中國是一座控制良好、運轉順暢的權威機器，但事實與之相反，點對點借貸平台的經驗顯示，中國可能不協調、混亂、無法可管，甚至看不見風險。比起美國，中國採取的實驗性策略，容許新的金融模式進行更多的實驗。在某些情況下，例如行動支付，在實施法規之前，讓一個行業先站穩腳跟是很合理的。因為在一個新的技術應用開始的階段，如何設計新法規且妥善平衡創新、風險以及消費者保護，其實一切都還不明朗。

等到行業成熟後再施加法規的缺點，就是政府處於被動狀態，通常看不見正在形成的風險，直到風險爆炸開來。在點對點平台的情形中，尤其如此。這些平台非常善於隱藏風險與公然違法。由於網路盛行，風險在極快的速度下變得非常大。當問題出現時，點對點平台的規模已經大到不能倒閉或適當監管。支持金融自由的超級應用程式說明了，當金融科技革命在二〇一三年開始啟動時，已經存在一些監管框架的元素。但點對點平台在二〇一五年時規模已經很大，並朝向與政府期望完全不同的方向發展，此時要應用這個監管框架為時已晚。

如果政府讓太多新機構失敗得太快，滾雪球效應就會削弱人們對金融體系的信心，並且有毀滅性崩潰的風險。另一方面，持續救濟投資人在點對點借貸、債務等金融產品上進行風險更高的賭注，風險可能會失控，最後甚至會超出中共財力可以應付的程度，也可能會導致金融危機。點對點平台問題導致了某種癱瘓，因此在衝擊經濟成長與政府普惠等政策，以及更多e租寶的風險之間，必須仔細權衡。

反過來看，就比特幣的情況來說，當局證明，他們可以迅速且果斷地做出因應，限制在中國使用比特幣。在短短幾個月內他們就擬定法規與執行，遏阻了資金外逃問題，並立刻消除對中國貨幣主權的潛在威脅。

要改變中國政府文件中的一個字眼，可能要花上數個月的複雜協商才能完成，而且比起共產黨沒完沒了的其他官方說法，可以表達更多的意義。二〇一四年，李克強總理在全國人大針對政府工作進行年度報告時，概述政府優先事項的最重要文件之一，首先就提到了必須促進金融科技。然而，在經歷過這麼多的醜聞之後，某個字眼在二〇一六年改變了，這是金融科技的不祥之兆。所有關於「促進」的言詞都取消，並改為：「我們將會監管網路金融的發展。」[40]

自由放任時代必須結束，但是中國當局面臨著一個長期的兩難：「放鬆時，亂象叢生；但想管理時，就會扼殺它。」想要制裁最危險的行為需要數年時間，然而對大多數的金融科技公司來說，繁榮景象將會一如既往地持續下去。監管機關希望盡可能在不冒過大的風險下，保留來自繁榮的有益創新、普惠金融、成長與競爭，但到目前為止，中國是否能夠做到這一點，還有待觀察。

Part 3 政黨控制與國際擴張

第五章

社會信用與打擊風險

「馬雲可能越過了一條祕密的紅線。」

二〇二〇年十月二十四日，當馬雲登上位於上海的外灘金融峰會舞台時，看起來就像站上了世界之巔。他告訴在場所有人——包括前行長周小川等中國經濟與金融菁英觀眾群，螞蟻集團正處在「整個人類史上最高上市價格」的邊緣。因為前一天晚上，他得到消息指出，螞蟻集團的公開募股將使公司估值達到三千一百三十億美元，將與萬事達卡及摩根大通等美國金融巨擘並駕齊驅。光是馬雲的個人持股就價值二百七十四億美元，令人乍舌，超過全球媒體大亨梅鐸（Rupert Murdoch）的全部資產淨值。[1]他的螞蟻與阿里巴巴帝國結合起來，價值將會超過一兆美元。

希望從這家極有價值的公司中分得一杯羹的國際投資者，向香港投入大量資金，幾乎動搖了香港的貨幣。他們的數十億美元將推動螞蟻的技術發展與國際擴張，讓一家中國境內的帝國轉變為全球帝國。他提醒那些「在美國與中國的科技及資金競爭中有地緣政治利害關係」的聽眾，這個「奇蹟」會發生在紐約市以外的地方。這將是中國股票市場的一大勝利。長期以來，中國股市甚至無法吸引中國的公司來上市，但是，就像二〇一四年的阿里巴巴，螞蟻金服會在上海與香港上市，而不是紐約。

然而，在表面的風光之下潛藏著危險。會議發言人的引言通常是無聊的樣板文章，但是在請馬雲上台前，會議的主辦方，也就是我在中國金融四十人論壇期間的老闆王海明卻公開說，馬雲「今天要來外灘峰會扔炸彈」。這個警告沒有太隱晦，讓一向非常自信的馬雲似乎震撼了一下連忙說：「沒有炸彈，誰敢扔炸彈。」（透過口譯觀看的人可能會錯過這個必須注意的明顯信號，口譯先是翻譯為：「他表示他會說出一些令人驚訝的話。」拒絕翻譯馬雲在演講前提及的內容）不過，馬雲還是扔了一顆炸彈。他針對膽敢以過度監管來限制他公司發展的官員，以及被他視為落伍當鋪的銀行，在言論中充滿了批評。他提倡重新聚焦在金融發展，而不是黨對風險的不斷關注，並且警告：「當創新的豐富與深度遠遠超過法規的想像時……，世界將會大亂。」馬雲用他一貫生動的語言把中國金融體系比為小兒麻痺患者，說當局在金融方面的監管能力「顯然不足」，他還引用了主席習近平演講中的兩段話。馬雲一定沒有意識到，他的演講多麼具有爆炸性，而且這顆炸彈主要會傷到他自己。

如同希臘神話的伊卡洛斯（Icarus，譯註：他乘著父親做的翅膀逃離克里特島的監獄時，由於太靠近太陽，導致黏合翅膀的蠟融化而掉進愛琴海），馬雲也開始從財富與權力的巔峰跌落。首先，監管機關把他與螞蟻金服高階主管叫來訓斥一番，然後對螞蟻金服的貸款提出嚴厲的新規定，最後在公開募股前幾天，攔下它的上市計畫。在政府下令對螞蟻金服強制重組時，馬雲突然從大眾的視線中消失，這引發了謠言說他被軟禁在家或甚至更糟。接著，這個強烈反應蔓延到整個消費科技領域。

政府掀起了一場監管風暴，包括對平台推出新的反壟斷規則、隱私規則以及反壟斷調查，阿里巴巴與騰訊的股價因此暴跌。中國政府現在可以開始把這些超級應用程式分拆成一個一個小單位，並強迫他們與政府及國家銀行共享更多資訊。中央銀行將經營新的數據學習中心，在自己的花園圍牆裡，控制與共享著現在由大型科技平台小心保護的數據財富。

藉著整頓一家明星公司，中國政府加入了這場謹慎思考科技巨頭力量的全球運動。比起其他任何地方，這在中國發揮的作用更大，神氣活現的中國企業家所帶來的顛覆性金融科技革命時代，即將結束。但在同時，中國金融科技革命期間對貨幣改革的想法，則持續擴散到全世界，包括美國。儘管螞蟻金服在中國境內處境艱難，但仍是一家全球性的大公司，服務數十億人的金融科技錢包，數千家美國商家接受它作為支付工具。微信把錢加進社交網路的作法啟發了祖克柏，他打算以微信為藍本來重塑臉書，並且準備推出一款新的全球數位貨幣，這將為科技公司帶來通常只有政府才擁有的主權權力。由於疫情的關係，市面推出了更多線上的經濟活動，也嚇得人們不敢使用現金，中國的無現金榜樣在全世界因此變得更加吸引人。

金融科技的命運揭示了中國的重大變化，但對創新與自由而言，也可能預告了一個更黑暗的未來。馬雲在二〇一三年左右還可以自由批評政府，並為國有企業帶來競爭，但是隨著國有部門的壯大及威權主義興起，這兩件事的空間都縮小了。多年來，螞蟻金服與騰訊抗拒著政府提出的「共享資訊」要求，然而他們現在已經失去了反抗的力量。現在不是科技公司發明數位貨幣並放在自己的數位錢包裡，而是政府正在打造自己的數位貨幣，而這將提供給政府一個數據中心，裡面包含了每一筆交易與每一個人擁有的財產等資訊。金融科技是實現金融自由的一股力量，但隨著國家越來越嚴格地掌控科技公司，金融科技也可能協助政府執行比過去更嚴格的壓抑措施。

但未來的方向仍不明朗。大型技術平台已經累積了市場力量，並且公然藐視法規，因此隨著他們變得越來越大，必定需要更多的規則。事實證明，政府制裁壟斷可能是有益的，因為可以保護較小的創新公司，否則在他們威脅到阿里巴巴與騰訊之前，就會被輾壓或吸收進入這兩家科技巨頭的軌道。然而，主要受益者可能是一點也不創新的大型國有企業，他們實際上豁免於反壟斷審查，相對於大型科技公司，他們的力量已經大幅提升。

李克強在二〇一六年呼籲必須要規範網路金融，監管機關只好努力應付這個大致上自己並不理解、也缺乏適當管理工具的部門。從充滿希望的時期到隨著馬雲的演講而失寵，金融科技的這段旅程以「重新調整金融風險」開始。監管機關希望，在不扼殺創新或切斷所需的信貸下降低風險。這說明了習近平的權力鞏固以及對金融風險的關注，如何在更廣泛制裁強大的商業菁英及有風險的金融行為下，橫掃金融科技領域。

即使是像前行長周小川等金融科技最堅定的支持者，最終結論也是：邀請大型科技公司進入金融領域，卻沒有得到所希望的結果。這引起的擔憂是，政府試圖打破銀行的壟斷，但卻在超級應用程式中打造了一個更危險的局面。由於擔心私人企業控制的不只是金融產品，可能進一步還涉及中國數位經濟所依賴的金融基礎設施，監管機關因此接管了支付寶與騰訊的金融業務。同時，在整個金融重新監管期間，金融科技繼續繁榮發展，像加密貨幣的投機熱等新問題也挑戰著中國當局的能耐。

隨著大型科技公司的壯大，它從金融領域的大衛（David），變成令人厭惡的歌利亞（Goliath，譯註：在聖經故事中，歌利亞是又高又壯的軍人，大衛是牧羊少年，大衛打敗歌利亞的故事是西方以弱勝強的經典故事）。由於隱私問題嚴重，盜用身分的詐騙行為與交易個資的熱絡黑市到處擴散，大型科技公司成為政府與大眾的箭靶，他們的勞動環境更是遭到鄙視，例如強迫員工在辦公室辛苦賣命的「九－九－六」（上午九點到晚上九點，每週六天），以及在嚴苛的演算法下，只能賺到微薄收入的送貨司機。大型科技公司曾經被視為是普惠金融的英雄，現在被醜化為高利貸業者，忙著兜售借款人無法負擔的貸款。

人氣大跌的大型科技公司更容易招致批評。大型科技公司的政治影響力限制了監管機關把事做好的能力，例如中國人民銀行的支付規則在二〇一四年被取消，監管機關早就心懷不滿。因此，馬雲演講之後的大洪水並不是針對一個人的報復，而是打破了保護他的帝國與大型科技公司的政治保護大壩。中國政府匆匆制定影響數兆美元的計畫與創新公司的新法規，這種速度清楚顯示出，施加於這個方向的壓力已經形成很長一段時間，只是在等待對的政治時機發動，而馬雲的演講正是一個黃金機會。

無論在任何地方，經濟、政治與科技的關係都是密不可分，但在今日的中國，金融科技讓他們的互相作用更為緊密。隨著我們的商業與金融變得更數位化，藉由兩個具有警戒性的故事——點對點平台，以及技術的競爭擴大了金融自由的正面例子，由此注意中國政權如何發展，這可以傳授我們寶貴的教訓，在第九章將探討這一點。

社會「信用」

在中國的科技公司成為世界領先者時，中國的政治領導人也建立了社會信用系統，一個堪稱全世界最具野心的數據治理計畫。在金融信用系統之下，這個主要以收集與共享數據來影響動機的做法，將應用在幾乎生活的所有領域，而且所有監控作業都由共產黨督導。它會先編纂可能是全世界最大的數據庫，包含公及私部門等社會各領域中有關「信用」或「可信度」（credibility）的數據；目標是「涵蓋所有資訊主題、所有信用類別的信用資訊系統，與全國所有地區的網路相互連結和相互作用」[2]。接著，這個系統就會變成一個蘿蔔與棍棒的系統，如果有人被這些數據認定是「不誠懇」或「不值得信賴」的人，政府就會處罰。

儘管是威權國家，但中國對於執行法律一直非常苦惱。拖欠貸款的人通常會無視法院命令，繼續靠著從客戶或公司合夥人那邊不當取得的財富過好日子。這促使中國最高人民法院加入社會信用系統，並提供一份不遵守法院判決的個人與公司的公開黑名單。這份黑名單現在已經是社會信用系統紀錄的一部分。[3]就像徵信機構與其他債權人分享信用紀錄，以鼓勵人們清償債務一樣，社會信用幫助法院散布「信用」資訊，藉此施加遵守法規的壓力。這個系統會公開指名拒絕遵守法院判決的人，並使他們遭受「信用懲罰」。名列黑名單的人會發現，自己更難取得社會保險、為政府工作、獲得營業執照，或在金融業得到任何接近高階主管的職位。但是最關鍵也最具爭議的是：限制「不必要的消費」。列入黑名單的人不能搭飛機、坐高鐵、住五星級飯店或出國。

二〇一七年年初，黑名單上的六百七十三萬人禁止搭乘飛機與高鐵。政府認為，以此作為誘因，能改變名單上個人或實體的行為，所以這些嚴厲的措施是合理的。[4]這個系統也與銀行合作，可以進行資產凍結，以及從銀行帳戶扣除資金。[5]金融科技超級應用程式在二〇一五年加入這個系統，違約者會被降低芝麻評分，並限制名單上的人購買阿里巴巴的商品，據報導，這件事促使十萬人還清債務，以擺脫黑名單並取消諸多限制。[6]和西方許多社會信用的媒體報導相反，目前為止還沒有證據顯示，中國政府準備發布「惡夢般的公民評分」（citizens score）計畫——這是用演算法來決定每一名中國人的地位。[7]現在的系統技術含量很低，就是共享數據中心的資料，其中記錄了違反某些法規與懲罰的人，例如由多個政府部門實施的旅行禁令。

在其他國家，社會所形成的道德與信用文化是有機的，表現在人際如何互動或依賴私人公司經營的系統。但中國希望透過技術官僚來設計出社會信用系統，社會信用因此會連上一個範圍更廣且不斷擴大的監控網路，光是一個十字路口就安裝了十幾個或更多的照相機，可以用臉部辨識技術找出亂闖馬路的人，或用設備讀取車牌找出車輛，然後馬上送出可以用支付寶或微信支付的罰單。[8]

在西方，政府若是為了社會工程而搜集如此多的個人數據，會引起人民的焦慮，但是中國人對這個制度的看法往往是正面的。[9]中國領導階層認為，社會信用系統可以建立對政府的信任，並且可以把法規建立在數據與明確定義的代碼上，而不是官僚的個人判斷。因此各地方政府爭先恐後地提出自己的社會信用系統版本，有些地方政府還研發出反烏托邦的公民評分系統，根據是否經常看望父母或家門口是否打掃乾淨等標準，來為市民評等。

社會信用沒有什麼科學可言。和美國等國家使用的費艾茲公司（Fair Isaac and Co.，FICO）最重要的信用積分系統相比，關鍵差異在於：FICO的分數是根據統計數據提供某借款人還款可能性的客觀評等。這個分數可以改變行為，讓人想要採取行動來提高分數，從而降低放款人的風險。在大多數的情況下它很有用，會鼓勵人不要拖欠債務或延遲支付帳單，但也可能導致開設多個信用卡帳戶來提高信用積分，這反而會鼓勵過度使用信貸。[10]然而，就像優步與Airbnb，社會積分並沒有科學依據，反倒更像網飛（Netflix）撥出的反烏托邦影集《黑鏡》（*Black Mirror*）中〈急轉直下〉（Nosedive）那一集的分數，劇中人物的全部心思都放在同儕不斷對自己行為的評分上。這些積分具有真實的影響力，舉例來說，優步司機就可能擔心積分太低導致失業。

由於社會信用系統可以評估行為是否符合政府的指示與法規，因此比商業用途可怕多了。此外，中國政府還可以用國家的力量，施加比美國使用積分的私人機構更嚴厲的處罰。中國政府的計畫顯示，它對塑造公民行為的渴望，比西方政府在政治上可以接受的程度更公開多了。更令人擔憂的是，金融科技自出現以來，一直是中國追求金融自由的一股力量，而社會信用也意味著，政府長期以來想吸收其數據並使用影響力來達到社會控制的企圖。

防範金融風險之役

受到總理李克強在二〇一六年呼籲監管的談話所刺激，政府加強對金融科技的控制行動從聚焦於金融風險開始。但是，監管機關對於自己本應監管的許多快速成長的金融科技市場卻了解有限，而且只有少數監管機關官員擁有聚焦金融科技的空間與資源。當政府試圖做到不扼殺創新並同時進行監管，中國在金融科技領域的領先地位卻變成了一種挑戰。不像金融發展的其他領域，監管機關無法指望發達的經濟體可以提供現成的劇本，因為其中的挑戰取決於金融科技領域。大型科技公司的活動大致上已經受到監管，包括向政府提供數據和監理框架。但線上的「點對點」借貸平台是明顯的例外。

二〇一六年，包括習近平、周小川或馬雲，沒有一個人知道線上信貸的規模已經變得多大，或者已經累積了多少不良貸款，政府甚至沒有一個機制可以收集這樣的統計數據。事實上，政府與這類數據的分析被迫依賴的來源是，供應商用來自行做統計報告且嚴重受到操控的私下數據。較小的點對點平台有「誇大數字以便看起來更成熟」的動機，而大型平台的動機則是低報以規避監管機關的注意。

沒有人知道，下一個e租寶什麼時候會爆、會在哪裡出現，或有多少投資人會走上街頭抗議。儘管西方對於中國掌握一切的國家機器、監管能力以及人工智慧工具等有很多討論，但只要對金融監管做更深入的檢視就可以看見，中國官員並非全知的聖哲，而是在有缺陷的制度中運作受到嚴格限制的官僚。政府面臨的兩難是：匆忙推出法規會導致更多風險，造成可行的金融科技公司倒閉，並導致不良貸款，以及跑到政府辦公室抗議的憤怒投資人。在了解金融活動之前就進行監管，也可能推翻在激勵創新與普惠金融上已經發揮良好作用的策略，並中斷所需的信貸，以及忽略風險下的有效活動。但是每一次的推遲都意味著，不受監管的金融科技可能帶來更大風險與詐騙戲碼。

中國政府迅速取締了一些剛出現的風險，例如加密貨幣的首次代幣發行（initial coin

offering，ICO，譯註：模仿企業首次公開募股的募資方式，但投資人不是得到股票，而是加密貨幣），但在大多數的情形中，政府都謹慎行事，提出實施期較長的法規，讓行業有調整的時間。監管機關的小心謹慎，有助於避免破壞「壓制風險與維持信貸供給之間」的微妙平衡。與此同時，金融科技的企業家也不斷突破界限，巧妙地將公司業務轉移到較不受監管的領域，讓自己表現得更像「科技」公司，而不是「金融」公司。

中國在政治與經濟上更廣泛的轉變，開始壓迫金融科技。習近平的兩個核心措施：防範金融風險的行動，以及關注黨對經濟與社會的控制，都把金融科技捲入其中。在二〇一三年首先發出推動市場改革的信號後，習近平現在已經反轉方向。第一個消失的就是經常批評政府、大聲說出腐敗現象、發展熱絡的線上公民社會。擁有大量社群媒體支持者追蹤的部落客，在二〇一三年不是被拘留，就是被威脅與羞辱。[11]

隨著政府重新伸出控制之手，將支付與信用基礎設施國有化，並限制螞蟻金服及騰訊與國有銀行競爭的能力，這些公司轉而對其他金融機構開放平台與技術來獲利，只是即使這樣的商業模式也受到監管機構的打壓，因為政府對大型科技公司與超級應用程式的力量就是感到不安。

成長、信用與風險

即使發生醜聞與加強監管，金融科技的未來在二〇一七年看起來仍然一片光明。對大型科技公司的強烈反彈，幾年之後才會發生。就中國來說，金融科技的規模仍然很小：只是幾百兆人民幣金融體系中的幾兆而已。與此同時，當局主要擔憂的則是債務上癮，這會造成威脅，會讓經濟趨緩，並增加金融危機的風險。從二〇一二到二〇一六年，債務水準的成長速度比經濟成長更快，導致債務占GDP的比例達到近二五〇%。[12]在這段期間，經濟成長率每年從七·九%，下降到六·八%，這表示償還債務的付款將對經濟造成更大壓力。金融科技看起來仍然是解決方案的一部分，可以帶來更多的市場競爭與技術協助，讓金融中介變得更便宜、更有效率，更有包容性。

利用金融科技作為改善金融的手段，為新興企業帶來一個較寬鬆的監管制度，但在習近平從總理李克強手中奪走經濟政策控制權之後，這樣做帶來的風險不會再繼續下去了。二〇一六年十二月，習近平發起一場為期數年的打擊債務與風險運動。他取締圖利強大利益團體的影子信貸，將炒熱市場的雞尾酒缸從信貸方（credit party）拿走，克服了長期的阻力。這些利益團體往往靠著輕鬆賺錢而致富或獲得晉升。[13]接著，習近平在關鍵職務上任命了與新目標行動一致的政策制定者。曾經抱怨過黨委干預銀行的改革者郭樹清，上任成為銀監會主席，並迅速採取行動，推出一系列新法規，迫使銀行審查「不當創新」等作法。[14]

黨在文件中的措辭與當下的現實之間通常存在著鴻溝，但習近平是認真的。信貸成長率從每年比經濟成長率高出一二%，在二〇一七與二〇一八年驟降到大約持平，因此總債務對GDP的比例也穩定下來。

新法規的主要目標是對金融體系的核心行業進行比較，即銀行與信託公司，而不是金融科技公司，所以去槓桿化的轉變是以「對金融科技開放市場」開始。事實上，就在習近平動手打擊風險之際，馬雲也為螞蟻金服制定了目前為止最宏偉的計畫。該公司的估值在二〇一六年年初達到六百億美元，成為全世界最有價值的獨角獸之一。獨角獸是指尚未上市，但價值超過十億美元的公司。馬雲提出，以阿里巴巴與螞蟻金服的優勢為核心，重組金融領域，讓他的公司能在由國家主導的金融體系核心領域中占有一席之地。螞蟻金服將不再是一家「採用原有金融系統並改進其技術」的金融科技公司，而是一家「以科技重建該系統」的「科技金融」（techfin）公司，[15]馬雲與螞蟻金服可以主張，比起「依靠舊技術評估借款人、成本因此很高」的銀行，他們的技術與數據正在幫助中國的金融體系降低風險與成本。

金融科技可以幫助政府的另一個方式，是發揮一種安全閥的作用。被當局盯上的信用類型借款人，為了借錢，紛紛湧入金融科技公司。如果政府一下子關閉所有具風險的融資管道，會對還無法從銀行得到信貸的私部門借款人造成太大壓力。監管機關必須謹慎為之。雖然未受監管的新線上信用中介在中國龐大的金融體系中顯得微不足道，但是他們每年的成長都超過五〇%，而且在二〇一七年創造了大約占銀行五分之一的新信貸。對於流向小公司與消費者等新借款人的信貸來說，他們也很重要。[16]

習近平還重組了中國的監管體系，以減少套利空間。原本的監管銀行、證券市場、保險公司等政府單位都是獨立機構，中央銀行往往不知道兩個監管機關的管轄權限在哪裡銜接，因此留下一團糟的漏洞，常常變成地盤之爭。現行結構特別不適合監管螞蟻金服這類複雜的機構，因為螞蟻的許多業務領域是由協調不佳的不同監管機關負責，這代表除了公司本身，沒有人了解整個公司及各部門的互相關連。

從全球金融危機學到的教訓之一，就是這種類型的監管體制會導致嚴重的風險，因為僅僅一個機構的「審慎」監管是不夠的。更精確地說，考慮到他們之間的系統性互動，「宏觀審慎」是必須的。[17]為了改善協調性，習近平因此成立金融穩定發展委員會（Financial Stability and Development Committee，FSDC），直接隸屬於國務院，可以預期這將逐步提高政府果斷行動的能力。最後，受過哈佛教育的劉鶴——同時是國務院副總理、習近平在經濟上的知己，由他擔任主席且擁有交辦任務的分量。

牽制支付寶與騰訊

降低風險的情勢已然形成，金融科技的政治保護也隨之減弱。二〇一六年六月，行長周小川跟隨總理李克強的反轉，承諾修正他向金融科技傾斜的不公平競爭環境。他說，由於阿里巴巴是一家槓桿過高的影子銀行，他保證要「創造一個公平的競爭環境」。[18]支付寶與微信依然面臨較輕的監管責任，但超級應用程式已經不是單純的產品，而是對經濟至關重要的金融基礎設施。為了限制因控制基礎設施而得到的獲利與權力，基礎設施的監管要求往往較高，正如很多美國電力公司擁有自然的壟斷地位，但價格則由當地政府決定。大型科技公司在支付、信用報告、放款方面的業務將面臨審查，因為政府經過重新考慮後改變主意，不再對他們開放這麼多的金融領域。

第一步就是處理線上支付，其中支付寶與微信支付控制了大約九〇%的市場。從中國人民銀行的觀點來看，這種集中有兩個問題，第一個就是缺乏競爭。除了支付寶、微信與銀聯，銀行基本上懶得費心支持其他線上支付公司，因為增加另一個支付夥伴的成本，遠遠高於這個邊緣業者可增加的新業務規模。即使科技巨頭的規模使他們擁有競爭的護城河，以及從銀行獲取有利條件的籌碼，但成本效益並不合理。第二個擔憂是金融穩定性，支付寶與騰訊支付透過自己的帳戶網絡，在銀行之間轉移數兆人民幣的資金。如果出了岔子，例如會計錯誤、網路安全事件或客戶資金處理不當，就可能會引發一場危機。

中國人民銀行因此接管了銀行與支付公司之間的資金流動。網聯（NetsUnion）是一個新的準政府實體，會幫助銀行重新平衡他們與大型科技公司之間的關係。費用將會標準化，之前由支付寶與微信嚴密保護的數據現在將對銀行開放，以降低大型科技公司的有利優勢。政治風向漸漸遠離大型科技公司。[19]大型科技公司曾經可能暗中阻止這種轉變的力量，但支付寶與微信發現自己身陷在尷尬的處境，他們被徵召在技術設計上幫政府系統一把，而這個系統可能會取代他們多年來打造的成果。[20]

中國人民銀行重申對支付基礎設施的控制，並不是不公平的國有化作為，這在大多數國家是符合常態的行動。世界各地的中央銀行都是支付系統的關鍵參與者，負責管理銀行之間的資金流動，包括承諾在需要維持流動性時投入資金來支持這個系統。[21]二〇一八年取代周小川成為中國人民銀行行長的易綱，後來提到支付寶與微信支付在銀行之間轉移資金，這讓他們變成「第二個中央銀行」，這是「錯誤的行為」。[22]

監管的過程就像打地鼠遊戲。只要監管機關掌握了一套有風險的作業模式，快速移動的企業家就轉向另一個。例如，螞蟻金服鼓勵用戶使用它的虛擬信用卡花唄購物，這樣就可以避開網聯。大部分的付款可以在支付寶內部的封閉迴路中進行，只要每個月付款到期時，從用戶的銀行帳戶做一次性的付款即可。只有這筆付款會產生費用，並與網聯共享數據。然而，在此過程，螞蟻金服開始與政府產生了衝突，因為中國人變得如同某些以信貸支付一切費用的美國人，這種想法讓政府感到不安。最後，螞蟻金服對消費者提供的未償還貸款，超過二千七百一十億美元。

同時，中國人民銀行還打擊線上支付公司的「浮動」收益，也就是客戶委託支付公司的資金所產生的利息。支付寶與騰訊支付用這個方式賺了數十億人民幣，讓他們可以減少向用戶收取直接的費用。雖然支付寶與騰訊都沒有問題，但是其他較小的支付公司卻濫用客戶資金進行有風險的投資，甚至私自挪用。[23]中國人民銀行在二〇一七年一月逐步中斷這個收入來源，下令支付公司開始把客戶資金放進中國人民銀行的特別帳戶，而且最初並未支付利息，這讓兩家公司每年損失約十億美元。[24]網聯與這個特殊的存款規則讓詐騙行為更難發生，也讓支付寶與騰訊支付更好監管，因為他們的活動可以追蹤到一個帳戶，而不是複雜的銀行帳戶網。對支付的措施只是一波監管行動的開始，接下來將轉向財富管理。

餘額寶和點對點平台一樣，最初也是防範風險行動的受益者。更高的利率導致投資人將資金投入餘額寶，讓它的規模僅僅在二〇一七這一年內就翻了一倍，從八千億人民幣成長為一・六兆人民幣。將近五億的中國人投資了現在全世界最大的貨幣市場基金，規模超過摩根大通與先鋒。[25]對於嘗試壓制風險的監管機關來說，這個意想不到的後果讓他們感到不安，於是在二〇一七年十一月發布消息指出，「某個」貨幣市場基金已經達到系統性的比例，意思是，任何忽然的拋售都會導致整個系統的恐慌，並危害「社會穩定」。[26]這樣的事件已經發生過，舉例來說，美國在次貸危機期間，聯準會就不得不介入干預，以遏止貨幣市場的恐慌。監管機關為了抑制強大的需求，對資金湧入的限制越來越嚴格，並對螞蟻金服施壓，限制其產品知名度，導致它的規模縮小了三分之一。

中國人民銀行開始重新思考邀請大型科技公司進入金融領域的魯莽作法，於是扭轉了某些早期的政策，並關閉了金融科技監管上的漏洞。[27]其中兩個問題已經處在緊要關頭。第一，大型科技平台是如此強大，並擁有這麼多的用戶，任何他們提供的產品達到系統性比例的速度，都比監管機關可以跟進的速度更快，這產生了很嚴重的風險。例子之一就是「現金貸款」，類似美國發薪日貸款的一種高利息短期信貸。「趣店」是其中一家最成功的現金貸款商，於二〇一七年年底在紐約證券交易所上市，它在不知不覺中展現了超級應用程式的力量，結果引來制裁行動。支付寶與趣店合作，用成本不高的芝麻分數評估借款人，並將趣店的貸款推向支付寶的數億用戶，使這家成立三年的公司可以對五百六十萬名借款人提供大約九十億美元的貸款。

這預告了監管機關注意到公開募股的風險，當局對這些受到制裁的高風險貸款規模感到震驚，並打壓趣店的股價。對現金貸款的審查揭露出螞蟻金服以本身業務所利用的一個漏洞，也就是在幾乎沒有政府的監督下，向銀行出售數億人民幣的貸款。監管機關意識到，任何螞蟻金服貸款的問題，都會導致買下這些貸款的銀行面臨嚴重的不良貸款問題，因此強迫了螞蟻金服的借貸業務進行令人痛苦的重大改革。[28]

第二，監管機關擔心市場扭曲與利益衝突的問題。一開始的收費低於成本，直到達到足夠規模，或是透過公司大量搭售的其他利潤來彌補差額，這種典型的矽谷模式扭曲了金融市場。例如，一家必須為數據付費，還要向客戶收費的獨立信用評等機構，如何與一家「已經擁有所有數據並在其他地方賺夠錢，所以可以收取少少的費用以得到市占率」的大型科技公司競爭？執行信用評分的科技平台提供人為的高分以增加信貸，可能會扭曲市場，並造成利益衝突，因為這讓他們可以在銀行承擔風險下，從貸款發放以及在平台銷售產品獲利。或者，他們可以根據在應用程式的活動創造積分，但這樣的分數比較像程式使用的忠誠度積分，而不是客觀的結果。

這些擔憂導致中國人民銀行改變了信用評分的方向，迫使芝麻信用收斂其野心，並將唯一的正式執照發給一家國有企業。精明的觀察家注意到，監管機關有了新的意志，才能以如此嚴厲的措施打擊像螞蟻金服一樣強大的公司，不只削弱它在政治上所向無敵的氣勢，也預告著更嚴厲的監管困境即將到來。

驅逐加密貨幣

數位貨幣在二〇一六年再度走紅。即使當局在二〇一三年對比特幣投機熱潮澆了冷水之後，在中國交易所的交易量持續讓世界其他地方的交易量相形見絀，並在二〇一六年十二月達到世界交易量的九八%巔峰。[29]比特幣對中國人如此具有吸引力的原因是，任何政府都無法控制它。但對中國領導人來說，是不可能容許它繼續發展下去。除了對國內存在風險之外，中國政策制定者還一心放在資金外流的問題。二〇一六年十二月，由於中國的大公司在境外投資，以及大筆資金逃離成長趨緩的經濟，導致人民幣貶值，吃掉了中國將近一兆美元的外匯存底。

幾乎沒有證據顯示：被用來資金外逃的數位貨幣數量大到足以造成影響。但是到處瘋傳的謠言，以及中國政府、媒體與投資人，都為了這件事而鬧得沸沸揚揚。人們可以在中國政府無法追蹤的情況下，在中國交易所用人民幣購買比特幣或其他加密貨幣，然後轉到一個在世界各地交易所都可以變現的數位錢包。專門從事資金外逃業務的中介機構，在微信上快速增加，這說明了監管與控制的局限。（比特幣不太可能成為資金外流的主要動力。與將近一兆美元的外匯存底相比，比特幣的交易量根本微不足道，而且很難在外國交易所變現大量的比特幣）為了因應這種局面，當局加強了對中國數位貨幣交易所的監管，即使比特幣本身不在政府的監管範圍之內，但可以監管交易所。

二〇一七年一月六日，監管機關宣布由於「異常波動」，他們對比特幣在中國進行了一次「面訪」，「要求其嚴格依照相關規定與法規作業」。[30]由於中國可能出現另一波針對比特幣的監管行動，比特幣的全球價格下跌了一二%。投資人的擔心是對的，因為監管機關發現，有非法保證金融資，以及對洗錢控制不力的問題。[31]在中國人民銀行的施壓下，中國三大交易所對交易徵收〇．二%的費用，結束保證金融資，並關閉在交易所外「提取」比特幣的能力，讓它幾乎不可能被用於資金外逃。但中國人民銀行仍然保持寬容，允許交易所在改善控制能力後恢復營業。交易所可能以為自己已經得到許可了，但另一波投資狂潮將把他們永遠踢出中國。

二〇一七年，當新的投資熱潮——首次代幣發行（ＩＣＯ）席捲全世界時，政府的控制欲就完全展露。ＩＣＯ向大眾銷售新的數位貨幣或數位資產，為區塊鏈創意籌募資金，包括用於雲端檔案儲存的去中心化網路，以及（因為某種原因）用區塊鏈追蹤鮪魚的供應。

ＩＣＯ基本上是預售一種還不存在的數位產品。彭博（Bloomberg）評論專欄作家馬特・萊文（Matt Levine）對此有令人難忘的描述：這就像萊特兄弟透過出售打折的常客飛行里程，來資助他們的第一架飛機。[32] 投資人賭的是，只要這個創意開始熱門起來，對數位貨幣的需求就會將它的價格推上最高層。

在另一個快速致富的狂熱中，投資人僅憑著一份白皮書就爭先恐後地投資代幣，希望能夠像比特幣與以太坊（Ethereum）的早期投資人一樣一夜致富。二〇一七年六月，新的ＩＣＯ在全球募集超過五億美元，網路公司從創投業募集的資金根本是小巫見大巫。[33] 沒有人知道要如何評估這些貨幣中任何一款貨幣的價值，也沒有一家區塊鏈公司打造出一個完全有用的產品，數位代幣現在價值數十億美元，完全是基於投機心理，而其中大部分來自中國。到了二〇一七年上半年末，中國互聯網金融協會（National Association of Internet Finance，NIFA）報告表示，共有十萬五千名投資者，以及二十六億人民幣（當時大約四億美元），透過四十三個ＩＣＯ平台投入中國的ＩＣＯ。[34] 當局不知道的，肯定還有很多倍。

第一個重要的ＩＣＯ是大家所知道的ＤＡＯ，或稱為去中心化自治組織（decentralized autonomous organization），這是民眾購買「ＤＡＯ代幣」時可以加入的群眾募資投資工具，

ＤＡＯ代幣讓人能夠得到投資分配的投票權與合資企業的股份。二〇一五年，它只用了一個月就募集到價值大約一．五億美元的以太幣（Ether），然而因為一個編碼錯誤，導致一名駭客捲走ＤＡＯ三分之一的數位貨幣。投資人最後拿回了他們的錢，但對於那些努力告訴大家要相信代碼與密碼學而非相信舊金融中介機構的人們來說，這是一個尷尬的開始。

儘管ＤＡＯ失敗了，ＩＣＯ卻起飛了，成功的專案價格飆升。一個名為PressOne的中國專案，甚至沒有提供一份說明專案正在進行的內容白皮書，就賺到價值一．二五億美元的加密貨幣，他們竟然說：「我們不提供那個，即使我們給了，很少人會理解，甚至沒有幾個人會看。」[35]它得到了中國加密貨幣圈子最出名人物之一的支持，此人擁有數百萬的線上追隨者，這樣就夠了。快速致富的心態，加上少量新的數位貨幣要發售，意味著代幣有一點點上漲的勢頭就可能帶動價格飆升。許多流傳的故事就像：「有一個人（ＩＣＯ投資者）才打了個盹，醒來就發現，自己已經財務自由了。」[36]ＩＣＯ的表現是中國傳統金融市場實務的一種遺留物，投資人習慣了在中國公開募股的頭一天，股票價格就會大漲，而且可以買到的股票也不夠。

中國當時在ＩＣＯ的投資與發布領先全世界，但這不是中國當局希望看到的金融科技領先地位。一年多來，他們一直試圖遏制已經存在的網路金融公司所帶來的風險，所以他們很不想面對另一個加密貨幣的投機泡沫。可用的數位貨幣越多，洗錢者、將資金走私到國外的人、貪汙的官員，就越容易在不接觸到金融體系下轉移資金。詐騙性的ＩＣＯ專案注定會失敗，意思是，虧錢的人最後會以抗議者的身分出現在門口。因為這些錢儲存在當局無法觸及的加密貨幣世界中，他們幾乎無力為受害者追回資金。

二〇一七年八月下旬，官方新華社發表了一篇毫不留情面的文章來揭露事實，為了顯得合法，很多ＩＣＯ捏造了專案以及建構新代幣的團隊成員等所有資訊，隨後他們帶著錢不見人影。[37]中國人民銀行支持的中國互聯網金融協會也發表了一篇更嚴重的文章，指出ＩＣＯ與非法集資、金字塔騙局及洗錢有關。[38]幾天後，監管機關禁止了ＩＣＯ，這是所有國家中對ＩＣＯ最負面的反應。相較之下，對於金融監管機關是否擁有ＩＣＯ管轄權，美國與英國都還猶豫不決。[39]在中國已經募集到資金的ＩＣＯ，也被下令歸還資金。正如中國人民銀行在十多年前對騰訊的Ｑ幣所說的，「ＩＣＯ對金融秩序造成了嚴重破壞」。與上一次的情節不同的是，當局對具有風險的新數位金融創意已經耗盡了容忍，他們早就準備要做出果決的因應措施。

不到四個月前被允許重新開放的加密貨幣交易所，成為附帶損害的犧牲者，被迫只能到國外營業。[40]允許金融創新在寬鬆的監管下自由發展了幾年，這個舊方法只有在政治支持的情況下才能持續下去，而之前的延遲回應也是因為監管機關彼此之間的協調不佳。然而，禁止ＩＣＯ的官方聲明顯示，監管機關的協調比之前更有成效，政治對於革命性金融創新的支持力道也減少了。

不過，監管機關仍然無法杜絕加密貨幣的交易，因為中國境外的交易所可以輕鬆透過網路服務中國的客戶。當局啟用了通常用來防堵政治禁言的防火長城（Great Firewall，又稱中國國家防火牆），阻擋境外的加密貨幣交易所網站，但是無論如何，意志堅定的投資人可以使用虛擬私人網路（virtual private networks，VPNs）繞過防火牆進行交易。[41]中國人也可以使用去中心化的工具以媒合買賣雙方，透過櫃台（counter）買賣加密貨幣。一旦人們擁有比特幣、以太幣或其他加密貨幣，中國政府就沒有辦法阻止他們購買境外的ＩＣＯ。但是當局無須完全消滅加密貨幣來達成目標，只要確保一般大眾接觸不到即可。

領先全球的科技創新者

二〇一六年四月，遠離ＩＣＯ的螞蟻金服創下科技公司最大一輪私募融資紀錄，募到四十五億美元，估值六百億美元。當時唯一價值更高的私人科技公司是優步。這數十億美元不僅有助於新技術開發，也是螞蟻金服海外投資與擴張的新動力。

騰訊不斷為中國境內的金融科技市場做出重要創新，其擴大超級應用程式效用的方法，在多年後也啟發了矽谷。二〇一七年一月，騰訊推出「小程式」（mini-programs），就像蘋果與谷歌為iOS與Android系統的應用程式設定規則和提供操作環境，騰訊掌控了可以在微信裡使用小程式的操作系統。開發者可以在微信建構小程式，作為常規程式的縮小版本或從頭開始建構小程式。例如，消費者來到一家餐廳後，無須下載完整的程式，只要掃描微信上的QR code，就可以快速連上餐廳的小程式瀏覽菜單、點餐，然後用微信支付付款。相比之下，美國的餐廳依然希望用戶親自使用信用卡付款，透過網站點餐或下載餐廳各自獨立的程式，而且每一個選項都需要用戶分享敏感的信用卡詳細資料（除非它接受蘋果支付）。

另一個例子是停車。美國停車場仍需在進入時拿取一張紙票根，然後到獨立的終端機上付款，或是在出口處付款，讓後方車子等待你完成支付停車費。在中國，微信小程式的用戶在進入車庫時，刷一下QR code並提供車牌號碼即可。離場時，停車時間已經自動算好，並透過微信支付收費，這個體驗方便多了。此外，幾美元停車費所產生的信用卡或金融卡手續費，就占掉停車費的一大部分，但微信支付的收費微乎其微，這改善了特別是小額支付的經濟效益。[42]

對於金融服務與共享經濟來說，支付與平台連結起來可以提供更便捷的服務。小程式的開發成本也比較便宜，因為它們的規模小，而且只須做一個就可以涵蓋幾乎整個中國市場。但是如同前面提到的，美國的程式製造商必須為Android與iOS用戶開發不同的版本。

二〇一八年年中，微信小程式每個月擁有將近五億活躍用戶，到了二〇一九年年中，將近七．五億人每個月花費快一小時的時間使用它們。阿里巴巴後來也加入小程式趨勢，在二〇一八年九月推出自己的小程式，而且僅僅幾個月內就擁有五億用戶。[43]社交動態與圍繞在超級應用程式周圍的電子商務結合起來，這個完整的操作系統變成一個價值數十億美元的產業。電子商務直播產業由受歡迎的網紅經營，他們在線上兜售與評論產品，並運用讓微信支付走紅的遊戲化功能，在二〇一九年，直播電商達到四千四百億人民幣的規模（六百三十億美元）。[44]

線上支付與貸款持續成長的比例，已經遠遠超過中國以外的任何地方。中國人民銀行的數據顯示，支付寶與騰訊控制了大約九〇%的線上非銀行支付金額，在二〇一七年已經達到一百四十三兆人民幣，儘管有了新規定，仍然比二〇一六年增加四四%。中國大型科技公司的支付規模，讓世界其他地方的任何公司都無法望其項背。國際清算銀行（Bank for International Settlements）估計，中國透過大型科技公司（主要是支付寶與騰訊）完成的行動支付，在二〇一七年占GDP的一六%以上。相較之下，第二高的美國總數少了二十六倍，僅占GDP的〇．六%。

中國金融科技公司在借貸方面的表現，就沒有在支付方面那般異常。國際清算公司估計，中國的金融科技信貸金額為每人三百七十二美元，是位居第二名的美國一百二十六美元的兩倍多。[45]蘋果支付、谷歌錢包以及其他程式，之前在數位錢包起跑線上打敗了支付寶，但支付寶與騰訊現在讓它們望塵莫及。儘管中國國內的壓制力道越來越大，但從全球的角度來看，中國的金融科技成就看起來是前所未有的了不起。

與此同時，金融集團的主要問題引發了一股壓力，必須對螞蟻金服這類公司增加一層新的法規要求。持有多種金融執照的企業集團隱藏的債務可能堆積如山，透過多層子公司騙局移動資金，並以此隱藏損失。當這些公司與其高階主管或所有人擁有政治影響力，他們抵抗審查與監管的能力就會擴大風險。

馬雲在二〇一四年阻擋支付監管就是一個象徵性指標，但其他無數被阻擋或未執行的法規可能從未在大眾眼前曝光。我在二〇一七年左右採訪過一些監管人員，由於馬雲實際上的政治影響力與大眾對他的觀感，他們對螞蟻金服等公司抵抗監管表示沮喪。中國人民銀行最後終於在二〇一九年七月發布規定時表示，這類金融控股公司必須重新思考「過去幾年的盲目擴張」。[46]

金融控股公司進入政府的箭靶中，主要是因為非金融科技集團的過失。像吳小暉與肖建華這樣的權貴大亨，他們控制了金融與非金融公司等網絡，後來都遭到扣押，其中肖建華是在香港四季飯店被帶走。曾經是中國首富的王健林等其他大亨，也被迫出售海外資產，以減少國內債務。[47]在一波靠債務推動的併購狂潮後——當中包括紐約知名的華爾道夫飯店（Waldorf Astoria），中國政府在二〇一八年二月接管了吳小暉的大型保險公司「安邦」。金融機構的控股迷宮往往隱瞞風險以及董事長挪用公款等劣跡，直到一切崩潰，才讓政府面對爛攤子。[48]更令人擔憂的是，億萬富豪肖建華的「明天集團」擁有數十家金融機構的股份，他竟徹底洗劫擁有的一家銀行，導致這家銀行倒閉。由於違約非常罕見，以至於包商銀行（Baoshang Bank）的財務隱憂在銀行同業市場造成了接近恐慌的事件，迫使中國人民銀行不得不介入干預，以避免動搖中國金融機構每天靠它提供資金的市場。

打壓大亨不僅僅是出於對金融風險的合理擔憂，也是想要消除黨與它的國有企業之外的替代權力中心。比起在中國推動真正的創新市場與民營企業，習近平偏愛國有企業，因為黨可以行使更直接的控制權。[49]就像在二〇一二年時一百八十度大轉彎的政策，當時溫家寶邀請私人公司進入金融領域以消除國家的壟斷。在二〇一六年，國務院推動的是，以越來越大的國有企業在關鍵產業鞏固國家的控制。二〇一七年，習近平呼籲：支持「國有資本做強、做優、做大」。[50]

私人公司也被進一步安置於黨的控制之下，在中國，任何一家重要的公司內部都設有黨部基層組織，其作用也越來越大。我在參觀騰訊辦公室時發現，這棟巨大塔樓的濃縮咖啡吧旁邊，就是研讀習近平思想的閱覽室。一條室內健身跑道則不斷出現騰訊共產黨委員會的海報，提醒慢跑者「人民解放軍的光榮勝利」。

在中華人民共和國，成為高調的有錢人一直是很危險的事。中國人甚至把「胡潤富豪排行榜」稱為「殺豬榜」，因為僅從二〇〇三到二〇一一年，就有七十二名中國億萬富豪非自然死亡，其他人最後不是入獄就是接受調查。馬雲身為中國最受矚目的人物，在國際上甚至比主席習近平更具知名度，看著同為大亨地位的同儕們垮台，他可能會非常惶恐不安。當馬雲在川普大廈會見美國當選的總統川普（Donald Trump），並承諾要在美國創造數百萬個就業機會，他可能已跨過了一條祕密的紅線。在習近平與川普見面之前，竟然先安排了這樣的會議，馬雲可能轉瞬間被視為比習近平更重要，加上中國網路流傳著擴大疑慮的傳言：「馬雲要競選總統。」[51]

馬雲的地位變得危險，最清楚的徵兆就是，他在二〇一八年九月宣布將辭去阿里巴巴的董事長職位，專注於慈善事業，儘管他才五十多歲。也許他相信，在個人與他的公司之間創造一些分割，也許在自己站錯政治路線時，有助於保護公司。當然，在這一切的背後，他保留了強大的影響力。他從未真正從聚光燈下隱退，而他華麗的演講風格也將繼續成為頭條新聞。對於騰訊與螞蟻金服等私人金融科技公司來說，較低風險與較多控制的轉變就意味著厄運臨頭。

金融科技在政治命運中的另一個轉變是它的主要保護者：中國人民銀行行長周小川，他在二〇一八年三月從創紀錄的十五年央行行長任期限制退休。作為延續的象徵，接任的是他最親近的門生之一，也是堅定的改革者易綱。易綱曾在美國讀書與工作大約十五年，對於如此敏感的職位，他是一個出人意料的人選。一九八二年，易綱畢業於哈姆林大學（Hamline University），之後在伊利諾大學（University of Illinois）取得博士學位，並於一九八六到一九九四年在印第安納大學（Indiana University）擔任經濟學教授。易綱沒有被任命為中國人民銀行的黨委書記，這表示他的地位不如周小川，因為周小川兼任行長與黨委書記。易綱也缺少周小川擁有的強大政治人脈。身為太子黨，周小川在整個職業生涯都與黨機器關係密切。儘管周小川在退休後仍保有影響力，但是金融科技的政治高層支持度持續減弱，如果餘額寶不是在二〇一三年推出，而是在二〇一七年，可能馬上就會被禁止。

顛覆與競爭不再是行得通的策略，因此金融科技需要一個新的策略，才能在習近平的

「新時代」生存下來。想法之一就是把公司的資金、專門知識與技術帶到國外，把已經帶給中國的技術革命送到適合的市場。

第六章

中國金融科技紅到海外

「不要信用卡，我們只收支付寶或泰銖。」

我在二〇一七年到泰國度蜜月的時候，才充分意識到中國金融科技的故事對全球造成的影響。便利商店貼有接受支付寶的標誌，就貼在信用卡公司標誌的旁邊，但當我要用威士卡付款時，店員卻告訴我：「其實我們只收支付寶或泰銖。」我很納悶，在美國支付公司目前主導的情勢中，中國的金融科技是否能取得進展。由於大量高消費的中國遊客在疫情發生前已經把超級應用程式帶到國外，世界各地的商家爭先恐後地接受支付寶與微信支付。法國支付巨頭 Ingenico 的一位高階主管曾經把不接受支付寶的商家比喻為：「不提供空調的車子。」[1]很快地，幾乎任何可以購物的地方，線上與實體、新興市場與工業經濟體中，即使不接受美國信用卡，也可以接受支付寶與微信支付。

想要了解中國金融科技對美國的影響，其在海外的命運可謂至關重要。關鍵問題是，美國今天在全球金融的主導地位，是否與支付寶曾經主導線上支付相類似——在微信紅包採用新技術並以超出預期的速度擾亂領先的支付寶之前。如果事實證明，它只能在中國取得成功，就不會對已經習慣主導全球的美國金融機構與科技巨頭構成真正的競爭威脅。如果中國的金融科技創新只能在中國獨特的環境站穩腳跟，其他公司可能就不會仿效它的作法。然而，如果支付寶與騰訊設法取得大量的海外用戶群，他們就有了全球支付與金融網絡的基礎，這將提供美元與美元交易機構另一個選擇，就像在二〇一四年，微信的社群優勢成為攻擊支付寶的關鍵立足點。從國家安全的角度來看，如果無法保證敏感資訊不會落入中國政府手中，那麼中國的公司收集外國人的敏感資訊就可能成為一個嚴重問題。

馬雲的願景是應用螞蟻的技術改變全球的金融作業。在二〇一七年的達沃斯會議上，螞蟻集團執行長井賢棟說：「我們的願景是要讓螞蟻金服成為全球性的公司……。而我的願景是希望在未來十年，為二十億人提供服務……。」[2]螞蟻與騰訊在海外擴展業務的方式是，透過投資以及與其他國家的金融科技公司合作，並與支付處理商和接受其QR code的商家簽約。就在井賢棟於達沃斯演講後的幾年裡，螞蟻集團為了購買亞洲、南美、歐洲金融科技公司的股份，砸進了數十億美元。

中國的打壓到目前為止限制不了國內金融科技的全球野心。在中國大陸以外，有五十六個市場接受支付寶與微信支付付款，而且微信聲稱外國用戶已有數億人。雖然還有數億個中國農村人口並未融入金融科技的生態系統，但對金融科技來說，最有前途的未開發地帶是中國邊界之外的世界。中國的金融科技可以為世界其他地區作出很多貢獻：技術、人才、資金，以及不曾明說的專業知識。中國金融科技公司已經在全球化達到初步的成果，但他們也在海外市場本土化、國家安全疑慮與保護主義方面遇到麻煩。現在要說他們在中國境外有多成功，還為時過早。

螞蟻與騰訊透過三個策略在海外擴張：讓外國商家能夠接受支付寶或微信支付的協議、出口他們的中國品牌／程式，以及投資當地的合作夥伴。

第一個是最成功的策略，讓人們離開中國時仍然和超級應用程式黏在一起。微信支付與支付寶的接受度成長快速，但這兩家仍遠遠落後於美國信用卡巨頭。由於付款的用戶都是中國人，看起來像是全球擴張，不過基本上還是服務中國國內市場。

第二個策略在吸引中國以外的用戶上，目前為止成效有限。微信支付已經在南非、馬來西亞與香港等地開設當地錢包，然而這些努力到現在尚未得到很多用戶。

螞蟻與騰訊也遵循了第三個策略：大量投資世界各地的金融科技公司，並建立深厚的策略夥伴關係。由於螞蟻的投資從二〇一五年才開始，而且對國外消費者刻意避開會彰顯中國品牌的收購方式，所以到目前為止，都沒有引起太大注意。代替的作法是，螞蟻持有當地大量金融科技公司的少數股權，它的合作夥伴則試圖把中國的超級應用程式模式拓展到印度、泰國與韓國等地。與此同時，螞蟻的子公司阿里巴巴則在世界各地收購電子商務與物流公司，之後就可以整合財務方面，就像它在中國做的那樣。

金融科技巨頭與新公司基於三個理由向海外發展。首先，中國的監管打壓與大眾對隱私問題的強烈反彈，已經成為中國的成長障礙，並成為銀行的成本。其次，中國的新用戶成長已經趨緩。大部分熟悉數位產品的中國人已經在用支付寶與微信，為了取得用戶，這兩者通常會投入大量補貼，這種作法在快速成長的市場是合理的，但並不是一個持續的長期商業策略。不過，在海外，兩者在不傷害對方的情況下，都擁有擴張的空間。東南亞和其他地方的金融科技正在成長，金融體系中的新數位化空間比中國剩餘的空間要大得多。第三個向海外發展的原因是，至少在新冠疫情之前，中國的客戶會到各地旅遊。一個在國際間更好用的超級應用程式，在中國境內也會得到優勢，即使用戶離開中國，同樣能保證他們永遠不會丟下使用中的超級應用程式。而且還可以獲得海外產生的數據與交易費用，這能給中國帶來更好的產品與利潤。

到處都可以用

藉著與海外的商家簽約，支付寶與微信支付不僅可以滿足客戶需求，還能收集更多數據，並進一步控制全球的支付網絡。在國外旅遊、讀書或工作的數百萬中國人，並不想回到過去的付款方式。聯合國估計，中國遊客於二〇一七年在國外花了將近二千六百億美元，幾乎和美國、德國與法國遊客加起來的金額一樣多。[3]然而，僅是支付方式在海外被接受，還無法深入滲透其他國家的金融體系，因為必須依賴當地的合作夥伴處理付款作業。

支付寶及微信支付透過與商家的支付系統公司合作，提高了自己的被接受度。（支付寶把用戶的人民幣轉到支付處理商的帳戶，由此進入外國的金融體系，最後進入商家的帳戶）不像以近場通訊技術為基礎的谷歌錢包與蘋果支付，商家大致上都能使用現有的銷售點終端機掃描或生成 QR code 與條碼。二〇一六年八月，支付寶開始與歐洲最大的支付通路 Ingenico 合作，讓身在歐洲的中國遊客能像在自己國家中一樣使用程式。[4] 到了二〇一七年，支付寶聲稱已經獲得一萬家歐洲零售商的認可。支付寶在二〇一六年十一月開始進入美國，嘗試和第一資訊（First Data）合作。一開始是在加州與紐約的奢侈品商店推出，但很快就進一步擴大了。第一資訊的四百萬個商家在現有的銷售點終端機上點幾下，就可以接受支付寶的 QR code。

儘管蘋果支付領先多年，但當時僅有四百五十萬個美國商家接受，而支付寶一下子就在美國輕鬆達到差不多的商家數量。[5] 支付寶成功複製了在中國擴張經驗的一個關鍵：商家容易接受且低成本。問題在於，它是否能利用這個位置，在美國金融公司的地盤上向他們挑戰。支付寶最初有這個野心，但在遇到意想不到的抵抗之後，很快就退縮了。現在，它僅專注在去美國參訪或居住的中國人。支付寶的目標是要成為「中國旅人到任何國外城市的當地嚮導」。[6] 中國人可以在支付寶程式裡規畫大部分的行程，像是中文地圖上標示了接受支付寶的商店，使用起來非常方便。

東南亞很多國家接受中國的超級應用程式，包括泰國、越南與新加坡。這些超級應用程式在非洲也很活躍。中國的企業也銷售東西給非洲人，他們開始在當地大規模營運，並服務在那裡工作的中國勞工，建造由中國「一帶一路」資助的大型基礎設施專案。二〇一八年，非洲的 **M-PESA** 與微信支付結合，允許用戶把錢匯回中國，大概是為了付款給中國商家來進口商品。二〇一九年四月，另一個合作夥伴讓支付寶與微信支付都可以在肯亞、烏干達、坦尚尼亞與盧旺達使用。[7]

一旦付款不限於實體，例如卡片與現金，就幾乎不可能限制在一個國家使用，即使身處在支付寶與微信支付並未正式營運的地方，還是可能會使用這兩家公司的支付系統。他們在尼泊爾就遇到了類似的麻煩，因為當局發現，商家使用與中國銀行帳戶有連結的 QR code，接受中國遊客的付款。[8]雖然遊客與商家實際上是在尼泊爾，但是 QR code 掃描動作只是把人民幣從中國的一個帳戶轉到另一個帳戶，沒有資金流入尼泊爾的銀行體系，也沒有文件紀錄，當然也沒有向稅務機關報告。兩家公司都試圖遵守尼泊爾中央銀行在二〇一九年五月對這類支付的禁令，主要的作法是：只要程式的地理位置顯示使用者是在尼泊爾，就會停止程式的支付功能。然後，他們開始努力合法進入尼泊爾，但是這個事件說明，中國的創新以及一般的網路服務，勢必會滲透到其他國家，不管這些國家是否想要。

支付接受度目前的影響有限，但可以作為增加外國用戶數量的基礎。支付是雙向市場，任何業者都需要廣泛的商家接受度與用戶，才能在市場上競爭。支付寶與微信支付在二〇一七年十一月宣布，允許來到中國的外國人將超級應用程式連結上外國信用卡，並且不要求擁有中國的銀行帳戶，他們希望藉此開始增加用戶。這個行動可能與二〇二二年的北京冬季奧運有關，目的是想要避免發生這樣的事：沒有超級應用程式就很難在北京支付任何費用。然而，北京後來將這兩款超級應用程式排除在奧運村的付款工具之外，並將國際的聚光燈放在政府新的數位貨幣上（第八章會探討），這是北京轉變優先事項的一個微兆。北京希望，這種新貨幣連同超級應用程式，將會擴大人民幣在國外的使用。

投資當地夥伴

第二個擴展方法是螞蟻所說的：「透過技術轉移與當地夥伴合作。」[9] 螞蟻不是招募國外的支付寶用戶，而是與當地的金融科技公司結合，把技術與專業知識轉移給對方。騰訊也是這樣做，在巴西與阿根廷投資當地金融科技公司。螞蟻選擇的當地合作夥伴類似早期的支付寶，這個夥伴隸屬於更大企業的金融科技公司。中國的金融科技經驗能證明，一家已經擁有現有用戶群、政治庇護與資本的公司，進入支付市場後能發揮的力量。

螞蟻第一筆重大的外國投資是在二〇一五年，當時對一家印度電信公司投資了大約五億美元，這家公司是One97 Communications，是印度行動支付與數位錢包PayTM的母公司。[10]印度似乎是中國投資最明智的灘頭堡，因為很多印度公司已經使用阿里巴巴平台來銷售商品。就像電子商務對支付寶來說，既是明確的使用實例，也是一個用戶來源，PayTM可以將One97的電話服務付費用戶，轉為第一批使用者，然後再提供他們更多的金融服務。

每週至少有四十位螞蟻的員工飛到印度，幫助PayTM升級技術，減少詐欺事件，以及更快速地擴大規模。[11]螞蟻說服PayTM仿效中國模式，成為以QR code作為基礎的新興超級應用程式，如此一來，印度的PayTM用戶就可以不帶錢包，用手機付錢給實體商家、搭乘地鐵或取得貸款。螞蟻的投入對PayTM很有幫助，在螞蟻投資後的十二個月內，用戶從二千萬成長到一．二億人，並在二〇二一年年底，以將近兩百億美元的估值上市。PayTM現在擁有超過三億用戶。[12]

合作夥伴關係並非沒有遇到問題，這顯示出中國金融科技在全球擴張時，將會面臨的文化難題。二〇一六年年初，螞蟻為了將員工逼到極限，特別設計「三板斧」的馬拉松式問題解決會議，到杭州參訪的PayTM團隊氣沖沖地奪門而出。這種會議會無間斷地進行三天三夜，他們的崩潰讓螞蟻團隊了解到，強迫印度新同事「體驗」其獨特的高壓文化，實在太強硬了。[13]因為全世界都知道QR code不安全，PayTM最初對此也是抗拒的，螞蟻帶著PayTM的高階主管到杭州，看看正在運作的QR code支付系統，讓他們知道這在中國運作得多好，以及可以做得多安全，因而克服了阻力。

螞蟻擁有在二〇一六年年初募集到的四十五億美元資金，於是繼續在菲律賓、印尼、巴基斯坦、孟加拉，甚至美國，瘋狂投資金融科技公司。由於技術轉移的深刻本質，以及它對PayTM的影響，這些都顯示出，螞蟻已經成為關鍵的策略夥伴，它的貢獻遠遠超過資本本身。

對當地監管機關與用戶來說，螞蟻的合作夥伴是由當地人經營的本土公司，但他們實際上有多「本土」，並不清楚。大部分的策略眼光以及後端的技術與系統，都是由阿里巴巴或螞蟻所經營，或至少是由他們設計的。二〇一九年一月，支付寶的官方微博宣稱，它的用戶已經達到十億人。這個數字是把中國的支付寶用戶與它所謂「支付寶的九個當地版本」的用戶合併計算。[14] 如果一個PayTM或Ascend Money（螞蟻投資的泰國金融科技公司）用戶就算是一個支付寶用戶，那麼從長遠來看，這些程式會有多獨立？即使出於政治顧慮讓螞蟻無法將這些錢包合併到一個全球支付寶超級應用程式，然而螞蟻把自己投資的程式納進一個全球支付網絡中，也是很自然的。

向海外擴展的金融科技企業家（與點對點騙子）

中國金融科技的優缺點正在轉移到世界其他地方。中國轉趨嚴格的監管措施，加上螞蟻金服與微信在國內的霸權地位，這促使較小的金融科技公司轉向去其他地方嘗試自己的模式。螞蟻投資的印尼金融科技新創公司Akulaku的創辦人，就是一個在中國得到經驗但在印尼成立公司的企業家。

負面的影響則是，一旦點對點借貸平台學到如何在網路接觸用戶，就能把他們的詐騙手法搬到其他國家，包括印度、越南與印尼，成為這些地方監管機關的真實挑戰，而且不得不訴諸中國式的網站封鎖手段。點對點平台是全球重大轉變的一個象徵：中國現在太大，也與國際有互動關連，所以其國內問題無法限制在國內，最後勢必會波及到其他地方。中國沒有能力管理國內鋼鐵市場的供應，導致供過於求，造成全球價格暴跌，進而扭曲了世界各地的市場。同樣的情形，中國沒有能力應付非法的點對點借貸，這已經導致中國的問題影響到其他國家。

二〇一七年四月，螞蟻金服與美國支付公司 Euronet 展開了一場激烈的投標收購大戰。獎品是速匯金（Money-Gram），這家美國公司在兩百個國家擁有三十五萬個代理據點，從事匯款與跨境支付。如果贏了，螞蟻馬上就可以變成一家全球性公司，擁有數十億客戶以及在中國境外的金融機構夥伴關係。從佛羅里達匯錢到委內瑞拉的移民，把錢匯回阿肯色州的美國軍人，都將成為中國支付網絡的一部分。螞蟻還可以迅速撈到各種許可證，讓它可以在美國各地提供付款服務，這很可能演變成在威士卡與萬事達卡的地盤上與其較量。螞蟻在最後一刻以十二億美元的出價獲勝，但是仍然面臨美國國家安全的審查。在這項合併案宣布後不到一年，螞蟻放棄了。美國外資投資委員會（Committee on Foreign Investment in the

United States，CFIUS）確信，這筆交易會損害美國的國家安全。如此引人注目的交易失敗說明一件事：對中國的金融科技公司來說，走出去可能不容易了。在中國以外的地方，很多國內的優勢不僅變得無濟於事，可能本身就是障礙。

微信試圖在海外市場推銷其國內品牌的應用程式，但缺少用戶群以及國內的支持系統，螞蟻如果想要把支付寶推廣給外國用戶，也會遇到同樣問題。在任何網路能發揮作用之前，必須從頭做起，那麼適應當地市場的問題就更難克服。微信本身在中國的成功很大程度要歸功於QQ。人們可以輕鬆地把現有的QQ好友加到微信網絡，用戶反過來能幫助吸引其他企業成為合作夥伴。為了在海外取得進展，中國的應用程式將必須與臉書等公司、以及當地的電子商務公司爭奪市場占有率，但臉書在通訊軟體與遍布世界各地的社交網路上，早已遙遙領先微信，而當地的電子商務公司也與賣家、商家及物流網路建立關係了。到目前為止，在社群媒體業務上，TikTok是唯一能與全球及臉書互相抗衡的中國競爭者，但它基本上是一個娛樂性的短影音應用程式，還沒有清晰的跡象顯示能成為超級應用程式。

微信在印度的出現變成一則令人警惕的故事。二〇一二年，它以印度名人為特色推出廣告活動，在頭幾個月，超過兩千萬印度用戶加入微信。廣告活動打造出適應印度的文化與環境，但程式沒有。微信不如WhatsApp好用，當中的「附近的人」功能開啟了位置訊息共享，這讓婦女面臨到「騷擾問題」——收到來自男性的不受歡迎訊息。[15]印度的智慧型手機用戶所擁有的手機沒那麼先進，數據服務也比中國更不可靠、更昂貴。超級應用程式需要大量記憶體與昂貴的數據，因此微信沒有簡單的WhatsApp方便，WhatsApp現在主導著印度市場。微信遇到的挑戰呼應了外國巨頭像是eBay與阿里巴巴競爭的問題，特別是沒有為另一個國家的市場調整應用程式的設計。在這種情況下，美國的公司在印度市場調整得更好。

二〇一三年六月，更大的挑戰來了。印度政府透露，基於國家安全的理由，考慮禁止微信，印度用戶才意識到這個應用程式是中國人的。當時美國的公司像是WhatsApp也被懷疑，當地媒體報導：「它是一家中國公司，因此讓安全機構更擔心。」[16]二〇一五年十月，活躍用戶下降到六到八百萬，大部分的當地團隊也解散了。騰訊後來投資一家當地業者Hike，但在對抗臉書與WhatsApp方面沒有什麼進展。對一家在母國市場中習慣於主導地位的公司來說，這不是一個順暢的開始，而印度當局的安全疑慮只會越來越嚴重。曾經在印度流行過的大多數中國程式，現在都被禁了。

微信在二〇一三年擴展到南非，但無法削弱WhatsApp的市場主導地位。從二〇一四年以來，臉書擁有了WhatsApp。另一邊，微信在巴西也沒有斬獲。微信在中國的成功是以一個聊天程式開始，然後慢慢增加功能才變成一個超級應用程式，這個策略到了海外就反轉了，因為騰訊試著把用戶拉進一個具有超級應用程式功能的聊天產品，結果證明行不通。騰訊在南非的合作夥伴承認其中的困難：「因為聊天產品的競爭太激烈了，在任何產品成為主流之前，都需要一定的觀眾參與度。」[17]

儘管募集到數億美元，騰訊投資的印度公司Hike艱辛地學到這個經驗。二〇一九年一月，它宣布，將從超級應用程式模式改變方向，為其關鍵功能發布獨立的應用程式。Hike會「取消核心之外的部分實驗功能，為產品帶來更聚焦與更被需要的便利性」。[18]騰訊在國外遇到的麻煩也許可以證明超級應用程式模式不能從頭開始建造，或者比起中國，它就是比較不適合其他市場。超級應用程式的模式似乎是一種全有或全無的現象，只有在其他關鍵市場已經取得主導地位時，才可能會有效。因此，在中國公司能順利於國外打造出這樣的主導平台之前，中國的金融科技公司只能對美國的支付公司與美元構成最小的威脅。

超級應用程式的設計是盡可能連結用戶的眾多生活面向，收集並使用即時位置、連絡人與財務健康等敏感資訊，同時連接到一個國家的關鍵金融基礎設施。如果一款中國程式得到如此大的權力與用戶相關資訊，它是否還能拒絕中國政府高層要求它提供在其他國家收集到的資訊？

螞蟻還有很多國有股東（state-owned shareholders），讓中國政府成為間接的部分所有者。螞蟻在二〇一五與二〇一六年募集到數十億美元的融資輪，部分目的是要提供它進行海外擴展的資金，其中包括了中國的主權財富基金（sovereign wealth，譯註：相對於私人財富，是由政府控制且通常以外幣形式持有的公共財富），以及社會安全基金、國家開發銀行（中國「一帶一路」倡議的主要資助者之一）、最大的國有銀行中國建設銀行，和國家支持的主要保險公司。

隨著中國共產黨將觸角伸進民營企業，賦予黨委更大的影響力，並迫使企業符合它的優先事項，中國的公司可能會發現更難追求純粹的商業利益。二〇一八年，螞蟻為了「全球化與技術創新」，達成創下紀錄的一百四十億美元融資輪，列出十四名外國投資者的名字，但對國內參與者卻提得很少，只是輕描淡寫地提到：「主要是現有的股東。」然而，美國的國家安全審查扼殺了螞蟻對速匯金的收購案，由此幾乎可以肯定，螞蟻的眾多中國國有股東一定是個麻煩。[19]

另一方面，金融科技的監管歷史顯示，像阿里巴巴與騰訊這樣強大的公司，即使最近的監管重置讓他們的權力已經大幅削減，但也不能被簡化為是國家的純粹工具。他們已經閹割了政府的法規，而他們對科技的思考也影響了政府的政策。警方有官員指出，阿里巴巴這類公司曾拒絕提供他們認為不合理的數據給政府。[20] 共產黨需要像這樣的公司繼續壯大，以實現經濟目標，並觸及科技發展領域中尚未開發的處女地。阿里巴巴與騰訊知道，如果他們的風評是與國家共享外國用戶的隱私資訊，國外的監管機關與用戶就可能會封鎖他們。身為象徵中國崛起的國家冠軍企業，以及渴望在國外被視為單純的商業實體，他們與政府之間的緊張關係變得越來越難應付了。

中國的金融科技巨頭擴展到海外時，面對外國競爭便無法依靠政府的保護。其他國家在面對更強大的外國競爭時，當然也會保護自己的本土金融科技公司。這些國家從中國的經驗裡不只看到超級應用程式的力量，也學到務必要確保外國巨頭不能扼殺本土公司剛萌芽的進展。以印尼為例，一名中央銀行官員談到中國的金融科技公司時說：「所有的全球業者都可以將自己的支付工具帶到印尼。」但是螞蟻與微信僅限於外國用戶與外匯業務使用，正如中國大致上把威士卡、萬事達卡與美國運通卡排除在中國市場之外一樣。[21]

螞蟻與中國在其他國家受到的對待，和雅虎及軟銀（SoftBank）在二〇一〇年進入中國時相同。由於阿里巴巴有很多的美國與日本股權持有者，因此中國的監管機關不讓線上支付市場受到阿里巴巴的控制，那麼，其他國家為何要讓自己的市場受到一家以中國股權持有人為主的公司所控制呢？

微信與螞蟻在本土化與國際擴張上面臨失敗，保護主義也可能是原因之一。臉書與谷歌等公司在中國被封鎖，所以中國的科技公司與其競爭的經驗很有限。龐大且受到保護的國內市場幫助他們達到巨大規模，但他們可能變成一種在孤島上獨特演化的物種。正如微信的聊天產品無法吸引外國用戶，阿里巴巴在國外電子商務的努力也是困難重重。在印度，亞馬遜和沃爾瑪（Walmart）旗下的Flipkart，遙遙領先阿里巴巴投資於PayTM的電子商務部門，儘管有來自螞蟻的協助，該部門自從公開募股以來，仍在苦苦掙扎。[22]

儘管中國的金融科技巨頭與科技業者一直非常善於調整國外的技術與模式，以適合中國的市場，但他們卻很難調整中國的技術與模式去適應國外市場。當臉書提出大膽計畫——變身成為世界的微信，全世界可能都會發現，中國金融科技也許只是以想法與靈感的形式拓展到世界各地，而不是成為直接的競爭對手。

臉書把中國金融科技帶到世界？

當中國正在質疑讓大型科技公司進入金融領域是否明智時，臉書創辦人兼執行長祖克柏提出了一個計畫，想透過臉書的全球社群網路將中國的金融科技模式帶到全世界。二〇一九年六月十八日，臉書發布了一份白皮書，宣布要組建一個聯盟，用來推出天秤幣（Libra）的「全球貨幣與金融基礎設施」計畫。部分目標是要為臉書的數十億用戶建立一個支付網絡，而天秤幣的企圖是：當要匯錢到世界任何地方時，能像「發送」一則訊息或分享一張照片」一樣便宜且容易。天秤幣將會是一種「穩定幣」（stablecoin），是一種兌換主要貨幣（例如美元、歐元、英鎊與日圓）時，具有穩定價值的數位貨幣。每一個天秤幣都會由這些貨幣的資產池（指一種特定的資產組合）所支持，而它的價值會隨著這些資產變動。如果順利推向臉書的二十四億用戶，天秤幣可能會在一夜之間改變電子商務與金融現狀。

天秤幣代表矽谷對微信超級應用程式的力量嫉妒到了巔峰，於是企圖讓臉書在全球扮演微信在中國的角色。正如中國金融科技繞過國內未開發的現有金融基礎設施，天秤幣也會打造一個由技術支持的替代方案，以取代緩慢且昂貴的跨境支付系統。天秤幣代表著一個技術烏托邦夢想：網路消除了人們在空間上的邊界，它可以形成一個超國家貨幣。美國的旅人可以在歐洲或日本使用天秤幣，在全球銷售商品的電子商務公司可以用天秤幣報價、支付、接受付款，不必在不同貨幣之間轉換，因此也永遠不會離開臉書的生態系統。

同時，臉書會好整以暇地收集與掌控它上面的支付及商務產生的寶貴數據。對一家科技公司來說，這樣的力量將是前所未有的，因為微信到目前為止只在中國境內這樣做。臉書知道，沒有人會信任它能夠單獨營運天秤幣，因此它將天秤幣的運作設計為去中心化的系統，臉書只是眾多利害關係人之一，但是全世界政治人物對於臉書嘗試說服自己不會控制天秤幣，置若罔聞。

監管機關還沒有準備好如何因應這個想法。美國聯準會主席傑若米・鮑威爾（Jerome Powell）告訴國會，天秤幣「點燃了一把火」，迫使聯準會承認金融領域的大型科技公司正在「快速發展」。[23]此時，大型科技公司在金融領域的崛起大致被認為是中國現象，對西方的影響不大。研究人員與政策制定者對中國發生的事情很感興趣，但大多被認為是對中國的好奇心。

美國官方多年來錯過了臉書在這個方向明確傳達的訊息。二〇一四年，臉書聘請了當時的PayPal總裁大衛・馬庫斯（David Marcus）經營Messenger。進入公司之後，馬庫斯就說微信「很能啟發靈感」，並開始在Messenger添加類似騰訊平台的功能。二〇一九年三月，祖克柏宣布了臉書的新方向是脫離公開的動態消息，專注在私人的傳訊服務，並且要為全球數十億用戶將商業與金融整合成一個平台。[24]臉書的「新」方向與微信在中國取得的成就很類似，祖克柏曾對一名記者說：「要是我四年前聽你的建議就好了。」因為這名記者在二〇一五年的一篇文章裡，就催促臉書要向微信學習。他幾乎承認這個想法的靈感是根據微信的產品。[25]

在全世界所有必須消化理解天秤幣專案的官員中，最有充分準備的可能是中國人民銀行，因為它已經和金融領域的大型科技公司搏鬥好多年。G20國家集團馬上動員金融穩定委員會（Financial Stability Board，FSB），提出對「全球穩定幣」的風險報告，以及如何因應的建議。由於天秤幣將會設在瑞士，美國監管機關擔心會發生透過天秤幣的洗錢行為。由於無法確保天秤幣不會「製造」比其資產更多的數位貨幣，他們擔心，如果天秤幣在沒有適當監管下在全球商務變得不可或缺，就可能會發生全面性的金融崩潰。

正如中國人民銀行已經把關心領域擴大到隱私與競爭，在劍橋分析公司（Cambridge

Analytica）醜聞事件（譯註：二〇一八年三月，該公司不當取得臉書八千七百多萬用戶的個資，受到輿論大力抨擊）之後，已經對臉書深表懷疑的西方國家，考慮是否應該允許天秤幣繼續進行，同時把全部注意力集中在這些關鍵問題上。法國財政部長表示，歐盟應該封鎖天秤幣，並打造一個公共的數位貨幣。[26] 同時，較小的國家以及貨幣不太穩定的國家則看到金融風險，擔心自己將會失去貨幣主權，如果國民為了更穩定的天秤幣而拋棄當地貨幣，他們的經濟將會崩潰。對大多數國家來說，在全世界採用中國的金融科技模式，這是一個可怕的前景。

基於充分的理由，全球還不願意採取中國的策略——在沒有現成的監管機構允許下讓大型科技公司進入金融領域。在一波批評聲浪後，臉書非常擔心自己的聲譽，所以在可以解決這些問題之前，它不會推出天秤幣。而天秤幣創意的主要贊助商PayPal、威士卡、萬事達卡及其他業者，也一個接著一個撤出。金融穩定委員會僅針對金融穩定問題就花了一年半時間才提出最終報告，留下隱私、洗錢、網路安全與競爭／壟斷等問題，沒有給予解答。在本書撰寫期間，國際清算銀行正在探討這些問題，但也仍未解決。天秤幣想要打造一個新的全球貨幣，這個目標已經消失。臉書已經將它的數位貨幣錢包計畫更名為「Novi」，並開始另一個計畫，要用另一個數位貨幣處理美國與瓜地馬拉之間的付款作業，因為它是用一組國與國硬幣的作業方式，臉書希望將會改善緩慢且昂貴的跨境支付。

天秤幣專案遭到阻力，但它仍然暗示著，中國金融科技可能會比一般認知的更快走向世界其他地方。它象徵著在創新與觀念的流動中，一個被廣泛低估的重大變化，對美國在金融與技術領域的全球領導地位帶來令人擔憂的影響。數十年來，看看矽谷，就是看到世界其他地方的未來，並啟發著中國等地的模仿者，但對金融科技來說，這個趨勢正在反轉。中國的微信反而為美國提供一個未來的樣貌，因為祖克柏這類技術領導者也定下這樣的目標：複製超級應用程式在中國的成功。隨著科技與金融越來越相互交織，監管機關渴望更新二十一世紀的過時模式，因此研究中國變得至關重要。

第七章

科技抵制潮

「作為中國非國有的機構，螞蟻不被允許成長得太大而無法管理。」

阿里巴巴、螞蟻集團與騰訊的共同命運是一把雙刃劍。金融科技的超級應用程式意味著無法匹敵的數據、資本、技術能力、用戶，以及優越的政治地位。當科技與金融科技被視為創新及成長的關鍵貢獻者時，是不可以批評他們的。但是當中國開始對大型科技公司強烈反彈時，金融科技就與線上叫車、線上家教以及很多行業一起受到衝擊。防範金融風險、推動隱私與反壟斷等動作，形成了圍攻行動。鎮壓的壓力至少從二〇一八年起就開始醞釀，但並沒有造成立即的轉變，因為遍布在中國龐大官僚機構的監管機關還須協調，而且在挑戰擁有如此強大影響力的公司之前，也須高層簽核。

科技抵制潮始於對隱私的需求。中國人已經受夠了自身最敏感的數據被自由買賣，讓財務與甚至生命處在危險之中。下一個擔憂是競爭：中國人民銀行擔心，引進大型科技公司打破國有銀行的壟斷，可能會導致問題更大的技術壟斷。然後還有非法的線上借貸平台紛紛倒閉，並因此引發抗議與龐大的損失，令人開始質疑金融科技是否是推動金融進步的一股力量。隨著政治環境變得不再友好，螞蟻與其他金融科技公司也調整成較不那麼顛覆，並使用他們的技術與用戶幫助傳統的金融體系。接著，臉書對於全球數位貨幣的提議，也加速中國推動由國家支持的數位貨幣計畫，而這可能會奪走私人金融科技帝國的關鍵地位——他們在支付扮演的角色。

在新冠疫情席捲中國時，超級應用程式的影響力與技術能力變得無人可以取代。支付寶受到徵召，制定了決定數百萬中國人在疫情解封期間自由移動的編碼。微信支付則為地方政府發放消費券，希望大眾能夠重新開始消費。然而，儘管有明顯的效用，但大型科技公司與馬雲個人的聲望都在下跌。大型科技公司的員工對工時過長怨聲載道，新創公司對巨頭的壟斷作法忿恨不平，而大型科技公司強烈控制著人們在程式上可以看到的資訊，也引起額外關注。

在這一切的轉變中，隨著社會越來越資本化，房價持續飆升，像馬雲一樣致富的機會似乎很渺茫，馬克思主義的思想在這些挫折中復興了起來。新的法規不斷推出，但主要是堵住之前規則的漏洞。大型科技公司似乎仍然無可撼動，還擁有強大的政治支持，但其地位正在式微。

要求隱私

二〇一八年三月，中國第一大搜尋引擎百度的共同創辦人兼執行長李彥宏，站上了中國發展高層論壇的講台。他以為自己對中國技術優勢的一個概略看法是毫無爭議的，但卻掀起一場風暴。李彥宏說：「關於隱私，中國人更開放，或沒有那麼敏感。如果他們能用隱私交換安全、便利或效率，在很多情況下，他們會願意這樣做。而我們就能更善用這些數據。」[1] 李彥宏的評論反映出當時的主流思想，但也觸及了一個敏感的話題。某項研究把願意分享數據稱為中國「電子商務與數位銀行成就的社會基礎」。[2] 儘管很多人喜歡這種便利，但中國人認為，在放棄數據上，他們沒得選擇。官方媒體《人民日報》發表文章指出，李彥宏「受到嚴厲批評」，並引述百度用戶對李彥宏的指稱「卑鄙」。[3]這場騷動期間，我想起一年前一位金融科技高階主管對我提到的評論：「隱私是你們西方人的一種奢侈品。」

中國擁抱著金融科技與線上生活，產生了超過十億人、堆積如山的數據。支付程式生成了交易數據；借貸程式搜集連絡人、位置、收入以及更多的數據；電子商務程式儲存了人們購買與配送地址（也知道人們往情婦家送的東西）的相關數據；而社交程式可以重建一個人的社交網絡與他們的對話內容。容易取得數據對金融科技很有幫助，因為任何新進者都可以購買數據來訓練人工智慧演算法。到處發送的貸款拖欠黑名單，也可以幫助新的放貸業者避免因不良信用風險而損失金錢。

波士頓顧問集團（Boston Consulting Group）在二〇一四年的一項調查發現，只有五〇%的中國用戶認為在線上分享個人資訊必須小心，遠低於全球平均的七六%。[4]這種分享數據的意願到頭來會有反噬作用，導致大眾對大型科技公司感到失望。有些公司收集數據並在灰色市場銷售。即使拒絕這麼做的公司也有不受控的員工兼差賣數據賺錢，或者不得不應付偷數據的駭客，結果就是出現一連串的詐欺事件。二〇一五年，中國互聯網協會的一項調查發現，七六%的網路用戶曾經接到詐騙電話或簡訊，也有三分之一的人因此被騙了錢。[5]另一個研究發現，中國人比美國、英國、德國與印度的消費者更擔心身分盜用問題。[6]

在早期，中國的法律幾乎沒有提供誘因，讓企業與政府更謹慎處理數據。它的數據保護制度是靠各種法律與標準拼湊起來的，對新的科技公司也沒有明確的適用性。直到二〇一四年，任何人因為侵犯隱私的最高罰金是微不足道的一萬人民幣（一千五百美元），對大公司來說，根本是九牛一毛。[7]在金融科技的熱潮中，中國政府面臨到一個困難的取捨，要允許企業家專注於創新而不是寬鬆的法規，還是要對這類困境進行數據保護。一方面，寬鬆的數據控制可以幫助政府達到目標——在大數據與人工智慧領域打造出全國的優勢業者。中國決策者看到，這個行業大多數的領先企業都設在美國，因為美國的隱私與數據保護法律比較鬆懈，而不是設在比較嚴格的歐洲。

然而，持續讓大家自由使用數據，就意味身分盜用與數據外流的風險越來越大。擁有數據時，騙子變得更有效能。一封充滿私人資料的簡訊，例如知道你的身分證號碼，知道你在某個分行有個銀行帳戶，這些都很難令人視而不見。某件電話詐騙說服了山東省一名年輕女性，讓她為了大學學費，把家人的積蓄匯給聲稱能提供經濟援助的教育官員，這件事讓她焦慮不安，以至於心臟病發身亡。[8]這個案子激起了全中國的憤慨。

犯罪分子越容易取得人們的敏感資訊，個人就越容易受到社會的攻擊。在一個案例中，一名政府開發區的總會計師被詐騙，他匯出一．一七億人民幣給冒充政府與銀行官員的騙子。調查人員驚恐地發現，詐騙者擁有的一個硬碟，當中竟然存有超過十萬筆有關金融與政府高階官員的資訊。[9]

數據外流的漏洞是國家安全顧慮之一。如果普通犯罪分子可以取得這些敏感資訊，外國的情報機構一定也可以。在中國，對於隱私的討論經常遺忘這一點：寬鬆的數據規定不僅導致一般人的數據外流，有能力對此採取行動且有權勢的商人與政府官員，他們同樣會遇到這種事。畢竟，他們大部分都和普通人一樣，也使用相同的線上服務。

在越來越依賴數據驅動的經濟中，如何處理隱私與數據保護，是全球激烈辯論的議題，中國現在也加入這場辯論。二〇一七年六月，中國的《網路安全法》生效，這是邁向統合數據保護與隱私框架的最重大一步。不過，關鍵細節仍保留給未來擬定的法規與解釋來確認。[10]

由於中國認為，美國對於數據保護的立場過於寬鬆，但歐盟的規則又過於嚴格，中國希望在美國與歐洲的做法之間找到一個中間立場。歐盟已經把相關作法慎重地載入《一般資料保護規則》（General Data Protection Regulation，GDPR），中國專家認為，該法規限制了歐洲的創新。參與制定該政策的中國專家明確表示，他們希望比GDPR更「有利於商業運作」一點，例如允許公司主張：使用服務就是默認某些數據的使用方式。[11] 關心網路安全並對日益高漲的隱私呼籲（至少民營公司的資料）有敏感度的政府官員，與反對限制收集和使用數據法規的科技公司進行辯論，而消費者團體則試圖要求這些公司承擔責任。

慣性對大公司有利，但在二〇一八年年初的三天之內，涓涓細流般的動作變成了大洪水。北京師範大學刑事法律科學研究院院長，把二〇一八年稱為：「中國消費者對數據隱私重要的覺醒年。」[12] 一月一日，一名登上頭條新聞的傑出商人說，馬化騰「每天都透過微信看著我們，因為他可以想看就看」。[13] 騰訊否認它能夠接觸到用戶聊天紀錄，但它的聲明似乎與《網路安全法》矛盾，因為該法要求，必須儲存關鍵數據至少六個月，並為政府審查內容。[14] 聲稱自己沒有接觸到充滿豐富數據的聊天紀錄，似乎不太可能。

第二天，中國一家法院受理了一個訴訟案，是消費者團體指控百度違反數據保護規定。該團體發現，百度的搜尋程式與行動瀏覽器利用「竊聽」技術，在用戶不知情的情況下，取得用戶的訊息、電話、連絡人與其他數據。百度讓步，並修改了應用程式。[15]然後，一月三日，這波強烈反彈也攻擊了螞蟻。很多支付寶用戶因為快速點擊到一個預設註冊的視窗，而不小心註冊了芝麻信用。這件事在網路引起軒然大波，螞蟻發表了充滿悔悟的道歉，多個監管機關也發出正式警告。螞蟻更改了預設，並「對我們的隱私保護政策立刻啟動一次全面的審查」。[16]

和美國比較，就可以知道這件案子多麼特別。美國人從未同意信用報告公司搜集、儲存以及處理與他們相關的數據，即使駭客暴露Equifax公司寬鬆的網路安全作業，導致數百萬人的財務處於危險之中，他們依然沒有辦法阻止。大部分美國網站的預設是選擇加入，因此點擊過快就會收到一大堆行銷郵件。如果美國人發現，中國人的個人數據在信用評分方面有更多控制權，大多數應該都會感到震驚。

在整個二〇一八與二〇一九年，消費者團體與政府透過審核應用程式的隱私，要求改變隱私作業，甚至逮捕侵犯隱私的人，來打壓科技公司。金融科技的核心是大數據與金融，也是這股打壓行動的關鍵，最後在二〇二一年八月，通過了具有里程碑意義的《個人信息保護法》。[17]然而，究竟要如何實施，還須數年的調整與最後確定。一家專門為人工智慧收集與準備數據的公司，在這些惡劣的侵犯隱私案件爆發後，對於如何解讀中國的隱私標準，以及隱私標準對人工智慧未來競爭力的意義，與中國專家的看法差異很大。[18]一位中國全國人大代表在二〇一九年三月指出：「我們現在面臨的最大挑戰是，定義什麼是個人資訊，以及這類資訊有多少是可以公開的。」[19]

就像金融科技，在不扼殺創新的前提下，需要好幾年的時間處理累積的風險。中國的經驗讓全球越來越意識到監控資本主義（surveillance capitalism）弊端的一部分。[20]中國企業與政府發現，如果他們希望公司可以在國外市場成功或得到營運許可，中國就必須樹立數據的善良管理人風評。

超級應用程式的力量來自線上平台自由流動的數據，這種作法在未來可能會與更嚴格的隱私保護措施發生衝突。即使已經在遊說上盡了最大努力，不斷變化的權力平衡迫使風險較高的金融科技作業受到限制，在數據方面也可能發生同樣的情況。對於百度的李彥宏指稱中國人為了便利而願意遞出隱私，不滿這種說法的中國人，未來可能不太願意與金融科技公司共享數據，如果超級應用程式不再能夠自由共享數據，就可能失去此模式的某些優勢。然而，隱私只是對大型科技公司更廣泛抵制的開始。

中國人民銀行開始質疑大型科技公司

大眾對隱私要求的壓力、習近平對國有企業發展的推動與防範金融風險的努力，讓中國人民銀行轉變立場，它開始反對自己曾邀請進入金融領域與銀行業競爭的大型科技公司。全球也開始覺醒，強大的網路公司對競爭以及隱私所構成的風險，大家都意識到，強大的網路效應導致他們進入的某些市場變成「贏家通吃」的市場。中國人民銀行已經限制了科技巨頭的熱門金融產品，並控制銀行間的支付等基礎設施，但直到二〇一八年十一月，在中國人民銀行高層與前行長周小川的演說後，才真正公開反轉它對金融業大型科技公司的正面積極立場。

明確得到上級授權、宣布政策轉變的官員警告說，大型科技公司對競爭有不良的影響。他們指出，競爭環境從銀行傾斜到大型科技公司，是因為他們擁有銀行無法企及的數據庫與龐大的用戶群。這種情況與二〇一二年相比，已經有如天壤之別，當時的銀行是壟斷者，而大型科技公司只是剛冒出頭的新貴。一位官員稱，科技平台放出一個「陷阱」，在這個陷阱中，科技公司濫用在支付領域的地位，讓小公司借更多錢。[21]

曾經是金融科技保護者的周小川當時發表演說，承認兩個超級應用程式如今擁有牢不可破的主導地位，這並不是他與中國人民銀行想要的結果。雖然他已經退休，但是中國制度的特色之一——黨的元老與退休幹部在任期結束後，仍然保有影響力。即使鄧小平最高的正式頭銜是「中國橋牌協會最高榮譽主席」（橋牌是他最喜愛的紙牌遊戲），不過他仍然是中國最有影響力的領導人。

身為全力邀請大型科技公司進入金融領域的策略架構者，前行長周小川的言論引起了轟動，因為中國官員很少承認錯誤。他採用「帶來更多競爭」的策略，最初似乎和餘額寶一起創造了奇蹟，但反而帶來權力集中的危險，這個認錯是了不起的舉動。他進一步指出，只有具備「公共精神」的私人公司，才能被允許建立與營運支付等金融基礎業務，他隱晦地指出，騰訊與支付寶並沒有這種精神。[22]

這個說法帶給大型科技公司的訊息是：與金融機構正面交鋒的空間將受到限制。相反地，與金融機構合作，幫助更傳統的金融業者升級技術、取得超級應用程式的客戶、管理風險與收集數據，是受到鼓勵的。中國人民銀行與其領導層的結論是：成為金融集團的大型科技公司風險太大。只是，他們還不知道該怎麼做。

中國政黨想要維持由國家控制以及擁有的銀行能居於金融主導地位，加上對大型科技公司的合理擔憂，因此阻止螞蟻進一步以科技方式顛覆金融的野心。中國媒體引用一位知情人士的話指出：「螞蟻作為中國一家非銀行、非國有的機構，是不被准許獨立發展到太大而無法管理的地步。」[23]這個改變提醒了我們，在中國重要的不是法律，而是政治路線。然而，金融科技的故事離結束還很早，它已經適應了新的政治現實。螞蟻以及騰訊與數百家中國金融機構建立新的夥伴關係，提供雲端運算、風險管理、數據分析，以及更多的協助。

之前，大型科技公司是藉著與銀行及其他現有機構競爭，以推動中國金融的進步，但現在轉而提供服務，協助銀行進行數位轉型，這個立場的爭議較少，更聚焦在他們的比較優勢，對現有機構的威脅也較少。螞蟻宣布，它將會更像是一家金融機構的技術提供商，而不是成為一家金融機構與他們競爭。[24]它的目標是將技術服務的收入翻倍，從二〇一七年的三四%，在未來五年增加到六五%，而不再依賴支付與金融服務，它甚至在申請公開募股之前，把公司名稱刪除了金融字眼，變成單純的螞蟻集團。雖然是迫於政治限制，但它宣布專注於技術，絕對不是一個阻礙。螞蟻的估值在二〇一八年飆升到一千五百億美元，二〇一七年的稅前利潤大約二十億美元，部分原因是比起金融公司，科技公司可以在監管較少的情況下更快擴大規模。

著重金融還是著重技術的轉變，帶出了一個重要問題：在金融科技中，「金融」與「科技」之間有清楚的界線嗎？在越來越數位化的金融體系中，科技公司的應用程式、數據以及引導資金流向的演算法，對金融體系來說，也許比提供資金的銀行更重要。前行長周小川可能會同意這種說法，因為他曾說過金融是「一種ＩＴ產業」。[25]

中國人民銀行的轉變預示著，任何擁有像中國這種金融科技行業的國家當局，都會面臨相同的挑戰，對金融監管機構來說，這必須重新思考與對議題做深入探討。他們不僅必須處理單純金融監管的棘手問題，還要理解這些問題與技術及數據監管議題之間的相互作用。

點對點借貸崩盤，敗壞金融科技的風評

線上的點對點借貸曾經是金融科技最被看好的商業點子。但是，到了二〇一七年底，它看起來卻像是一顆定時炸彈。當局曾經提倡鼓勵卻未予監管所導致的失敗，催化了官員改變心態，轉而朝向更嚴格的金融科技監管，而這將逐步增加螞蟻與馬雲的壓力，同時顯示出中

國對金融科技監管採取實驗態度的陰暗面，並說明了其他國家為何不想要仿效，因為社會成本太高了。

點對點借貸行業在二〇一八年五月達到巔峰，來自兩千多家的公司放出了一兆人民幣（一千七百一十億美元）的未償還貸款，但也面臨到崩潰邊緣。[26]當局命令放貸業者要凍結規模或縮減規模，加上每天都有新平台關閉的消息，投資人的信心動搖了。六月十四日，中國銀行保險監督管理委員會（簡稱銀保監會）主席郭樹清，他發出一個異常強烈的警告：任何承諾六%年報酬率的投資應該要受到質疑，超過一〇%就意味著，應該把它視為詐騙並向警方報案。[27]這番話粉碎了有望得到金援的幻想，導致投資人集體撤資，以免留下來面對爛攤子。在郭樹清的談話之後，很多公司都倒閉了，杭州當地政府不得不設置兩間大型體育場館應付各地湧入、害怕又憤怒的投資人，試圖追蹤捲走他們的積蓄並消失無蹤的平台。[28]郭樹清後來估計，投資中國點對點平台的五千萬人，最後損失了大約一千一百五十億美元。[29]

這件事幾乎沒有蔓延到金融市場，但是受騙的投資人威脅到最重要的「社會穩定」，他們為了把錢要回來，策畫大規模的抗議行動。在微信組織抗議活動的投資人懷疑，地方政府與點對點平台勾結，因此無法信任地方官員會積極追回他們的錢。但是，他們並沒有引起北京官員的同情，北京把這些投資人視為：在賭注變糟時惹事生非的賭徒。安全部隊匆匆攔下抵達北京預定示威地點的示威者，並把他們快速帶上前往「黑」牢的一百二十輛巴士。有些投資人失去了所有的寄望而自殺身亡。[30]當局審查與鎮壓抗議的高壓手段付出了高昂代價，但也有助於避免恐慌與傳播。北京拒絕金援失敗的平台也樹立了很好的前例——國家不一定會擔保有風險的賭注。

對金融科技最成功的部分，也就是對超級應用程式來說，最重要的是，點對點借貸的崩潰讓中國政府相信，它需要更嚴格的金融科技規則。由於失敗的平台相對較小，北京算是躲過一劫，但是螞蟻與騰訊經營的業務規模大上好幾個數量級，而且與銀行業的互相連結也更緊密。

馬雲大致上並未讓螞蟻涉入點對點借貸業務，但他知道，這場崩潰對螞蟻是一種間接威脅。他試圖強調螞蟻的金融科技與這些失敗平台之間的差異，他說：「點對點借貸平台一開始就不是網路金融，只是一個擁有網站的非法融資行業。」[31]以此來控制附帶的損害。馬雲是對的，大部分點對點借貸業者根本就不是真正的金融科技。但是這個論點的問題在於，要在事前分辨出真正或假冒的金融科技之間的差異，是極為困難的，如果螞蟻出問題，他們必須清理的爛攤子將非常巨大。

九—九—六勞工抗議與反壟斷

即使是像中國這樣的專制政權也必須考慮民意。大眾對馬雲的支持有助於他在二〇一四年不受監管。然而，到了二〇一九年，當中國人開始了解，超級應用程式帶來的所有便利背後的人力成本，大眾輿論逐漸轉向，開始反對科技巨頭。該年的三月在線上爆發了一場罕見的抗議活動，反對中國科技公司普遍強迫員工每週六天、每天在辦公室從上午九點工作到晚上九點，加起來一週工作七十二個小時，甚至更多，遠遠超過中國法律允許的範圍。這個網站名稱是996.icu，當中的新聞報導都是關於科技工作者被嚴重逼迫，以至於最後被送進加護病房，甚至在二、三十歲就因壓力和過勞而死去（這些抗議者知道，如果把針對大型科技公司的抗議活動消息貼在國內網站，將會遭到審查，所以他們把貼文發到全球軟體開發者的重要資源分享社群GitHub，讓當局的防堵成本變得很高）。

中國的網路對這件事爭論不休，馬雲還火上澆油地說，工作這麼長的時間是一種「機會」與「巨大的福報」，不過，後來一次線上風暴削弱了他的受歡迎度之後，他改變了自己的觀點。[32]網友稱他為「貪婪的資本家」，某個專欄說：「草根力量不再支持馬雲，甚至開始討厭他……。馬雲的敵人越來越多。」[33]他似乎沒有察覺到大眾情緒的轉變，這是很危險的。同時，對於受困在競爭激烈環境的科技工作者來說，一切沒有太大改變。接著，大型科技公司因為對待送貨員這些弱勢群體的方式，再次受到猛烈攻擊。

二〇二〇年九月，微信瘋傳一篇關於送貨員的困難處境的報導。內容重點是，管理司機時程安排的演算法不斷要求效率，逼迫他們不得不冒著生命危險，以達成幾乎不可能做到的緊迫期限，這導致人們越來越把迅速送貨視為理所當然。[34]這篇報導還包括司機在工作期間受傷的圖像。如果司機無法達到自動系統設定的不可能要求，就會被扣工資，導致大約一半受訪司機表示，賺的錢實在太少，根本無法滿足日常所需。一名網友總結這種大眾情緒：「我們在享受（送貨程式帶來的）便利時，就是在剝削司機的安全。」[35]

由於科技公司變成無法撼動的雙頭壟斷，他們逐漸失去人氣。和大型國有銀行相比，他們不再是被打壓的一方，新創公司反而要依賴科技巨頭的超級應用程式來提供資金與配送。阿里巴巴照顧小公司與幫助弱勢群體的風評，現在變成大眾認為他們濫用自身的市場力量。[36]令人驚訝的是，中國在面對競爭與反壟斷時，當局主要是針對更容易的目標下手，例如外國公司，因此儘管兩家科技巨頭規模龐大，四處收購，並沒有面臨真正的控管限制。[37]

中國的反壟斷法從二〇〇八年開始實施，時間點早在大型科技公司形成經濟力量之前。由於結構凌亂，共牽涉到三個部會，他們各自有比反壟斷更優先的事務，所以在執行上受到重重阻礙。[38]因此，針對大型科技公司的反壟斷執法力量極為薄弱。二〇一八年，中國將各部門整合拼湊成一個更強大的市場監管機構，名為國家市場監督管理總局，是邁向更有效監管的第一步。它很快發布了反壟斷法的更新草案，這是該法第一次明確適用於大型科技公司。[39]儘管如此，這樣的規則要收到成效，必須轉變更多大型科技公司的政治局勢。

政府數位貨幣

天秤幣專案在全球的中央銀行圈掀起了激烈反應，他們不得不醒悟：自身功能可能會被大型科技公司篡奪。中國把臉書的天秤幣計畫視為一種威脅，擔心如果這世界的其他國家都採用了，中國將會被迫做出選擇，是要放鬆禁令並讓臉書進入中國，或是孤立於全球的數位經濟之外。[40]一千年前的二〇二四年，中國是第一個發行主權紙幣的國家。現在，中國是第一個進行中央銀行數位貨幣（central-bank digital currency，CBDC）試驗的主要經濟體。[41]這個倡議的目標是要形塑數位貨幣與區塊鏈的未來樣貌，而不是對於比特幣與天秤幣等創新貨幣——來自價值觀與中國截然不同的社會——做出因應措施。

如果中國人民銀行是第一個引進廣泛使用數位貨幣的主要中央銀行，這件事所發出的信號就是：共產黨認為中國在關鍵技術領域的領先地位，可以變成翻新國內支付作業的基礎，進而把控制權從支付寶／騰訊的雙頭壟斷中奪走。在國際上，短期內要削弱美元主導地位較困難。但是中國希望，建立一套央行數位貨幣網路也許會減低對美元的需求，並能在長期削弱美元的金融實力。此舉也是全球央行努力保護「貨幣主權」的一部分，以確保不管是私人或國家支持的數位貨幣，都不會破壞銀行在自己國家經濟、貨幣與金融體系的權威。

二〇一四年發生第一次比特幣泡沫之後，中國人民銀行開始研究數位貨幣，並在兩年後宣布將推出自己的數位貨幣。這是一種由中央銀行支持的數位貨幣系統，稱為數位貨幣／電子支付（digital currency/electronic payments，DC/EP）或數位人民幣（eCNY）。中國人民銀行的直接上級國務院宣稱，區塊鏈技術是二〇一六年「革命性技術新浪潮」的一部分，加上近年來，在中國政府的目標中，控制關鍵技術變得越來越重要。[42]然後，天秤幣倡議的出現，則是把中國長期的願望轉變為中國與臉書之間的一場緊急競賽。

天秤幣計畫宣布後不久，中國人民銀行研究局局長王信表示：「我們起步較早……，但還有很多工作來鞏固我們的領先地位。」然後他警告說，天秤幣的成功可能意味著：「美國的美元會成為市場上的老大。」[43]他甚至建議，為了避免落後，中國應放鬆對加密貨幣的嚴格監管。儘管美國官員反對臉書的計畫，中國仍把天秤幣視為美國深化金融主導地位的陰謀，目的是為了阻攔中國金融科技潛在的顛覆性發展。中國的數位貨幣將「主要用於對抗天秤幣」。在為這個主題投入整個政治局研究會議後，習近平於二〇一九年十月呼籲，區塊鏈要成為「核心的技術自主創新的重要突破口」。[44]中國人民銀行數位貨幣研究局局長穆長春呼籲，全球要嚴格監管天秤幣：「我們必須防止（像天秤幣那樣的貨幣）壟斷。」[45]

當中國人民銀行警告，天秤幣可能對中國金融科技的全球野心帶來「沉重打擊」時，騰訊也加入了這場合唱。[46]數位貨幣可以讓臉書達到如微信的成就：從社群網路轉型為支付與金融巨頭。就像微信在全球大多數市場打敗 WhatsApp 一樣，臉書的天秤幣也可能會攔阻中國金融科技向海外的擴張。有鑑於微信利用紅包獲得成功，中國官員知道，對支付來說，天秤幣這類數位貨幣能建立強大的基礎。

臉書的天秤幣負責人馬庫斯在試著說服美國國會時，同時煽起地緣政治的競爭，他指出：「如果美國不在數位貨幣與支付領域領導創新，其他國家就會。如果我們不採取行動，我們很快就會看見由價值觀截然不同的人所控制的數位貨幣。」[47]他的觀點是正確的，但從中長期來看，他的說詞並沒有成功。即使是那些同意推動美國領導數位貨幣創新的國會議員，也不想看到臉書透過這種變革而變得更強大。大型科技公司，尤其是臉書，幾乎已經變成了國會的出氣筒，就像在中國一樣。

把自己定位在數位貨幣先驅者的中國，正揮舞著一把雙刃劍。它正在獲得寶貴的經驗，但也冒著高昂風險——付出危害金融體系的代價。穩定的貨幣是經濟與金融體系的基礎，但一個錯誤，例如允許一個人花兩次相同的數位貨幣，就可能對穩定及央行信譽造成嚴重的打擊。其他的風險還包括從銀行抽取資金。如果有太多儲戶把銀行的錢領出來放在央行數位貨幣，而央行透過其他方式放回這些錢的速度不夠快時，就可能會導致危機。

網路安全也是一個嚴重的問題。國際貨幣基金組織（International Monetary Fund）警告：「現在以淨收益得出明確的結論還為時過早。」[48]但是如果中國能處理好這些風險，數位人民幣對中國政府與中國人民銀行的利益將很可觀。它對數據隱私的態度與政府保持一致，也可以讓個人在面對科技巨頭以及與他們交易時，有更高的匿名性，同時還能提高政府的監控程度。中國人民銀行一直很難從科技巨頭那邊取得數據，但是，強迫支付寶與微信支付在電子錢包使用數位人民幣，就能取得每一筆用數位人民幣交易的紀錄，如此一來就可以改變這個局面。

數位人民幣能為貨幣政策提供新的工具，給中國人民銀行更多微調經濟的手段。雖然目前被金融體系排除在外的人對數位技術並不熟悉，但是如果農村地區中沒有銀行帳戶的人，只要用智慧型手機就能交易這種新貨幣，就可以提振普惠金融的服務。由政府提供一種更便宜的替代方案，也有助於對抗在數位金融領域幾近壟斷的支付寶與騰訊。最後，中國當局希望，央行數位貨幣將能降低對比特幣的需求，並提高人民幣在海外的使用度，能夠成為美元主導下的全球金融體系外的一種替代選擇。

還有很多最重要的環節有待公布，但與比特幣的理想剛好相反，數位人民幣將是權力集中，而且由政府掌握。[49]它就像現金——在中央銀行有直接債權——人們可以在銀行以普通人民幣的價格買賣電子人民幣（e-RMB）。每個單位的數位貨幣將由儲存在中央銀行某個單位的真實貨幣做「支撐」。它不是加密貨幣，因為它的發行受到中國人民銀行的控制，不像比特幣是由某種預定的加密演算法決定，或是去中心化的管理結構。替代一部分的實體現金是數位貨幣的明智起點——它有吸引人的屬性，只是顛覆現有金融體系的範圍有限。私人的科技公司或銀行無法追蹤到它，無法上網或沒有銀行帳戶的人也可以使用，而且使用現金支付也不收取任何費用。

雖然經濟活動甚至當面支付已經越來越數位化，但現金一直存在於現實世界中。數位人民幣可以提供一種可行的公共付款選項，以對抗金融卡等私人系統以及騰訊與阿里巴巴在行動支付上的雙頭壟斷。例如，人們可以用數位人民幣購買香菸或酒品，卻不會在螞蟻的芝麻評分上被扣分。當然，監管機關仍然會密切關注，但關注目標是洗錢、貪汙，或是對人權律師的捐款。中國人民銀行也與支付寶及騰訊合作，已經在超級應用程式的付款選項裡加入數位人民幣。

數位人民幣將具有中國人民銀行所謂的「可控匿名性」（controllable anonymity）。這聽起來像是歐威爾式的語言，但其實觸及到世界各國在央行數位貨幣中必須處理的一連串困難取捨。各國政府對財務隱私權有嚴格的限制，會徵求銀行與其他中介機構將數據傳給政府，以減少由金融系統促成的犯罪行為。完全匿名的數位貨幣會成為洗錢、勒索病毒，以及各種非法活動的工具。如果紙幣是在今天才發明出來，有可能不會被允許存在，因為它容易助長犯罪。中國人民銀行認為，紙幣的匿名性太強，但電子支付或銀行卡能提供大量數據給支付服務提供商與大型科技公司。

支付寶與微信支付記錄了所有付款數據，他們可以把這些數據放在其他用途上，例如信用評分與行銷。與他們進行交易也可能對零售商透露購買者的身分，就像美國的信用卡對商家透露持卡人的姓名與帳號一樣（蘋果支付，以及加密化與標記化〔tokenized，譯註：指將資料變成另一組同性質但不是真實的資料〕等晶片卡支付的改變措施，在某些程度上解決了這些問題）。中國人民銀行的動機是提供一種解決方案，既能保留現金的一些隱私——至少可以對商家、科技公司與銀行的資料保有隱私，同時還能維持可見度與控制權。因此，它將准許政府只在小額交易中保護隱私，也允許個人只用電話號碼就可以註冊電子錢包。[50]

然而，數位人民幣系統超越了大多數國家的隱私限制。除了最小的數位錢包與帳戶之外，對中央銀行來說，沒有明顯的隱私，這真是一場隱私的噩夢。[51]中國人民銀行將會直接控制總帳，上面記錄系統中所有的餘額與交易，因此可以即時使用數位人民幣，查看人們擁有的東西以及正在購買的東西，不再須要向大型科技公司要求索取支付數據，而這通常會被延遲或受到抗拒。

最有可能的情況是，中國人民銀行的數位貨幣需求將會來自政府的命令，而不是市場的需求。這在隱私保護上除了比金融機構與支付公司的略好之外，對消費者來說，接受這種加強監控的交易，其好處值得懷疑，對公民自由權利的不良後果也是可怕的。即使它保證面對科技巨頭時保有匿名性，但對於那些希望螞蟻集團擁有自己的數據以便輕易取得信貸的人來說，未必是一種好處。不同於銀行存款或餘額寶裡的錢，數位人民幣就像現金，不支付利息。中國人民銀行刻意讓大筆現金的轉移變得很困難，而數位人民幣的吸引力之一，可能就是處理大筆金額的付款。現金的最大面額是一百人民幣，僅值大約十五美元，想要轉移大筆資金的人，例如整個公寓堆滿鈔票的貪汙官員，就不太可能使用可追蹤的數位人民幣。[52] 會造成重大影響的，是目前沒有銀行帳戶、因此不是支付寶或微信支付的用戶。但對於最貧窮的農村老人，要說服他們使用政府支持的數位貨幣，並不是一件容易的事。

如果替代現金的第一步運作良好，中國人民銀行就不太可能止步。數位貨幣可以像以太坊，在中國人民銀行的基礎設施上，增加像智慧型合約（smart contract，譯註：區塊鏈制訂合約時使用的一種特殊協議，主要用於提供驗證與執行合約條件）操作系統等功能。納稅可以自動化，而且也可以調整交易成本，透過這個經濟體來決定金錢要流到哪裡及速度多快，成為貨幣政策的一種新工具。根據中國人民銀行是否想要讓金錢流向某個特定行業，就可以改變交易費用。舉例來說，當房價上漲太快時，它可以提高房地產交易的費用，以防止投機活動。社會信用黑名單上的人或維權律師，可以料想到政府會直接關閉他們的錢包。

關於公部門與私部門在支付及貨幣上的角色，央行數位貨幣提出了一個重要且有趣的問題。理論上，央行數位貨幣可以在中央銀行直接提供帳號給個人，不需要任何銀行帳戶或私人的數位錢包。然後，國家將控制所有的錢，就像在指令經濟下的作法，而不是由存款人選擇要把錢存在哪家銀行，再決定銀行必須放貸多少資金。中國人民銀行煞費苦心地努力說明數位人民幣不會是這種情況，它將會用一種「雙重標準」（two-tiered）系統，以維持銀行與數位錢包等金融中介機構的角色。但是目前還不清楚，國家與市場或國家與國家支持的銀行之間的界線要畫在哪裡。銀行與超級應用程式最後可能會變成一種單薄很多的末端裝飾物，下方的基礎則是一套由政府控制更多範圍的系統。

二〇二一年年底，數位人民幣的試營運涵蓋了二．五億多人，看起來也很像支付寶或微信支付目前的作業方式。較新的部分是，手機之間的交易沒有連上網路，這是為了改善無法持續上網地區的普惠金融服務。

官員指出，數位人民幣主要是一種國內倡議，專注於提供一種公共付款選項，以作為大型科技公司的備用或競爭系統。對美國與世界其他國家來說，關鍵問題之一是，數位人民幣是否可能成為一種國際貨幣，使美元不再是主要的儲備貨幣，或能否作為貿易使用的支付工具。儘管中國官方也有數位人民幣國際化的作法，但從短、中期來看，不太可能發揮太大的作用。就像中國大型科技公司在海外擴展不易，數位人民幣也不能指望靠著國內的成就或技術實力來打敗美元。僅憑貨幣數位化，在世界上並不是獨特的優勢，因為大部分轉手的貨幣都已經是用數位化的方式完成了。[53] 國際清算銀行的多種央行數位貨幣跨境網路（Multiple CBDC Bridge）等實驗，包括中國人民銀行與泰國銀行等其他央行，正在建立不需要美元或美元周邊的基礎設施，而能基於央行數位貨幣的跨境支付標準。然而，這個重置跨境支付作業的倡議，仍處在相當初期的階段。

要成為儲備貨幣並不容易，也不是「免費的午餐」。目前為止，中國已經把貨幣控制列為優先事項，透過資本控制，讓世界各地想用人民幣從事交易、投資或借貸的人，都能輕易達成目的。雖然中國是世界第二大經濟體，但是從國際貨幣基金與環球銀行金融電信協會（Society for Worldwide Interbank Financial Telecommunication，SWIFT）的數據顯示，中國停留在第五位，大約僅占國際儲備與支付的二%。[54]美元受益於強大的網路效應，不僅擁有一套既定的金融基礎設施，還有流動性與避險工具，這使美元與其他貨幣的交易通常更便宜，也更安全。想與美元的優勢一爭高下，中國還有一段艱難的時期要經歷。[55]

如果想要趕上美元，數位人民幣的交易還須更便宜、更有效率，但這已經超越了技術問題。從長期來看，中國人民銀行把朝向數位貨幣的轉變，包括在各中央銀行之間流通的數位貨幣，視為「建立一套美國影響力較小、新的全球金融基礎設施」的機會。但就目前來看，中國身為央行數位貨幣圈子中的孤獨領先者，意味著沒有其他重要的央行可以與它互相連結，因此比起普通的人民幣，數位人民幣比較缺乏有用的網路效應。不過長期來看，只要其他國家推出自己的央行數位貨幣，這個情況就可能會改變。

金融科技與新冠病毒

二〇二〇年二月初，共產黨面臨了統治以來最重大的挑戰。新冠病毒在中國各地肆虐，然而嚴厲的封鎖措施一直延續下去的話，經濟就會崩盤。因為急著要安全地重新開放經濟活動，政府把前所未有的權力交給了一家私人公司：螞蟻。在螞蟻與杭州當地政府的合作中，支付寶把它的數據專業知識從金融轉向健康，以不透明的演算法處理數據，產生了「健康碼」，用來決定數百萬人是否要被限制在家裡。

健康碼呈現綠色的用戶是健康的，但令人擔憂的紅色就表示要隔離兩個星期，對某些人來說，這包括公寓門會被焊死，因為當局會強力執行，以符合隔離規定。這個系統在網路上大量流傳，數百座城市陸續採用。這些城市也用它來解封，結果並沒有掀起第二波感染。騰訊也加入這個行動，三百座城鎮使用它所開發的健康碼，涵蓋了八億人。[56]

但是這個行動暴露出一個嚴重問題：無法涵蓋不熟悉數位操作的人。數以百萬計的中國老年人無法上網，也沒有超級應用程式——綠碼的人才被允許恢復生活，於是這些老年人被排拒在疫情的這個方案之外。在疫情發生初期，遼寧省一名老人家因為無法出示任何健康碼而被趕下公車。這個事件的影片在網路瘋傳，政府因此受到壓力，當局要確保沒有這個應用程式的人可以出示書面文件，以便能四處走動。[57]目前，金融科技的應用程式非常普遍，政府與企業通常會假設大家都有，所以也設計了能銜接上這些操作系統的必備服務，但是在提供服務給沒有使用程式的人之後，將其轉移到數位化的作業是需要一定的人力成本。

最初的情況是，中國一開始掩蓋疫情，後來證明這對經濟與政治體系是一場災難。當時的美國商務部長威爾伯．羅斯（Wilbur Ross）甚至說，由於中國的慘況，新冠病毒會把工作機會帶回美國。然而，不久之後，情勢翻轉了，因為病毒在美國肆虐的同時，中國結合嚴格封鎖與技術支持的解封措施，幾乎消滅了中國境內的病毒。在美國與中國活躍的科技投資人告訴我，看到美國對新冠病毒的回應如此笨拙，只會讓他們更有信心投資中國與投資其境內成功發揮關鍵作用的科技公司。

中國的應用程式對新冠病毒採取積極行動，這似乎是矽谷相對衰落的另一個指標。健康碼只是中國科技因應疫情的第一波動作，應用程式還調度個人防護裝備的供應，連上政府的數據，提供了能夠檢視一個人是否染病的工具，並指示人們前往可以安全就醫的地點。[58]相較之下，美國科技公司面對這場危機所提出的創新點子，似乎只有「放上官方網站連結」的水準，而官方網站也非常糟糕，早早就叫人不要戴口罩了。至於社群媒體網路則流傳著堆積如山的錯誤訊息。蘋果與谷歌確實嘗試聯合開發接觸者追蹤程式，但並沒有流行起來。

在苦難之中，中國的科技公司業務與獲利大增。轉到線上業務，為阿里巴巴與騰訊創造了巨大財富，兩家公司的市值加起來，從武漢疫情爆發時的九千四百四十億美元，到二〇二〇年十月已經將近一．六兆美元，當時螞蟻集團即將要在市場推出它的公開募股案。他們的超級應用程式對於恢復人們的移動至關重要，他們也允許重要的商務活動得以持續，因為很多人仍被限制在家，或害怕因為接觸紙鈔而受到感染。由於無法親自出去購物或吃飯，人們紛紛轉向這些程式訂購食物、生活雜貨，以及他們需要的所有其他東西。在平台的另一端，數百萬還沒上網的商家，為了確保在疫情的封鎖期間仍然可以繼續銷售，也紛紛加入平台，而且自然而然地透過支付寶與微信支付進行付款作業。在中國，使用小程式讓人可以在完全不必實體接觸就能造訪餐廳，但美國的餐廳僅為菜單增加 QR code，付款時仍然必須要服務員與客人來回遞送信用卡、收據和筆。

金融科技程式的健康碼，幫助中國當局得以追蹤人們到前所未有的程度，這也提供了一種面向，讓人們了解可怕的極權政府未來的樣貌。儘管是合法的公共健康急迫性，但是超級應用程式同時變成了控制人口的理想工具。從搭乘大眾運輸工具到離開住宅小區，去任何地方都依賴一個用來掃描的健康碼，而且支付寶的健康碼要遵守一條命令：「向警方報告資訊與地點。」每一次掃描就會把用戶的數據傳送給警方。[59]但是，為了滿足公民對隱私的需求，包括政府、支付寶與微信的隱私資料，至少支付寶與微信在公開場合否認：他們的支付數據會用於追蹤接觸者的程式上。然而，國有電信公司則共享個人位置數據，以查看誰曾去過高風險地區。[60]

地方政府不願意放棄他們新發現的監視權力。杭州市政府提議，一旦健康的危機大致結束，健康碼應該轉型為健康評分，用來監視與評估人們的習慣。如果這個提議繼續發展下去，將會邁向社會信用評論家所警告的反烏托邦未來。令人振奮的是，中國人民在線上反擊了，而不是接受永久限制自由。輿論風起雲湧，導致新華社等有影響力的國家新聞機構批評杭州市的這個想法，指出健康碼是一種「戰爭時期的產物」，並暗示持續這種前所未有的政府數據收集行為，會增加「資訊洩露與濫用的風險」。[61]杭州政府不得不擱置提議的想法。這是一個令人鼓舞的形勢，表示對隱私的需求不僅擴大到私人科技公司，也包括國家。儘管如此，疫情彰顯出一種現象：作為無所不在又功能強大的科技工具，超級應用程式多麼容易變成社會控制的工具。中國持續的清零政策要求，對於任何疫情爆發都要提出大規模的因應措施，所以如果真的要淘汰健康碼，他們並不清楚該何時逐步淘汰。

二〇二〇年，發生很多強烈反對大型科技公司的事件，加上因新冠病毒為他們帶來更高知名度，導致鎮壓變得勢不可免。科技巨頭成了自己成功的受害者，在疫情期間，他們維持經濟運作的積極作為，顯示了他們有多麼重要。共產黨因此決定，面對如此重要的機構必須更直接地監督。雖然他們是全球商業運動的一部分，但是中國控制大型科技公司的急迫性大得多，因為大型科技公司對中國人的日常生活與金融體系滲透更深。然而，與金融領域不同的是，除了確保科技平台禁止出現批評黨的內容，政府基本上沒有採取控制大型科技公司業務的動作。

「隱私問題」是強烈反彈的開始，大眾不滿大型科技公司在隱私一再被侵犯的問題上，幾乎沒有提供中國公民選擇的餘地。政府已經逐步建立數據保護措施，但是對於像歐洲那樣的行動持謹慎態度，因為它認為，這會阻礙歐洲公司在大數據與人工智慧的技術發展。

中國人民銀行收回了它對金融科技的支持，因為它擔心，大型科技公司一開始在金融領域促成的競爭效應，正在降低市場的競爭力，因為大型科技公司已經把很多市場轉變成雙頭壟斷市場。中國人民銀行呼籲要有更多規則與監督，來處理大型科技公司引發的隱私、數據保護以及市場扭曲等問題，此舉發揮了推波助瀾的力量。接著是二〇一八年年中，點對點平台的崩潰意味著，由技術支持的大眾化金融體系的烏托邦夢想，隨著數百萬人的儲蓄一起消失了。中國政府因此不得不重新思考它的金融自由化政策，而且也不再那麼確定：允許創新公司在金融領域應用科技是個好主意。

第八章

史上代價最高的一場演說

「防止資金擴張失序。」

二〇二〇年十二月十一日，習近平召開中央政治局常務委員會會議，這場會議將對中國的科技政策帶來翻天覆地的變化。會議在高度保密之下進行，但可以確定議程肯定和如何處置那位直言不諱的企業家有關。馬雲竟然大膽公然批評政府，大型科技產業看起來已經構成了政治威脅。螞蟻集團的公開募股計畫已喊卡，但公開的會議摘要清楚說明，這場演講造成的後遺症才剛剛開始。中共最高領導階層指示，黨國將加強反壟斷工作，並「防止資金無序擴張」，這等於是對強大到變得危險且難以容忍的公司，進行嚴格打壓的信號。[1]

螞蟻集團取消公開募股以及此事的後果，是中國金融科技故事的高潮，是各方力量的碰撞，有些人想要推動螞蟻集團的發展，有些人則敦促政府進行牽制。這則故事融合了全球與國家勢不可擋的力量，以及一個人決定暢所欲言的偶然和後果。馬雲對政府的批評，坐實了中共高層的觀點：不願遵守黨的決策的大型科技公司創辦人，都是危險的大老闆。他的演說打破了一座「阻礙監管多年的政治影響力」大壩。

當馬雲那無法撼動的光環消失時，積蓄已久的壓力導致後續出現一連串有關競爭、隱私與金融風險的監管措施。政府的行動之快，動作之多，清楚顯示官僚機構長期以來就等著在適當的政治時機出擊。許多關於馬雲演講與後續影響的媒體報導暗示，是否要報復他對監管機關與中國金融體制的批評，當局的決策是反覆的，但政府的反應向來如此。不過，政府一開始同意螞蟻集團的上市計畫，比後來強制讓計畫延期，更令人感到意外。

金融科技蓬勃發展，但已烏雲密布

二〇二〇年七月二十日，螞蟻集團宣布正在申請公開募股，目標價約兩千億美元，比它在二〇一八年的一千五百億美元估值，提高了三分之一。[2]這次交易將為螞蟻集團募集到數百億美元的資金，超越沙烏地阿拉伯國家石油公司（Aramco）在二〇一九年公開募股創下的紀錄。螞蟻集團和阿里巴巴將是史上第一與第三大的公開募股案，這是馬雲驚人的成就。在上市文件中，提到了「打造未來數位服務的基礎設施」的宏願，該工作將歷時一百零二年，而這正是馬雲對阿里巴巴從二十世紀延續到二十二世紀的目標。文件中還提到：「隨著我們在規模與重要性的不斷成長，預期將會面臨更嚴格的審查。」[3]

然而，新法規幾乎沒有打擊到金融科技的成長。二〇一九年年中，螞蟻集團宣稱在中國的年活躍用戶達九億人，而且大多數的用戶不僅使用支付服務，還包括信用卡、財富管理及保險等其他服務。[4]微信支付也不遑多讓，宣稱擁有八億活躍用戶，在超過五千萬商家中使用其支付服務。[5]在中國二百五十兆人民幣（三十五兆美元）的非銀行線上支付市場中，微信和螞蟻聯手掌控了將近九四％，其中支付寶以五五％的市占率輕鬆領先。[6]

政府努力試圖縮小餘額寶規模，但並未擋住數億新投資人繼續湧入，其中包括來自農村地區與小城鎮裡第一次使用支付寶的用戶。到二〇一八年年底，共有五億八千八百萬人投資餘額寶，將近中國成人人口的六〇％，使其成為史上最受歡迎的投資產品。[7]與此同時，某些之前的點對點借貸行業甚至一樣蓬勃發展，並重新包裝成貸款經紀商，專門為中國的金融機構提供貸款的數據與客戶。螞蟻金服轟動一時的公開募股申請案只是眾多指標之一，一切跡象顯示，大型金融科技公司做得比以前更好，而且螞蟻和騰訊也成功適應了新的政治環境。

銀行業已經不會受到公然的打擊，但中國的金融體系仍然朝向銀行業最可怕的噩夢發展，也就是科技公司透過數據、用戶與技術的力量主宰金融領域。螞蟻集團公開募股龐大的估值反映了一個信念：銀行的利潤會被繼續重新分配，而成為金融科技公司的利潤。

即使暫停交易，監管機關仍然持續採取行動，把螞蟻集團納入更安全的監管之網。在公開募股的消息公布兩天後，中國最高人民法院把部分貸款利率上限從二四%砍到一五．四%。如果該裁定適用螞蟻集團的產品，放款給較高風險借款人的獲利能力就會大打折扣。[8]緊接著，中國人民銀行要求各銀行，針對透過螞蟻金服平台提供的貸款金額提出報告，這等於正式承認，管理當局完全不清楚螞蟻集團的放貸總額有多龐大，（中國的消息來源告訴我，中國銀行保險監督管理委員會當時其實已經掌握了數據，但並未分享給中國人民銀行，顯示當時的監管體系仍然嚴重分裂。）也不清楚一旦發生虧損，有哪些銀行會面臨風險。九月，當局祭出更多法規，針對螞蟻集團旗下子公司等小額貸款業者，進一步收緊監管之網。[9]

然而，和二〇二〇年九月新發布的金融控股公司法規相比，這些法規就顯得蒼白無力。根據新法規，除了擁有金融執照的業務，螞蟻整個集團的業務都要受到監管。這些規則與螞蟻集團靈活積極的文化完全衝突。新法規不僅要求螞蟻在集團層級要持有高昂資金，還要求做任何重大商業決策之前，都必須徵求中國人民銀行的同意。螞蟻集團擔心，在中國人民銀行放行之前，計畫會被延宕數個月。[10]這些法規可能早在螞蟻集團公布公開募股之前，就已經計畫好了，然而一旦募股說明書對大眾及政府大部分單位揭開了隱藏螞蟻規模的神祕面紗——特別是放貸方面，要求新法規的壓力就越來越大了。

社會大眾與政府都非常質疑，對於像螞蟻這樣的公司，現行法規是否充分。九月底，中國人民銀行副行長范一飛批評，將信貸「嵌套」（nesting）在支付程式的方式，難以有效監督，因為所有財務與數據的流向都處於一個封閉迴路，只有超級應用程式本身才能理解。[11]然而，針對這個問題該如何解決，目前尚未達成任何共識。

貸款服務對螞蟻集團的估值非常重要，因為占公司營收的四〇％。螞蟻龐大的貸款業務，包括未償還貸款高達二．一兆人民幣，這第一次曝光在眾人眼前，但最震撼的訊息是，螞蟻只提供其平台放貸資金的二%。換句話說，螞蟻集團能夠以最少的資本創造大量的貸款，既降低開銷，還可以把不良貸款的風險轉嫁出去。監管單位擔心，如果九八%的風險是由螞蟻集團的合作夥伴承擔，將產生激勵措施錯位（misaligned incentives，譯註：指激勵措施沒有滿足組織內部的真實需求，反而鼓勵了可能破壞組織長期價值的決策）。因為螞蟻集團只須承擔極小的風險，就可以從每一筆貸款獲利，政府擔心螞蟻集團會過度放款以牟取利益，並讓其他人承擔後果，正如二〇〇八年金融危機之前，房屋抵押貸款經紀商的作法一樣。

在一個充斥著追求豐厚報酬的金融體系裡，螞蟻集團真正的優勢不是金錢，而是控制了貸款市場、客戶關係、數據以及演算法。就像之前的餘額寶，整體銀行業者可能將花唄和螞蟻金服的成長視為威脅，但個別來說，卻無法抗拒，只能與其合作。沒有一家銀行可以和螞蟻的效率、數據和用戶群互相抗衡。參與合作的銀行幾乎淪為「笨水管」（dumb pipe，譯註：或譯傻瓜管道，源於通訊產業，指一家業者的網路只用於提供頻寬與速度等服務，無法操縱特定服務或提供其他服務）的資金提供者，意思就是，客戶根本不知道是哪一家銀行資助了他們的貸款。這樣的權力將會滋生怨恨。

儘管出現科技抵制潮，馬雲也不再那麼受大眾歡迎，但馬雲和他的庇護者似乎仍然擁有強大的政治地位。首先，螞蟻集團的技術正在幫助銀行處理無法獨自應付的貸款，而且螞蟻提供農民與小型公司等族群的信貸，這符合北京的優先政策。如果全世界最炙手可熱的公司之一，能在上海證券交易所科創板STAR（譯註：Sci-Tech Innovation Board的縮寫，中國意圖打造自己的那斯達克交易所〔NASDAQ〕）掛牌上市，將能大大提升中國不太發達的股票市場吸引力，因此上海官員與證券監管機構都有加速促成這筆交易的強烈誘因。此外，投資螞蟻集團的有力人士與機構，包括中國主權財富基金、主要銀行以及前任政要的親友眷屬，都將因這場公開募股的成功而獲得利益。

當有報告洩露，中國人民銀行有意在二〇二〇年七月底調查支付寶的反壟斷違規行為，卻沒有一家中國媒體敢報導這件事，由此可見螞蟻集團的勢力。[12]政府高層似乎決心促成這場交易，並確保任何官方行動都不會造成阻礙。如此一來卻引發了監管機關的不滿，認為政治干預使他們無法執行任務。[13]與此同時，螞蟻集團的銀行家不斷提高估值，由於投資需求強勁，到了十月底，據報估值已高達兩千五百億美元。

然而，有跡象顯示，對螞蟻集團擴張信貸的強烈反彈聲浪正在醞釀。九月，官方媒體提醒大眾關注「受困」於花唄債務的年輕人。[14]十月初，一則花唄廣告挑動了中國網民的神經，批評馬雲的聲浪隨之升高。該廣告描述一名工人階級的父親向花唄申請了一筆貸款，目的是為了給年幼的女兒辦一場「體面」的慶生會，從畫面中看起來是在麥當勞吃一餐。有一則得到最多讚的網路留言說，花唄這個廣告「很惡毒」：「在不那麼成功的人生的每個角落，鼓勵不切實際的消費。」[15]當時的背景是，城市居民原本沒有什麼信貸可以選擇，現在卻被每個應用程式發來的貸款廣告給淹沒。如同某一名微博用戶所寫：「微博說可以借錢給我，送貨程式說可以借錢給我，現在甚至連影像編輯程式也說可以借錢給我。」[16]

如果以負責任的態度使用，信貸可以不受限制，但應用程式現在似乎鼓勵人們——尤其是窮人，借昂貴的債務購買不需要的東西。大型科技公司可以從中獲利兩次，一次是電子商務平台上的銷售，一次是貸款的發放。中國領導階層與社會大眾都深感不安，擔心在大型科技公司的推波助瀾下，社會風氣變得更像是靠債務發展的美式消費文化。從二〇一五到二〇一九年，中國家庭所增加的債務，幾乎和二〇〇八年的金融危機之前，美國家庭累積的債務一樣，當局為此非常擔憂。[17]中國人民銀行不會坐視這個趨勢繼續發展下去。這時，螞蟻集團並非無可撼動的徵兆之一就是：公開募股計畫出其不意地受到延誤；這相當於在手腕上被輕拍了一記，以示懲戒。監管機關也發現了利益衝突，因為支付寶已經賣出不少共同基金，而這些基金將會投資在公開募股，以賣給數千萬名投資人。[18]

馬雲投下震撼彈

二〇二〇年十月二十四日，距離螞蟻集團公開募股只剩十天左右，馬雲在外灘金融峰會上，針對他眼中過時、扼殺創新的監管措施提出懇求。對馬雲來說，這是讓中國金融與經濟菁英聽到他意見的理想場合，因為他的事業王國未來就掌握在這群人手中。馬雲的演說被安排在部長與前行長周小川等最高階官員之後、在代理部長之前，這顯示出馬雲在中國官僚體制的地位。一般來說，企業在準備公開上市期間，主要人物大多會進入所謂的「緘默期」（quiet period），嚴格禁止在這段敏感時刻發表公開言論，因為任何一句偏離主題的話都可能會破壞交易，因此，發表任何演說都是很大膽的行為。回想起來，這是馬雲過度自信的表現。當時的他並不知道，自己將要發表一場史上代價最高的演說。

從某些跡象看來，馬雲也並非絕對的自信。他一反平時即席演講的作風，改採逐字念稿的方式，而且一開場就表明：「今天要不要來講，坦白說我也很糾結。」試著自我解嘲，說自己的觀點可能：「不成熟，講得不對，貽笑大方，大家姑且一聽。」[19]奇怪的是，這麼重要的演講，卻是以一個簡單的錯誤開場，顯示馬雲可能並未讓團隊事先檢查講稿。（在開場的部分，馬雲提到他於二〇一三年在「陸家嘴金融峰會」發表過一場演說，事實上並沒有這場演講。如果經過團隊檢查，應該很容易發現這個錯誤。馬雲似乎把官方舉辦備受矚目的陸家嘴論壇和外灘全球金融峰會搞混了，而馬雲在後者的確有發表演說。）

馬雲的論點是政府對金融科技過度監管，可能有傷害成長與創新的風險。他表示：「做沒有風險的創新，就是扼殺創新。」[20]這一點他沒說錯，但是當局在他的演說中發現更多令人不快的說法。他侮辱了巴塞爾委員會（Basel Committee，譯註：巴塞爾銀行監理委員會為了維持資本市場穩定、減少國際銀行間的不公平競爭、降低銀行系統信用風險和市場風險，推出資本充足比率的要求）等國際金融監管機構，稱它為「老人俱樂部」，使用治療阿茲海默症的方法來處理西方世界搖搖欲墜的金融體系。他主張，中國的金融監管應該走自己的路，而不是採用國際標準，因為它並不符合中國金融的未來願景。他點出中國銀行業受限於「當鋪」心態，無法處理沒有抵押品的貸款，並用小兒痲痺症患者比喻中國的金融體系。他認為真正的金融科技創新主要是以大數據為基礎。為了把螞蟻金服的活動和點對點區別開來，他主張：「不能因為點對點，就把整個互聯網技術對金融的創新給否定了。」

馬雲在演講所點出的事大多是對的，但是很危險。他反駁了在外灘金融峰會首先發言的國家副主席王岐山的說法。王岐山曾領導了習近平的反貪腐運動，當天稍早王岐山曾表示，金融的「安全永遠排第一」，比效率更重要，也警告金融科技的風險正在「升高」。習近平認為，風險控管對經濟與政權的生存至關重要，馬雲卻公開批評政府過於強調風險，被視為是和習近平個人設定的重點工作唱反調。馬雲斷言中國「沒有系統性金融風險的問題」，這似乎和習近平一年之前的評論抵觸，當時習近平表示：「防止發生系統性金融風險，是金融工作的根本性任務。」[21] 除此之外，馬雲還踩了另一條線。他引用習近平兩個模糊的聲明作為攻擊，暗示監管機關的政策與總書記的指示並不一致，這個作為惹惱了監管機關。

馬雲很可能是希望重現他在二〇一四年取得的勝利。當時他公開批評政府，迫使中國放寬支付條件。只是他錯估了支持自己的政治勢力削弱的程度，以及中國改變的程度。在中國，大多數議題的公開討論空間都已經縮小了，對馬雲來說，要發表這種批評言論，唯一安全的地方是關起門來私下說。即使結果不如預期，也只能接受，而不是公開批評政府。他這麼做讓自己看起來像是一個政治威脅，以為可以在黨內周旋，但他為了公司利益所做的決策，可能會危害到中國的「金融安全」。此時的情況已不同於二〇一四年，當時中國人在線上集結，支持馬雲對抗大銀行，但這次國務院徵詢了輿論，大家對馬雲的演說完全是負評反應。監管機關的高層非常憤怒，對路透社表示，他們感到「被一拳打臉」。[22]

由於投資人相信，如此重要的交易無論如何都會進行，兩天後，投資人同意以驚人的高價三千一百三十億美元，作為螞蟻集團的定價，與當時的全球金融巨頭萬事達卡和摩根大通不相上下。四日之後，萬聖節當天，國務院副總理劉鶴緊急召集金融穩定發展委員會，對馬雲的說法進行反駁，並且啟動新一波更嚴格的金融法規，並大力執行反壟斷與隱私法規。[23]那時投資人還不知道一個被嚴密保護的消息，事實上，從正常的監管管道到黨的高層，對於如何處置馬雲以及這場交易，早已做出令人擔憂的決定，而且是習近平親自下令，取消這場史上規模最大的公開募股。[24]

以往礙於限制，對螞蟻集團難以採取監管行動，如今護欄拆除了，監管高層終於可以自由地對螞蟻集團直接公開出擊。由於知道螞蟻集團和馬雲背後仍然受到有力人士支持，因此大部分是透過化名發文的方式攻擊。其中一篇發布於十一月一日，很可能來自前行長周小川，文中指出：「若大型互聯網企業大量開展金融業務，但卻宣稱自己是科技公司，不僅是逃避監管，更容易無序擴張，造成風險隱患，不利於公平競爭，也不利於消費者保護。」[25]

隔天，十一月二日，是這場公開募股的終結之日。一開始，更多惡評如風暴般襲來，其中包括一篇由中國銀保監會官員發表的文章，批評螞蟻集團的貸款產品是「金融科技公司利用壟斷地位收取過高費用」，並且指控螞蟻以借貸之名，行掠奪之實，誤導消費者。[26]監管機關接著發出一份爆炸性公告，裡面只有一句話：馬雲以及螞蟻集團的高階主管將接受四家監管機關的「監管約談」。[27]新華社也刊出一份意有所指的文章，篇名為「話不可隨口，事不可隨心，人不可隨意」。文章搭配的插圖畫有一匹飄在雲間的白馬，以象徵手法影射馬雲的名字。[28]

與此同時，中國人民銀行研擬一份條例草案，要求螞蟻集團與銀行進行聯合貸款時，要提供高達貸款資本的三〇%，推翻了螞蟻集團的小資本貸款模式。如果螞蟻集團所有貸款都必須遵循這份法案，螞蟻集團募集的資金可能比這次破紀錄的公開募股價格高出許多，部分人士估計至少要一千億人民幣，才能夠提供目前貸款的資金需求。[29]螞蟻集團信貸業務的進一步成長，成本也會變得更高，將使其難以滿足投資人的期待。監管環境突然的轉變，使得這次的公開募股已經不可能繼續進行，因為投資者必須重新評估螞蟻集團的前景。就在預計十一月五日公開募股的前兩天，上海證券交易所宣布無限期暫緩螞蟻集團的公開募股。[30]

當時全世界都在關注美國的總統大選，但這件令人震驚的事件必須好好解釋。一個快速形成的說法將此行動歸因於北京決策者「反覆無常，而且好面子」，以及「降低對大型私人企業的容忍度」。[31]這似乎象徵了習近平領導的中國，寧願毀掉如此有利的交易，只為了懲罰任何批評黨的人。另一方面，中國人民與許多中國投資人士則支持政府的決定，他們把馬雲的演說視為絕望中的掙扎，認為馬雲意圖阻止已經失控的事業王國受到即將實施的監管，因此，他們並不把這次的行動看做是對馬雲公開表達反對意見的懲罰。[32]

兩種解讀都有道理，但都無法說出事件的全貌。有些事實符合馬雲被懲罰的說法：即使需要新的法規來合法控制金融風險，卻無法解釋當局為何不在批准公開募股之前就發布相關法令，而是採取暫緩公開募股這種看起來如此反常、甚至有懲罰意味的手段。有些事實則符合另一種說法：馬雲想要藉由這場演說，阻止政府正在制定的法規。在中國，重要的法規會經過一段起草、修改與審查的漫長過程，才能對外公布。從馬雲發表演說到法規公布，只有一個星期左右，不可能在這麼短的期間內從無到有就產生新法規。

投資人士推測，中國的監管單位應該是通力合作，打算趕在核准公開募股之前，先設置好監管環境。但事實並非如此，這個過程並不順利。螞蟻集團募股說明書的資訊透過層層官僚機構，上達最高領導階層的視聽，得花上好幾個月時間。面對交易的時間表，要及時完成這個程序並制定因應對策，時間實在太緊迫。直到發生這場演說，才促使黨內採取果斷的行動。以科創板為例，審閱上市文件只要大約一個月，但一般的程序大約要花六個月，接著證監會會在一個月後批准公開募股。[33]

這麼複雜的交易竟然在如此短的時間內走完流程，黨部後來對此展開調查，包括證券交易所、證券監管機構、上海市政府，以及投資螞蟻並將因公開募股成功而獲得巨大利益的國有企業，都受到仔細審查。[34] 事實上，即使不涉及貪腐，所有人都有充分的理由推動公開募股，因為在國內成功上市，中國的金融市場、作為金融中心的上海以及國有企業的財庫，都可因此獲益。但調查行動肯定會讓螞蟻集團的庇護者們開始猶豫，不再支持螞蟻集團抵制未來的監管，以免自己也將面臨調查。阿里巴巴家鄉的市委書記在二〇二一年年底就因貪腐受到調查，這案子後來也很快和螞蟻集團扯上關係。

從某種意義上來說，監管機構的運氣很好。馬雲的演說等於是給了反對公開募股的人一個機會，若沒有這場演說，公開募股幾乎是勢在必行。到那個時候，監管當局就會陷入困境。如今他們能夠而且確實以監管手段牽制私人持有的螞蟻集團，在不波及政治菁英與外國機構之下，降低螞蟻的價值。若在交易之後才採取行動，那麼，要是新法規直接造成已在螞蟻投入數百億美元的人面臨財務損失，而且這些人合理假設政府在批准公開募股之前已經確定有穩定的監管方法，如此一來，監管機關將面臨數千萬中國散戶的憤怒以及國際的譴責：在中國做生意很危險。

正如螞蟻積極推動芝麻評分系統，導致整個行業受到不良影響。反對大型科技公司的行動也不僅限於螞蟻，這波行動並非是針對馬雲的個人恩怨。騰訊也可能是攻擊的目標，即使它試圖把自己定位成馬雲的對手。螞蟻集團事件發生後不久，騰訊總裁就表示：「我們必須和監管機構密切合作，因為盲目創新會導致更多風險。」[35]

整改

馬雲發表演說數個月之後，一波監管行動向金融科技與大型科技公司襲來。打頭陣的是國家市場監督管理總局，它在十一月十一日發布了一份「平台經濟」的反壟斷指示草案。許多大型科技公司的反競爭行為都將受到審查，包括逼迫商家只能在支付寶和微信支付之間擇一合作的排他性安排。[36]這些規定讓中國大型科技公司的市值瞬間蒸發了兩千八百億美元。[37]一個月後，也就是十二月十一日，中央政治局開會抨擊「資金無序擴張」，並且承諾將會有更多的反壟斷調查。這是一個政治信號，顯示國家市場監管總局和中國人民銀行必須採取更多行動。

國家市場監管總局首先以長久以來不曾執行的法規，例如要求提出收購報告，對騰訊、阿里巴巴以及其他大型科技公司發動攻擊，指控其違規並開罰。[38]同年年底，國家市場監管總局宣布，將針對阿里巴巴的排他性進行調查，中國人民銀行則向螞蟻集團祭出五項「整改」要求。[39]時間如此接近顯示，每一個監管機關都得到黨內高層的許可。國家市場監管總局的調查讓阿里巴巴的股價掉了一三％，從螞蟻的公開募股被暫緩之後，其市值累計縮水到二千四百億美元。

中國人民銀行對螞蟻提出的要求，不亞於公司的重整。首先，螞蟻必須中止在支付業務中「不公平的競爭行為」，包括在支付寶系統裡嵌套信貸業務的行為，還要中止支付寶與其他金融服務之間的「不當」連結。事實上，所謂的金融科技超級應用程式模式，就是把支付服務和其他金融服務綁在一起，因此若嚴格執行法規，超級應用程式可能就得分拆成獨立的應用程式。

第二，螞蟻必須停止「資訊壟斷」，並且必須加強對資料隱私與安全的保護。想要同時符合上述兩項要求是很大的挑戰，因為這兩個目標之間必須進行取捨，若要得到資訊共享的好處，就要在隱私方面付出代價。[40]如果螞蟻向其他機構開放資料，就無法確保離開其保護環境的任何資訊不會再被分享或被駭。中國人民銀行提出的方式是反轉信用報告業務，中國人民銀行五年來一直拒絕核發螞蟻需要的信用報告許可證，但中國人民銀行現在更有信心了，將藉著核發許可證的過程，把管轄範圍擴大到螞蟻單純財務資料以外的內容。

第三項要求則是一個重大的打擊。螞蟻曾經希望，公司專注於科技且沒有金融執照的部分業務，可以在新的金融控股公司制度之外受到較輕的監管。但是，中國人民銀行要求螞蟻集團全面轉為金融控股公司。當局的解釋是，唯有這麼做才能避免螞蟻集團以套利方式，把風險轉嫁到監管網之外。第四，中國人民銀行要求螞蟻集團更積極與監管機構配合，並降低槓桿操作。最後，螞蟻必須進一步縮小餘額寶的規模，降低其他投資商品的風險。

和芝麻信用一樣，一名匿名的銀保監會官員向當地媒體表示，螞蟻的問題「具有普遍性」，並敦促所有網路平台好好檢查自己的作法。由此可見螞蟻事件帶來了更大的衝擊。[41]阿里巴巴的電子商務競爭對手京東，不得不取消其金融科技部門的公開募股計畫，上海證交所創科板也禁止所有金融科技的公開募股計畫。[42]二〇二一年，當局要求騰訊必須為旗下的金融業務成立金融控股公司。更重要的是，中國人民銀行為了保護地盤，也加入了反壟斷的列車，宣稱支付寶和微信支付在支付業務具有「市場主導地位」（相關規定對市場主導地位的定義是：一家公司的市占率超過二分之一，而且／或是兩家公司合起來的市占率超過三分之二；支付寶符合前者，支付寶和微信支付合起來符合後者），為了替自己後來的行動先鋪好路，提出降低他們的市場占有率，甚至如果進行不公平的競爭，就要把他們分拆開來。[43]

經過數個月的緊張談判，螞蟻提出的整改計畫於四月被接受了。螞蟻公布的細節不多，但提到它的貸款不會來自經營小額貸款的子公司，而是來自一家新的消費金融公司，而這家公司將和兩家國有企業股東分享財富。計畫中也宣示忠誠：「公司將積極配合在國家戰略背景下成長……，（以及）提升我們的國際競爭力。」再一次，發生在國家市場監管總局採取行動的兩天內，它以「濫用市場的主導地位」為由，向阿里巴巴開罰二十七億五千萬美元，並命令其停止排他性協議。[44]投資人在得知處罰不如預期嚴厲後都鬆了一口氣，接著開始拉抬阿里巴巴的股價。

就在一片風聲鶴唳中，大型科技公司又爆發了另一樁醜聞。百度被發現封鎖了一篇文章，可能是為了避免進一步的負面報導。這篇文章出自受人尊敬的商業雜誌《財新》，報導了科技公司如何促成線上賭博的內容。百度的舉動適得其反，反而突顯出科技公司對資訊的掌控。正如一名中國網路用戶的評論指出：「全球網路壟斷的超級大公司已經露出真面目，但讓他們受到控制的監管作為在哪裡？」[45]阿里巴巴也面臨類似的情況，擁有其主要股權的微博，被發現刪掉了有關阿里巴巴高階主管涉嫌外遇的消息。在馬雲的演講之後，政府要求阿里巴巴處理掉旗下的媒體資產，以降低對公眾輿論的操控力，這是共產黨不會與別人分享的權力。[46]

監管機構強調，螞蟻的重組不會對它的服務造成負面影響，像是導致其財務無法運作或引發十億用戶的憤怒。中國人民銀行表示，螞蟻應該「保持業務的連續性與正常的業務營運」。[47]因此，即使受到嚴格的監管，除了年輕用戶族群的信用額度被降低之外，支付寶用戶發現差異其實不大。然而，監管機關的要求意味螞蟻將面臨更高的合規成本、更少的競爭護城河，賺錢的信貸業務所能擴大的空間也變小了。投資人將螞蟻的估值減半，但螞蟻仍是一家市值將近一千五百億美元的公司。

螞蟻的公開募股計畫在很多層面上都是一場災難。在此之前，國際媒體以頭條報導中國在金融科技與創新、成功企業家表現的領導地位，以及中國在股票市場的新興吸引力，但一夜之間，這些全部變成負面評價，指出中國的環境對私人企業不利，而且缺乏言論自由。監管機關不但難以預測，也不像投資人以為得那麼有能力。在螞蟻的公開募股計畫公布之後，監管機關對螞蟻提出的重大要求都是很嚴肅的決定，一般人預期，在批准這場劃時代交易之前就應該完成才對。馬雲的財富因為在阿里巴巴和螞蟻的持股縮水而銳減，他在幕後的影響力也一樣。

馬雲的演講及後果，讓金融科技與大型科技公司背後的政治版圖全面改寫。一旦黨的最高領導階層定調，以遏制資金影響力為新的監管方向，監管機關就可以大刀闊斧制定新規矩，因為大型科技公司不再享有強大的政治保護。這次不像點對點借貸行業，監管機關已經有所準備，可以果斷行動。即使馬雲沒有大膽地發表那場演說，監管機關還是會執行其中許多規定，只是支持螞蟻的制衡勢力可能會讓一連串的懲罰性法規進度放緩，而通過的法規也可能會被削弱力道。

中國是數位的天堂，還是創新的墳墓？

原本看似只是馬雲個人的問題，後來卻成為席捲整個科技與其他領域的一場風暴。最後，這場行動變得更像是私部門與企業家角色的全面重新協商，讓中國未來的成長與創新有了潛在的風險。二〇二一年年底，總書記習近平呼籲中國要實現「共同富裕」，這也是他超過十年任期限制並繼續掌權的主要說詞。[48] 除了阻止「資金無序擴張」，習近平的「共同富裕」行動代表了一連串的制裁行動，每一個主要科技平台、直播主、高收入者、名人、電玩、金融科技及房地產業，全都無法置身事外，而大部分營利性質的線上教學平台與比特幣挖礦，更是被徹底禁止。

尤其是在大型科技產業，北京政府捨棄了對他們的自由放任態度——這是在審查制度之外，北京長久以來對消費科技與金融科技所採取的態度。相對地，當局針對演算法的使用、網路安全、在國外上市、科技公司收購、數據隱私、勞動權利等等，引進多項新規定。許多規定深入細節，以匡正過去因科技公司所導致或加劇的實際社會問題。事實上，這些新法規如果在歐洲或美國按照正當程序推行，而不是政治運動式的制裁，會相當受到歡迎。在新制度下，打零工的人享有更好的權利、消費者有比較好的隱私保護，大型科技平台公司的反競爭收購行動也將被禁止。這些新規定顯示，中國正和世界各國面臨類似的挑戰，但其中有一項明顯的例外：確保一黨制的國家不能受到商人的挑戰。

以隱私問題來說，新的政治局勢有助於打破多年來窒礙難行的局面，讓當局得以大刀闊斧推動新的《個人信息保護法》。與此同時，美國因為缺乏國家隱私和數據保護相關標準，使得各州的不同部門都面臨到數據的搜集、分享及處理上，難以有效保護的混亂局面。[49]另一方面，中國現在有了一個框架，如果能夠有效執行，至少當面對政府以外的實體時，在資料被搜集和被使用的方式上，中國消費者將比美國消費者享有更多權利。舉例來說，中國人民將可以拒絕讓美國消費者信用報告公司艾可飛（Equifax）這類公司處理他們的個人資料，而且可以要求該公司把個資刪除，並取得被公司收集的個人數據副本。處理數據的公司現在將面對嚴重的風險，可能會因「過度搜集個資」而受罰。[50]世界各國普遍認為，美國在隱私的管理較為寬鬆，但是在某些方面，中國的數據保護制度設定的標準，甚至高於歐盟以嚴格著名的《一般資料保護規則》（General Data Protection Regulation，GDPR）。[51]當然，國家部門不會受到這麼多的限制，但中國完全有能力要求私人企業遵行嚴格的個資保護規定，同時逐步加強國家的監控。

雖然執行細節仍然有待確定，但這些新法規將對金融科技與大型科技公司產生深遠的影響。科技平台未來必須證明處理信用評分的演算法是公平與透明的，等於是向用戶（以及競爭對手）公開黑盒子的內容。法律也將強制平台允許用戶擁有資料可攜權，意思就是，用戶可以把個人資料從一個平台下載，然後轉移到另一個平台。[52]如此一來，支付寶與微信支付擁有的數據圍牆就被拆除了，這兩家最大的平台會失去獨特的數據優勢，以及失去將用戶「鎖定」在自家平台的能力。舉例來說，螞蟻的用戶可以把支付紀錄分享給其他信貸業者，申請信貸的選擇也就變多了。以往由支付寶和微信支付主導的某些市場區塊，競爭將變得更激烈。當然，必須要有大量分享數據的用戶，才能完全整平競爭環境，讓京東和拼多多等較小的競爭者能夠與頂尖平台公平競爭。此外，資料的流動不只是從最大平台流到最小平台，其他平台的用戶也有與支付寶及騰訊支付共享數據的新能力，這將使大型平台的資料寶庫變得更大，而資源較少的小公司可能難以消化頂尖平台所生成的資料。

更具體地說，把中央政府的聲明、金融監管機構與國家市場監督管理總局的行動拼湊起來，就能描繪出中國政府希望擁有的金融科技市場圖像。但是這個圖像和讓中國成為世界金融科技領導者的模式，有著根本上的不同。當局並不樂見私人科技公司的雙頭壟斷，而且勢力大到足以偏離國家設定的優先事務，並把中國變得像靠債務和消費驅動成長的美國。美國人早就把信貸和支付融合在一起，就像花唄的經營模式，這讓人更容易擴大信貸，但也容易誘使人們過度消費，然後面對無法負擔的債務。在邁向消費主義社會的每一步中，從商家的支付手續費、在淘寶購物的收入、支付的利息到最後銷售的貸款，科技平台都能獲利。

中國人民銀行宣示，中國不會「依靠發展消費金融來擴大消費」，認為這對個人與社會都是無法永續的作法。[53]消費貸款將受到更多質疑，但小型企業貸款仍持續受到鼓勵。中國不想靠著電玩以及藉由演算法優化的外送員快速服務——例如提供食物與咖啡，來鼓勵消費；政府希望中國的資金和人才更專注在發展半導體之類的硬科技，以降低對美國技術的依賴。

比起今天的雙頭壟斷局面，決策者希望營造一個更具競爭力的市場，既可以更有活力，又可以降低出現強大巨頭的風險。當局不希望看到超級應用程式築起高牆，封閉數據和資金的流動，而是希望大型科技公司向政府和競爭者打開資料庫的大門，避免市場中贏家通吃的動能。監管機構發出呼籲，要求超級應用程式把支付與其他金融服務切割開來，並反對他們「濫用」所謂的因支付而產生的市場力量。超級應用程式因為處在支付的主導地位而建立起來的競爭護城河，可能很快就會被占據。[54]

超級應用程式必須設置更多的障礙和審核關卡，但這將危害到大型科技公司在自家操作系統的優勢——藉由數據的自由流動而獲得利益。中國正在發展的數位貨幣，即數位人民幣計畫，將會減少大型科技公司從支付業務得到數據，這可以避免大型科技公司把這些資料用在行銷與信用評分等其他用途。數位人民幣也可能帶來降低支付費用的壓力。在二〇一九年，螞蟻有四三％的營收來自支付業務，因此調低收費可能會打擊到因為新貸款法規而已經下跌的公司市值。

螞蟻已經成立一家獨立的消費貸款公司，並與其他機構共同持股。這家公司將面臨更嚴格的監管，而且可能會吸收花唄和借唄的貸款業務。[55]螞蟻和騰訊都會被要求為信貸與支付業務開發獨立的應用程式，以確保他們無法利用自己在數位錢包業務的優勢地位，主導消費信貸市場。因此，在應用程式本身和用戶看不到的後端，超級應用程式的某些部分正在面臨拆解。

這場監管風暴以及對中國國家技術冠軍業者的抵制，在某種程度上有其必要性，但執行方式卻有太超過、太快的嚴重風險，可能會傷害到創新、成長及中國未來的競爭力，包括和美國之間的競爭。但另一方面，許多市場力量與隱私的濫用情形可能不會再發生，這讓消費者與小型創新公司得到好處。數位經濟的基礎服務，包括便利的行動支付、便宜的信貸、豐富的投資選擇、線上購物以及許多數位服務，也不會有風險。儘管發生了打壓行動，中國在二〇二一年仍然是創業投資創紀錄的一年，因為企業家持續創辦了前景看好的新公司，投資人也加倍投資力度，但是越來越多的投資避開了政府瞄準的金融科技和消費網路事業，轉向健康照護與製造業。[56]中國大約有兩千萬家私人企業，其中許多公司大力投資研究和發展，大部分的公司在這次新的政治打壓行動中並沒有成為目標。[57]

巨人的力量被削弱之後，過去從來不可能與螞蟻及騰訊競爭市場主導地位的新創公司，現在總算有機會了。新創公司為了完成投資與交易，過去被迫只能在兩個陣營之中選擇，在排他性協議禁止後，現在可能有機會自由發展得更大。然而，較小的科技公司可能很難完全符合如此複雜的新法規，這是現在的大型科技公司在員工和預算還很低時，不曾面臨過的障礙。因此，即使更多法規有其必要，但是過去那一波創新浪潮的關鍵因素，就不能再為中國的下一輪創新作出貢獻了。

其中一類公司大致上不在箭靶上，那就是國有企業。由於相信國有企業不是政治威脅，而是政權基礎，因此政府持續將國有企業合併成為巨型的企業集團，這使中國各地的經濟競爭降低，但私人企業卻因此蒙受其害。相對於螞蟻與騰訊等私人企業，大型銀行的權力已經大幅成長，這肯定代表著金融科技領域的顛覆性作為會變少，創新也會變少。

變得太大或太有影響力，尤其是「得罪國家現任領導階層」的風險，可能會鈍化下一代科技創業家的企圖心，畢竟他們會害怕自己的公司變得太大或太重要。在中國的科技公司中，馬化騰是越來越罕見的特例，因為越來越多的創辦人或共同創辦人在此次鎮壓行動下台，包括京東的劉強東、電子商務拼多多的黃崢、直播分享應用程式快手的宿華和字節跳動（抖音的母公司）的張一鳴。因此，部分中國最成功的企業家已經退居二線，這對中國未來的創新並不是好徵兆。

對於原本金融科技的政治支持者來說，未來這幾年將充滿風險，尤其是阿里巴巴／螞蟻集團的支持者，其家鄉的市委書記周江勇被控「支持資金無序擴張」，以貪腐罪名收押，螞蟻集團也受到牽連。據傳螞蟻集團為了便宜的土地交易，投資周江勇弟弟的公司。[58]事實上，「派對」才剛剛開始：令人生畏的反貪腐委員會宣誓，將終止「平台壟斷等背後的貪腐行為」，以及「權力和資本的勾連紐帶」。[59]貪腐永遠不該受到姑息，但重點是，促使習近平決心推動反貪腐行動的動力，是因為貪腐變得系統化了。按照中國數十年來的運作方式，幾乎每一個在政壇或商界取得重大成就的人，當在政治路線站錯邊，都可能被掀出一些不可告人的祕密。

來自黨部高層的信號顯示，在中國這場監管論戰中的溫和派，知道自己可能會置身於危險之中。中國推行實驗性政策已有一段歷史，它會懸崖勒馬地糾正自己的政策錯誤、了解到行動在什麼時候會弄巧成拙或成本高於預期。但中國現在不只是監管，還要重新協商政府和企業之間長久且互惠的夥伴關係，而且速度很快。如果辯論的一方被消音，就很難真正洞察當前政策的代價，並可能導致一個結果：行動做得太過頭傷害了創新，而不是取得一個可以接受的平衡狀態。

總而言之，競爭與保護隱私有其正面效果，但必須權衡合規的負擔、深刻的不確定性、有利於較不創新的國有企業、人才外移，以及令人不安的政治信號。成長和創新在未來幾年基本上可能會面臨逆風，雖然新的監管法規常常提到，政府的目標之一是提升「金融科技的國際競爭力」，但這次監管環境的改變可能會讓已經很困難的國外擴張變得更不樂觀。由於中國當局更難監管海外活動，所以在國內已經處於顯微鏡下的公司會面臨更大風險。中國聚焦在重整國內的業務，也將分散聚焦於擴展國外市場策略所需的能量與資源。最後，中國大型科技公司公開對國家宣誓效忠，以及服從交出數據的明確命令，就意味著：即使他們一再宣稱自己收集到的非中國人數據不會落入共產黨手中，外國監管機構也不可能會相信這番說詞。

第九章

從解放者到壓迫者？

「一旦金融大型科技公司的祕密外洩……，勢必會發生改變。」

二〇二〇年年底，中國廣東當局首開先例，發明了一種殘酷的懲罰方式來遏阻犯罪。這個方法取代了傳統的監獄、勞改營與罰款，犯罪者可以自由行動，但會被禁止使用數位支付五年，等於一下子把這些人變成棄兒，被排除在金融科技帶來的現代便利經濟活動之外。[1]

這證明中國出現了多麼快速且革命性的變化。一個幾年前才從邊緣躍居主流的工具，現在竟然已經成為日常生活的必需品，不准使用此工具已然足以作為某些罪行的懲罰。把警方的行動與數位支付連結起來，也生動說明了政府可能會如何運用這些工具，作為控制人民的集中要點，並把人們分成數位世界裡的富人和窮人。無論是好是壞，金融數位化之後，大型科技公司與政府更能追蹤及控制訊息，而中國就是這些變革的世界實驗室。祖克柏極為後悔，沒有在二〇一九年意識到中國金融科技革命迸發的可能性之前，注意到微信。中國的變化預告了未來全球各地的金融即將翻新作業模式，為了確保民眾、企業與決策者準備好從中得到潛在利益，同時掌控越來越數位化的金融體系所帶來的危險，我們絕對有必要了解這個變化的意義。

中國金融科技故事的開始，不是因為國家的計畫，而是因為創新與創業精神，企業家勇於挑戰在中國共產黨階級制度中根基穩固的現有機構。來自國外的資金、技術與觀念，加上政府中的盟友授權，有遠見的企業家藉由創造自己的支付工具，爭取受到壓抑的金融體系所限制的自由。雖然外國人對中國金融科技成就的重要性很快就遺忘了，但如果想要理解，在科技落後的環境如何透過異花授粉，以令人興奮的全新方式調整現有的技術與點子，讓創新得以蓬勃發展，這些都相當關鍵。

隨著公司成長得更有錢、更強大、更有勢力，馬雲和馬化騰也在伺機而動。當時機成熟，他們在一場直接衝突中，挑戰了銀行與強大的國有企業，這場衝突不僅發生在市場，也發生在幕後的共產黨最高階層。一開始，企業家贏了，因此帶來了市場競爭、快速的現代化與便利，以及最重要的是十億人的金融自由。超級應用程式與中國的數位金融革命，展現出大型科技公司顛覆產業的力量，即使受到最嚴密監管和保護的部門也是一樣，同時反映了二〇〇〇年代與二〇一〇年代期間，中國隨心所欲的經濟與爆炸式成長。

當局成功激勵甚至顛覆國有企業的創新，是中國證明即使在威權政治體制下，創新仍然可以蓬勃發展的顯著例子。這與華府一廂情願的想法完全相反。金融科技得以在中國繁榮發展，並不是因為美國現在熱衷於仿效的產業政策和補貼，而是國家創造了一個穩定、激勵創新、擁有良好基礎設施的環境，合理但不過度的監管，以及主要讓市場力量決定誰是贏家。儘管是執著於穩定的一黨制國家，卻也展現出意願，為了潛在的豐厚報酬而願意承擔重大風險，在幾乎沒有監管和前例之下，邀請大型科技公司進入金融領域，或推出一款數位貨幣的開創嘗試。為過去的金融所制定的規則，永遠無法完全明確地適用於未來的金融，而先驅技術的創新者永遠會為社會帶來風險與報酬。

中國的經驗告訴世界，一個國家如何克服困難，為承擔合理風險的企業家提供保護，並確保監管措施有足夠彈性來適應新的挑戰。中國在這方面失敗之處，以點對點借貸行業為例，說明了唯有政府明確指定負責監督創新活動的單位，並有效監控，鼓勵冒險的作為才能得到回報。

中國的金融科技已經有了模仿者，從印度一直到中國曾經抄襲的矽谷公司，包括啟發了臉書進行備受爭議的嘗試、進而想推出自己的數位貨幣，這可能幫助臉書變成騰訊超級應用程式的全球版本。美國的大型科技公司現在經常複製中國科技公司的新商業模式與功能，美國的銀行也派人到中國，去看看各地的金融未來會是什麼樣子。

金融科技的故事顯示，美國不能坐視不管，並以為自己在科技和金融領域的霸主地位可以無限期地延續下去。美國的金融體系與交易方式變化很少，但中國以數位技術翻新自己的金融體系後，已經提高了它在全球金融體系扮演更重要角色的雄心，包括推出一款由國家支持、正在與其他央行探索互操作性（interoperability，譯註：指不同電腦系統、網路、操作系統與應用程式，一起協同工作、共享資訊的能力）的數位貨幣。或許不太可能看到立竿見影的成效，部分原因是強大的網路效應讓美元的地位難以撼動。美國的金融體系不像中國的變化那麼大，因為它的改善空間比中國小很多，但美國的金融體系可以有更多的競爭、創新、包容以及低成本。

為了迎接數位時代，全球各地央行都在探索以新鮮的方式重新啟動貨幣與跨境支付工具，中國的開創嘗試將在未來數十年得到回報。中國的金融科技應用程式已經在數十個國家通行，而螞蟻與騰訊則是中國在全球金融和商業領域開疆闢土的重要業者。從金融到貿易，中國在全球經濟越來越重要，這意味著，即使中國的數位貨幣無法成為美元終結者，但人民幣挑戰美元全球貨幣地位的行動，自然也會取得進展。

然而，即便有公司能在規模、資金與技術上從中國的廣大市場中獲益，也還未能像美國的科技公司一樣，在全球各地成功建立龐大的用戶群。但是，自滿是很危險的。賭中國不會從早期錯誤中學習，認為它不會成為華爾街或矽谷的競爭對手，這種想法的愚蠢程度，就像二〇一四年之前支付寶對微信支付不屑一顧一樣。因為就在一眨眼的時間，微信支付就扭轉了原本一家獨大的市場，成為兩個強大競爭者的多極體系（multipolar system）。美中競爭的潛在相似之處顯示，美國最好把自己視為支付寶的處境，並確保自己不會如同支付寶錯失了轉向行動支付的機會，而給了騰訊關鍵的優勢。

美國無須有樣學樣，或是急著推出自己的央行數位貨幣，但確實有必要加把勁，讓美元的支付更便利、成本更低，不管是在境內或是跨境。如今中國已經展示可以做到的方式就是，在支付領域引進更多的競爭，如此能為體系施加更多創新的壓力，並讓商家用更低的成本處理支付作業。藉著改良美國的現有作法，美國對自己金融體系所做的任何改善，都將降低中國產品取代美元的能力。

然而，金融科技熱潮以及它為十億中國人帶來的正向革命改變，背後也有陰暗的一面，任何希望釋放金融科技力量的國家都必須面對。部分在國家寬容態度下所進行的探索其實是死胡同，就像點對點放貸業者，頂著創新公司的名義卻經營網路高利貸，或是騙取毫無戒心的投資者的積蓄。學習在中國與其他地方已經奏效的監管模式，並避免已經失敗的作為，就像本書已經深入探討的問題，將讓其他國家在利用許多優點的同時，避免承擔先驅者中國所付出的代價。

即使是金融科技成功的部分，當局也要停下來好好思考。大型科技公司是強大到足以和銀行較量，並挑起急需競爭的對手。但是賦予科技巨頭主導消費科技和金融領域的能力，並且看起來像是促成贏家通吃的條件，對整個金融與其他領域的競爭會有不良影響。超級應用程式擁有的革命性要素，包括多樣服務的數據整合、龐大的用戶群，以及把金融和電子商務或社群媒體服務一起搭售，也是導致利益衝突的原因，這讓監管機關、甚至是周小川等同意大型科技公司進入金融領域的關鍵人士，深深感到不安。

萬一大型科技公司為了在線上銷售更多商品而降低貸款標準，卻讓銀行承擔損失呢？萬一大型科技公司運用客戶的數兆美元資金，來推升自己的股價呢？萬一信用評分變得更像是忠誠度分數，而科技公司甚至成為機場安全威脅的仲裁者？現在，某些複雜的金融機構已經大到不能倒，萬一一家複雜度更高、客戶範圍更廣的金融巨頭倒閉，又會發生什麼狀況？又有哪個監管機關理解其中的風險？

對於所有的恐懼，監管機構不得不謹慎行事。畢竟科技企業家在整個黨內擁有許多掌握權力的朋友，也有很好的論點指出，矯枉過正的監管可能會嚴重影響信貸的取得，以及持續影響金融的創新，而這些都是中國為了維持成長、並在境外擁有能與美國頂尖公司競爭的強大公司時，需要具備的條件。然而，要求更多的隱私、競爭、更好的勞動權利與更直接的政府監控，壓力也會逐漸升高。習主席整合權力並聚焦於大型國有企業，一定會壓縮大型科技公司的發展空間，而馬雲在二〇二〇年那場批評政府的災難性演說，則打破了僵局。

大型科技公司的力量與其帶來的風險，中國當局實在深感恐懼，以至於取消了史上最大的公開募股案，並開始進行打壓行動，狠狠地把中國幾家頂尖網路公司的市值削掉了一兆多美元，引發外國投資者的強烈不滿。現在，中國政府試圖控制金融科技的過度行為，但又不想殺掉這隻生了很多金蛋的鵝。習近平的權力集中已經加強了黨的控制和協調能力，然而中國政府體制的系統性問題不會很快消失，而且，權力集中往往伴隨著過度擴張和團體迷思的風險，這正是制裁金融科技和大型科技公司中最主要的風險。

深入檢視中國的金融科技，可以看出中國的真正本質，中國崛起是美國所面臨最嚴峻的戰略挑戰之一。大多數美國人對中華人民共和國的印象是：在洞察一切的政府治理下，一個井然有序的地方。但這完全錯誤，事實上，中國是一個極度混亂的社會，違法行為猖獗，政府對於經濟和金融體系正在發生的事情，往往存有大量的盲點，以至於經常默許公然的違法活動。政府必須非常費勁才能在獨立且封閉的部門之間傳送資訊。在龐大的官僚機構中，這是無法避免的。改變政策就像駕駛油輪，常常無法果斷行動。要執行複雜的反壟斷、隱私、財務風險等種種新制，將非常挑戰中國的施政能力。

中國經驗讓我們學到一件事：一旦大型科技公司打造出一套有十億用戶、數百萬企業在使用的金融系統，許多改變就無法逆轉了。即使馬雲跌落神壇，支付寶和微信支付在中國的金融領域仍然占有關鍵地位。這是好事，銀行無法讓這場帶給人們許多選擇和便利的數位革命倒退，但是從另一個角度來看，任何依循中國模式的政府都應注意，事前制定適當的法規是必須的，特別是穩當的競爭政策。中國的反壟斷調查單位長期以來意見分歧，而且辦事不力，直到政府忽然意識到，面前的東西可能是一種政治威脅，於是猛踩剎車，採取嚴厲的糾正措施，當然，這僅止於私人企業，因為當局幾乎沒有或根本沒有採取任何行動阻止國有企業的壟斷。其他國家在放行之前，可以確認競爭框架已經準備妥善，然後以民主國家比較公平、符合法治且較為緩慢的審議程序來解決問題。中國因為走在最前頭，無法預知革命會導致什麼情況，也不知道哪些規定是必要的。但是，我們現在可以從他們的經驗中獲益。

對其他謹慎行事的國家來說，中國金融科技的故事是一則警示故事，讓人意識到科技往往伴隨著爆炸性的成長、網路效應及複雜性，能夠釋放巨大而有益的生產力，但也會為監管機關帶來前所未有的挑戰。像美國和中國這樣擁有本土發展大型科技企業的國家並不多，所以要考量的因素會更複雜，因為對大多數國家來說，進入其金融領域的大型科技公司將會是設在邊界之外的公司，可能擁有截然不同的價值觀。中國的經驗可以讓我們看出一個即將在各地看到的趨勢：金融監管機關必須解析困難的金融與技術問題，以及兩者之間的關聯。

大型科技公司進入金融領域的方式，在各國之間也大不相同，不一定都會依循中國的模式。允許科技公司成為金融巨頭並擁有銀行的中國極簡模式，以及科技公司做得很少的美國模式，兩者之間還有廣大的中間地帶。科技公司可以專注於自身的比較優勢，像是提供消費者介面、數據分析、雲端計算，以及數據安全方面的專業知識，至於持有客戶資金、放款，以及投資評估等業務，則可以讓為此目的所設計與監管的機構執行。

臉書的天秤幣／Diem計畫現在正在拆解，但這並不表示，美國大型科技公司不急著尋求進入全球金融的方式。臉書對全球數位貨幣的雄心壯志，遠遠超過支付寶和微信支付在中國創造出來的局面，如果馬雲試圖在中國推出類似的產品，很可能會鋃鐺入獄。但是，美國的Square和PayPal等金融科技公司有不同的超級應用程式競爭者，通常包括中國超級應用程式不能碰的加密貨幣。即使沃爾瑪等老牌的零售業巨頭也在採取行動，收購金融科技公司，讓自己變得不再只是一家商店。蘋果支付也正在成長中，谷歌支付的目標則是放在重新設定，並成為「整個消費金融產業的結締組織」。[2]

中國採行的因應措施有某些值得複製的關鍵要素，包括對利益衝突和壟斷祭出嚴格的法規，以確保大型科技公司進入金融領域可以加強競爭，而不是終結競爭。美國已經有金融控股公司制度來監管金融集團，只要加以調整就可以把金融科技形成的特殊風險納入管理。中國的制度仍處於初期階段，但它以集團層級監督著特別複雜而龐大的科技公司，藉著實施資金要求與監督關係人交易來限制風險，這一點或許值得仿效。

中國金融科技的故事，對於理解金融和科技的未來至關重要。新的技術、開發與利用這些技術的公司，帶來巨大的承諾與意想不到的後果，產生了許多最急迫的問題。政府現在正在努力保護網路安全和隱私、打擊金融壟斷和詐騙，並降低財務風險，但科技和科技公司的發展之快，當局的反應似乎總是慢半拍。

這個結論會讓西方國家不安，但中國確實已經成為消費技術創新以及政府如何做出因應的實驗室。看看以超級應用程式為中心的日常生活，以及先進的央行數位貨幣，讓我們得以預覽，隨著貨幣數位化，數位公司成為新世界不可或缺的基礎設施提供者，我們的生活會是什麼樣子。同時，對於提前發生在中國的這些趨勢，不管是數據保護、網路安全、金融風險或是國家支持的數位貨幣等，政府和社會對此的因應方式發生時，也很值得研究。或許可以啟發一些積極的步驟，避免落入陷阱。

展望未來

新冠疫情發生之後，世界各地的支付方式、金融與商務已經迅速數位化，習慣用現金當面支付的數十億人，已經把非接觸式交易當成首選。美國人使用信用卡的習慣似乎不太可能改變，因此疫情對美國金融的影響或許沒那麼大。與此同時，世界其他地方可能會看到發生在中國的初期現象：支付首先上線，接著科技公司會運用數據，打造出提供金融與其他服務的全新操作系統。但同時，新的數據軌跡可能導致更多的監視，並助長實體的紙鈔盜竊轉型成網路犯罪的風險。

為了控制大型科技公司、擴大政府的控制與監管特權，北京發起的新打擊行動，截至目前為止的效果如何還屬未知。可以知道的是，他們削減了科技巨頭依然龐大的財富與力量，以及引發外國投資人的新疑慮，因為中國政府竟然不計一切代價決心要控制外國投資人，包括不在意外國投資人的權益問題——將巨額資金投入中國公司卻遭受重大損失。新的法規正在翻新數兆美元的商業活動與十億中國人的大部分生活，這些法規要麼不是將競爭環境重新偏向沒有生產力的國有企業、進而扼殺創新，要麼就是允許新一代的新創公司與大型業者競爭，來促進創新。

更令人擔憂的是，國家想要掌控私人企業的數據。螞蟻集團顯然在被迫之下，設立了一家與國有企業合資的公司，螞蟻金服不得不向這家公司揭露過去的信用紀錄，這部分符合全球規範，但是還包括用戶為了取得承保而輸入的敏感資料。而這家部分國有的合資公司將負責確保螞蟻金服的信貸資料庫有助於信用評估。

在一個私人業者參與競爭的市場中，監管機關確保不同系統之間的互操作性、保護隱私、限制壟斷行為，這是一件好事，但是讓一個權力不能有效制衡的黨國體制更直接搜集數據，並成為什麼數據要以什麼價格與誰共享的仲裁者，卻是很危險的。這種作法會讓中國退回到過去慘敗的中央計畫體制方向上，而且政府本身經營市場的紀錄，以銀聯支付為例，在創新方面就不是好例子。把這些資料全部直接交到政府手裡，但新的隱私保護法規對政府的要求低很多，對於公民的自由權利與免於政府監視的自由來說，未來的環境會比目前的情況更糟。

二〇二〇年八月十五日，二十一歲的唐謀輝（Tang Mouhui，音譯）受夠了騰訊，但他沒有騰訊就活不下去。騰訊忽然封鎖他的微信帳戶，這對他的小公司是場災難，因為他靠微信銷售以及與客戶溝通。這件事的影響範圍很廣，因為中國人也透過微信登入其他各種服務平台，沒有微信帳戶，就意味著通往日常所需的一連串服務的門被鎖上了。他的生計確實受到威脅。然而，在這個自動化的年代，我們很多人都有同樣經驗，他能得到的幫助是冷漠又無法提供服務的機器，聊天機器人使他陷入越來越憤怒的情緒迴圈。在深圳，他其實可以親自到騰訊的客服中心，但當天恰好是星期六，於是連這扇門也走不通了。在絕望中，他爬上騰訊客服中心所在的辦公大樓十一樓，一躍而下，墜樓身亡。[3]

從公司的角度來看，騰訊停止唐謀輝的帳戶是合理的。後來發現，他在微信的連絡人曾經舉報他有性騷擾的行為。然而，這件事讓人非常擔憂，個人的財務、商業生活及私人談話，都綁在一個超級應用程式的嚴重後果。更令人擔憂的是，中國人民時常無法登入微信，因為談話內容與貼文被自動審查系統或科技公司聘雇的審查人員舉報，導致被警告與暫停使用權。當人們大部分的財務生活受到這樣的威脅時，就更可能會自我審查與別人討論的內容。超級應用程式雖然便利，但不管是直接被營運的公司運用，或是被監管的政府當作工具，權力實在太過度集中。

關於未來的金融，現在有兩種截然相反的模式，各有其承諾與問題。加密貨幣世界

（Web3）代表了其中一個極端，類似網際網路早期的承諾：自由放任主義、不受任何民族國家的束縛、對監管保持敵意、嚴格保護用戶隱私，而且通常是去中心化的。中國正在朝另一個極端方向移動：首先保護國家的主權特權、集中權力以壟斷貨幣供應、監督金融體系並監視人民。對美國這樣的自由民主國家來說，這兩種極端都不是該走的道路，它必須在不同的社會價值，而不是加密貨幣社群或中國共產黨盛行的價值觀，是要找出自己的平衡。

如果數位美元確實有其必要，就必須由美國的大眾來確保技術的設計和管理方式，才不會產生一個掌握所有人交易和餘額資料的歐威爾式資料庫。數位貨幣的設計必須可以和其他理念相同、標準一致的國家共享與互通。除此之外，還必須確保像現金等匿名、低技術的支付選項在未來仍然可以保留下來，避免把那些對數位技術不熟悉、或因某些合法理由而不想被追蹤的人排除在外。

當大型科技公司進入美國金融領域，或是金融科技公司準備打造超級應用程式，我們必須牢記中國經驗帶給我們的教訓。我們必須先制定管理技術和金融領域之間互相連接的法規，同時要確保利益衝突受到控制，風險不能隱藏或轉嫁到納稅人與存款人身上。美國的民眾應該要求政府和企業擺脫自滿心態，繼續在金融領域技術創新上贏得聲譽，努力改善我們的金融體系，即使這意味著，我們得承認自己正在向中國學習，就像中國曾經向我們學習一樣。

致謝

我要感謝許多人給我的支持和睿智建議，讓我動筆並完成這本書。首先，本書的誕生要感謝Dan Garon，是他在二〇一四年督促我，把我對中國在科技和金融進展的近距離觀察寫成一本書。同樣關鍵的是在那之前，Li Ling說服我接受路思義獎學金（Luce Scholarship）以及住到北京，理由是能夠學習中國的崛起將如何重塑全球金融，對於像我這樣的年輕人是再好不過的機會。透過Li Ling，我認識了北京大學的姚洋（Yao Yang）教授，姚院長給了我在中國的第一份教職。姚院長把我介紹給中國金融四十人論壇（China Finance 40 Forum）秘書長王海明，對我的意義至關重大。之後，王秘書長聘請我加入論壇，首開外籍人士加入的先例，他也成為我在北京的上司兼導師，帶我認識了我想認識的中國，即使在某些敏感的會議中，有外國人在場可能會引起爭議。王秘書長給了我許多的支持和教導，我實在感激不盡。感謝黃益平（Huang Yiping）教授和 Logan Wright，讓我在中國居住期間得以在他們的門下學習，並且帶我認識中國金融的特性。感謝哈佛大學甘迺迪政治學院（Harvard Kennedy School）支持我，在我就讀研究所時，允許我在中國境內繼續我的研究。

彼得森國際經濟研究所（Peterson Institute for International Economics）所長 Adam Posen 在所裡為我安插了職位，並讓我有充裕的時間完成這份書稿。經過他的指導，本書的貢獻超越了原本狹隘的立意，觸及到更深刻的金融和科技議題。感謝 Nick Lardy，世上再也找不到那麼支持我、見識那麼廣，又相處那麼融洽的同事。在中國期間，我把他的著作翻來覆去地讀；他的建議對我的事業有關鍵性的影響。感謝 Steve Weisman，是他幫助我把天馬行空的想法轉化成一本有說服力的書，當我卡在死胡同的時候，為我指點迷津。感謝我的經紀人 Rafe Sagalyn，他巧妙地幫助我把一份厚重的學術手稿包裝成一本較為符合大眾口味的書。感謝本書編輯 John Mahaney 與我對話、給我回饋，多虧他獨到的眼光，讓本書最後呈現的樣貌比起草稿有了巨大的改善。

還有其他人給了我寶貴的意見，包括 Adil Ababou、Peter Agree、Usman Ahmed、Kelvin Chen、Josh Freedman、Joe Gagnon、Julian Gewirtz、Robert Greene、Chad Harper、He

Dong、Patrick Honohan、Huang Tianlei、Simon Johnson、Scott Kennedy、Asim Khwaja、Mary Lovely、Rory Macfarquhar、Amaad Mahmoud、Dinny McMahon、Paul Mozur、Marcus Noland、Simon Rabinovitch、Samm Sacks、Ted Truman、Eitan Urkowitz、Nicolas Veron、Michael Walton、Paul Watkins、Graham Webster、Yiping Huang、David Zou，以及許多中國朋友們，礙於當前的政治氣候，我就不在此公開姓名。感謝我的父親鼓勵我到海外求學和居住，感謝母親培養我對書籍的愛好，還要感謝我的舅舅Daniel啟發了我學習新語言和新文化的興趣。感謝Huckleberry Cheesecake托兒中心對我兩個孩子的照顧，我才有可能完成本書。

注釋

前言

1. John Engen, “Lessons from a Mobile Payments Revolution,” *American Banker*, 2018, www.americanbanker.com/news/why-chinas-mobile-payments-revolution-matters-for-us-bankers.

第一章　超級應用程式的崛起

1. Zhou Xiaochuan, 金融基礎設施，科技創新與政策回應——周小川有關講座彙編（A collection of Zhou Xiaochuan’s lectures on financial infrastructure, technology innovation, and policy responses）,Beijing: China Financial Publishing, 10.
2. 根據世界銀行數據顯示，一九七八年中國人均GDP為現價一百五十六美元，而非洲撒拉哈以南地區則是四百九十六美元。https://data.worldbank.org/indicator/NY.GDP.PCAP.CD?locations=CN-ZG.
3. Yuen Yuen Ang, *How China Escaped the Poverty Trap* ,Ithaca, NY: Cornell University Press, 2016, 17.
4. Sebastian Heilmann, “Policy Experimentation in China’s Economic Rise,” *Studies in Comparative International Development* 43 (2008): 9, http://citeseerx.ist.psu.edu/viewdoc/download?doi=10.1.1.1023.3162&rep=rep1&type=pdf.
5. Chaowen Li,「馬化騰：模仿是最妥的創新」(Ma Huateng: Imitation is the most dependable innovation), *Daily Economic News*, August 25, 2010, https://tech.china.com/zh_cn/news/net/domestic/11066127/20100825/16102912.html.

6. Xiaobo Wu, 騰訊傳 1998 — 2016 ‥ 中國互聯網公司進化論（Tencent biography 1998 2016: Theory of evolution of China's internet company）, Hang-zhou: Zhejiang University Press, 2017, 39.
7. Wu, *Tencent Biography*, 45.
8. Wu, 50. World Bank data on GDP per capita in today's dollars.
9. Wu, 51.
10. Wu, 75.
11. Duncan Clark, *Alibaba: The House That Jack Ma Built* ,New York: Ecco, 2016, loc. 2155, Kindle.
12. Wu, *Tencent Biography*, 85.
13. 中國國家統計局的二〇〇〇年人均淨收入為六千兩百八十人民幣，當時匯率為一美元八．二八人民幣。參見 www.stats.gov.cn/english/statisticaldata/yearlydata/YB2001e/ml/indexE.htm。根據中國的數據，中國人民收入估值，約等同於世界銀行用於參照比較的二〇〇〇年人均國民所得八百一十七美元。參見 https://data.worldbank.org/indicator/NY.ADJ.NNTY.PC.CD?locations=CN&most_recent_value_desc=false.
14. Wu, *Tencent Biography*, 120.
15. Quoted in Wu, 120.
16. China UnionPay, "China UnionPay Established in Shanghai," 2002, https://web.archive.org/web/20170630140149/http://en.unionpay.com/news/newsroom/file_2653330.html.
17. H. Asher Bolande, "China Unveils a Bold Plan to Boost Its Wire- less Sector," *Wall Street Journal*, April 25, 2001, www.wsj.com/articles/SB988 151752939479820.
18. 二〇二〇年，蘋果實行了一項計畫，即向每年收入小於一百萬美元的小型企業收取一五%的佣金，谷歌在二〇二一年跟進。收入較高的開發者依舊維持三〇%佣金。參見 Chaim Gartenberg, "Google Will Reduce Play Store Cut to 15

Percent for a Developer's First $1M in Annual Revenue," *Verge*, March 16, 2021, www.theverge.com/2021/3/16/22333777/google-play-store-fee-reduction-developers-1-million-dollars.

19. Wu, *Tencent Biography*.
20. Edward Castronova, "Virtual Worlds: A First-Hand Account of Market and Society on the Cyberian Frontier," *SSRN*, January 14, 2002, https://papers.ssrn.com/sol3/papers.cfm?abstract_id=294828.
21. Tencent Holdings, *Annual Report 2007*, March 19, 2008, 91, http://cdc-tencent-com-1258344706.image.myqcloud.com/storage/uploads/2019/11/09/bed5cd0ddbbab97a39eea9cb1308e725.pdf.
22. China Internet Network Information Center, "The Internet Timeline of China 2004 2006," September 4, 2012, https://cnnic.com.cn/IDR/hlwfzdsj/201209/t20120904_36017.htm.
23. 費率各不相同，但Square的小型商家單筆線上交易會加收三十美分與交易金額的二．九%。參見Meredith Galante, "What Is a Card-Not-Present (CNP) Transaction and Why It Costs More," Square, December 26, 2017, https://squareup.com/us/en/townsquare/what-is-a-card-not-present-transaction.
24. Xing Wang and Shanshan Wang, "Virtual Money Poses a Real Threat," *China Daily*, December 26, 2006, accessed March 8, 2018, www.chinadaily.com.cn/china/2006-12/26/content_767335.htm.
25. Virtual Economy Research Network, "The Q Coin Secondary Market in Practice — with Screenshots," *Virtual Economy Research Network Blog*, April 27, 2007, https://virtualeconomyresearchnetwork.wordpress.com/2007/04/27/the_q_coin_secondary_market_in（資料瀏覽時間：二〇一八年三月八日）。
26. Virtual Economy Research Network, "The Q Coin Secondary Market in Practice."
27. Geoffrey Fowler and Juying Qin, "QQ: China's New Coin of the Realm?," *Wall Street Journal*, March 30, 2007, www.wsj.com/articles/SB117519670114653518.

28. Clark, *Alibaba*, loc. 1953.
29. Clark, loc. 1388. 馬雲後來承認編造的那句話就是「互聯網將影響人類社會的方方面面」，但馬雲聲稱：「我相信比爾·蓋茲一定會有說出這句話的一天。」
30. Clark, loc. 1880.
31. Lucy Peng, "Injecting New Ideas into Business Models: Duncan Clark Interview with Lucy Peng," *Youku*, Stanford Business School, September 28, 2012, https://v.youku.com/v_show/id_XNjEyMDg1MzAw.html?spm=a2h0k.8191407.0.0&from=s1.8-1-1.2.
32. William Barnett and Peter Lorentzen, "EachNet.com," Stanford Business School, 2006, www.gsb.stanford.edu/faculty-research/case-studies/eachnetcom.
33. WeiLian, HuiBian, XianghuiSu, andPengchengCao, 螞蟻金服：從支付寶到新金融生態圈（Ant Financial: From Alipay to a new financial ecosphere）, Beijing: China Renmin University Press, 2017, 24.
34. "ICBC, Alibaba Combine Strengths to Advance Digital Business Development"（工行、阿里巴巴雙強聯手，共推電子商務發展）, Industrial and Commercial Bank of China, May 26, 2006, www.icbc.com.cn/icbc/gxk_1/5257.htm.
35. Zhang Ran, "More Logging On to Internet Banking," *China Daily*, December 14, 2007, www.chinadaily.com.cn/bizchina/2007-12/14/content_6321256.htm.
36. Alibaba Group, "Alibaba Group and China Post Sign Cooperation Agreement," November 22, 2006, www.alibabagroup.com/en/news/press_pdf/p061122.pdf.
37. 節錄自Clark, *Alibaba*, loc. 2760.
38. Xi You, 螞蟻金服：科技金融獨角獸的崛起（Ant Financial: The emergence of a techfin unicorn）, Beijing: China Citic Press, 2017, Chapter 1.

39. Lian et al., *Ant Financial*, 28.
40. Lian et al., 29.
41. Jerome Cohen, "Written Statement to the Congressional-Executive Committee on China," September 20, 2006, https://scholarship.law.upenn.edu/cgi/viewcontent.cgi?article=1017&context=ealr.
42. World Bank and People's Bank of China, "Toward Universal Financial Inclusion in China: Models, Challenges, and Global Lessons," 2018, https://openknowledge.worldbank.org/handle/10986/29336.
43. State Council of the People's Republic of China,「國務院辦公廳關於加快電子商務發展的若干意見」（State Council General Office opinions on how to accelerate e-commerce's development）, January 8, 2005, www.gov.cn/gongbao/content/2005/content_63341.htm.
44. People's Bank of China, "A PBC Official Answers Questions of Reporters on the E-payment Guidance (No. 1)," October 26, 2005, https://web.archive.org/web/20051230034447/http://www.pbc.gov.cn/english/detail.asp?col=6400&id=611.
45. Mao Linsheng, "Mao Linsheng Sends a Message to Alibaba Workers," Hangzhou Municipal Government, May 8, 2003; Shujie Leng, "'Be in Love with Them, but Don't Marry Them': How Jack Ma Partnered with Local Government to Make E-commerce Giant Alibaba, and Hangzhou, a Success," *Foreign Policy*, October 31, 2014, https://foreignpolicy.com/2014/10/31/be-in-love-with-them-but-dont-marry-them.
46. Barry Naughton, "The Rise of China's Industrial Policy 1978 to 2020," Universidad Nacional Autónoma de México, 2021, https://dusselpeters.com/CECHIMEX/Naughton2021_Industrial_Policy_in_China_CECHIMEX.pdf.
47. Julie Bick, "When PayPal Becomes the Back Office, Too," *New York Times*, December 18, 2005, www.nytimes.com/2005/12/18/business/yourmoney/when-paypal-becomes-the-back-office-too.html.
48. 節錄自"Standing Up to a Giant," *Forbes*, April 25, 2005, www.forbes.com/global/2005/0425/030.html#bc35a1916b3a.

49. 節錄自Clark, *Alibaba*, loc. 265.
50. Clark, loc. 226.
51. Clark, loc. 236 238.
52. Keith Bradsher, "For eBay, It's About Political Connections in China," *New York Times*, December 22, 2006, www.nytimes.com/2006/12/22/technology/22ebay.html.
53. "New Alipay Service Speeds E-pay," Alizila, April 9, 2011, www.alizila.com/new-alipay-service-speeds-e-pay.
54. Asli Demirgüç-Kunt, Leora Klapper, Dorothe Singer, Saniya Ansar, and Jake Hess, *The Global Findex Database 2017: Measuring Financial Inclusion and the Fintech Revolution*, Washington, DC: World Bank, 2018.
55. You, *Ant Financial*, Chapter 5.
56. You, Chapter 5.
57. World Bank and People's Bank of China, "Toward Universal Financial Inclusion in China."
58. "CCTV Exposes Behind the Scenes Promoters of Online Gambling, Many Payment Companies Implicated"（央視揭網路賭博幕後推手，多家支付公司涉指）, China Central Television, July 13, 2010.
59. 節錄自in Jialin Zhu, "Alipay, Dedicate to the Government or to the People? This Never Was a Dilemma," *Technode China*, October 16, 2014, https://cn.technode.com/post/2014-10-16/alipay-nation-people-dilemma.
60. Clark, *Alibaba*, loc. 3472.
61. Qingmin Yan and Jianhua Li, *Regulating China's Shadow Banks*, Beijing: China Renmin University Press, 2014, 153.
62. Paul Mozur, "Alibaba Unveils Wall of Shame for Deadbeat Borrowers," *Wall Street Journal*, July 12, 2013, https://blogs.wsj.com/chinarealtime/2013/07/12/alibaba-unveils-wall-of-shame-for-deadbeat-borrowers.
63. 節錄自Porter Erisman, "'We're Going to War': The Inside Story of How Jack Ma Took on eBay with Taobao," *Tech in Asia*,

July 30, 2018, www.techinasia.com/were-war-story-jack-ma-ebay-taobao.

64. "The Internet Timeline of China (2012)," China Internet Network Information Center, May 8, 2013, https://cnnic.com.cn/IDR/hlwfzdsj/201305/t20130508_39415.htm.

65. "Stellar Growth Sees China Take 27% of Global Smart Phone Shipments, Powered by Domestic Vendors," Canalys, August 2, 2012, www.canalys.com/newsroom/stellar-growth-sees-china-take-27-global-smart-phone-shipments-powered-domestic-vendors.

第二章 革命的時機已經成熟

1. 關於一九九〇年之前的中國金融歷史，參見Nicholas Lardy, *China's Unfinished Economic Revolution*, Washington, DC: Brookings Institution Press, 1998. 二〇〇〇年代絕大多數的情形，參見Carl Walter and Fraser Howie, *Red Capitalism: The Fragile Financial Foundation of China's Extraordinary Rise*, Singapore: Wiley, 2010.

2. Barry Naughton, "Economic Policy After the 16th Party Congress," *China Leadership Monitor* 5, Winter 2003, www.hoover.org/sites/default/files/uploads/documents/clm5_bn.pdf.

3. Henry Paulson, *Dealing with China: An Insider Unmasks the New Economic Superpower*, London: Headline, 2015.

4. Julian Gewirtz, *Unlikely Partners: Chinese Reformers, Western Economists, and the Making of Global China*, Cambridge, MA: Harvard University Press, 2017.

5. Sebastian Heilmann, "Regulatory Innovation by Leninist Means: Communist Party Supervision in China's Financial Industry," *China Quarterly* 181 (2005): 1 21, doi:10.1017/S0305741005000019.

6. Victor Shih, *Factions and Finance in China: Elite Conflict and Inflation*, Cambridge: Cambridge University Press, 2009.

7. Lardy, *China's Unfinished Economic Revolution*; World Bank, "Bank Non-performing Loans to Gross Loans for United

States," retrieved from FRED, Federal Reserve Bank of St. Louis, https://fred.stlouisfed.org/series/DDSI02USA156NWDB.

8. 節錄自"ICBC and Goldman Sachs Start Their Strategic Cooperation," Industrial and Commercial Bank of China, March 22, 2006, www.icbc.com.cn/icbc/icbc%20news/icbc%20and%20goldman%20sachs%20start%20their%20 strategic%20 cooperation.htm.
9. 節錄自Richard McGregor, *The Party: The Secret World of China's Communist Rulers*, New York: Harper Perennial, 2010, loc. 1368, Kindle.
10. McGregor, *The Party*, loc. 1376.
11. Paulson, *Dealing with China*, 140 142.
12. McGregor, *The Party*, loc. 1402.
13. "China Crashes Its Stockmarket with Circuit-Breakers Meant to Save It," *Economist*, January 7, 2016, www.economist.com/free-exchange/2016/01/07/china-crashes-its-stockmarket-with-circuit-breakers-meant-to-save-it.
14. 作者的計算根據中國人民銀行與天弘基金的數據。數據取得透過Wind Terminal與Federal Reserve Economic Data。
15. Emily Perry and Florian Weltewitz, "Wealth Management Products in China," *Reserve Bank of Australia Bulletin*, June 2015, www.rba.gov.au/publications/bulletin/2015/jun/pdf/bu-0615-7.pdf.
16. 作者的計算根據中國銀行業監督管理委員會，*2012 Annual Report*, Beijing, April 23, 2013, 26, 46.
17. World Bank, "China Enterprise Survey 2012," www.enterprisesurveys.org/content/dam/enterprisesurveys/documents/country-profiles/China-2012.pdf.
18. Nicholas Lardy, *Markets over Mao: The Rise of Private Business in China*, Washington, DC: Peterson Institute for International Economics, 2014, 109, 112.
19. 作者的計算根據中國人民銀行數據，以及金融協會的基金使用。數據取得透過Wind Terminal。

20. Demirgüç-Kunt et al., *Global Findex Database 2017*.
21. Akos Rona-Tas and Alya Guseva, *Plastic Money: Constructing Markets for Credit Cards in Eight Postcommunist Countries*, Palo Alto, CA: Stanford University Press, 2014, 220.
22. People's Bank of China,「中國支付體系發展報告2012（中英文）」（China payment system development report 2012）, www.pbc.gov.cn/zhifujiesuansi/128525/128545/128646/2813132/index.html.
23. Rona-Tas and Guseva, *Plastic Money*, 219.
24. Jerry Hausman, Jeffrey Yuhu, and Xinju Zhang, "Economic Analysis of Wireless Point of Sale Payment in China," Center for eBusiness at MIT paper 212, 2004, http://ebusiness.mit.edu/research/papers/212_JHausman_ChinaEPayment.pdf.
25. Joe Nocera, *A Piece of the Action: How the Middle Class Joined the Money Class*, New York: Simon and Schuster, 1994, 25, 27.
26. Qingmin Yan and Jianhua Li, *Regulating China's Shadow Banks*, New York: Routledge, 2016, Chapter 2.
27. Kellee Tsai, "Review: The State of China's Economic Miracle," *Asia Policy* 20 (July 2015): 144 148, www.jstor.org/stable/24905073.
28. Li Gan, "Findings from China Household Finance Survey," January 2013.
29. Shuxia Jiang, "The Evolution of Informal Finance in China and Its Prospects," in *Informal Finance in China: American and Chinese Perspectives*, ed. Jianjun Li and Sara Hsu, New York: Oxford University Press, 2009, 22.
30. Yan and Li, *Regulating China's Shadow Banks*, 160.
31. Hanming Fang and Rongzhu Ke, "The Insurance Role of ROSCA in the Presence of Credit Markets: Theory and Evidence," working paper, November 23, 2006, citeseerx.ist.psu.edu/viewdoc/download?doi=10.1.1.405.1998&rep=rep1&type=pdf.
32. Keith Bradsher, "Informal Lenders in China Pose Risks to Banking System," *New York Times*, November 9, 2004, www.

nytimes.com/2004/11/09/business/worldbusiness/informal-lenders-in-china-pose-risks-to-banking.html.

33. Kellee Tsai, *BackAlley Banking: Private Entrepreneurs in China*, Ithaca, NY: Cornell University Press, 2002, 213.

34. Nicholas Lardy and Nicholas Borst, "A Blueprint for Rebalancing China's Economy," Peterson Institute for International Economics Policy Brief 13 02, February 2013.

35. 節錄自"China's Wen Urges Breakup of Bank Monopoly as Growth Slows," Reuters, April 3, 2012, www.reuters.com/article/us-china-banks/chinas-wen-urges-breakup-of-bank-monopoly-as-growth-slows-idUSBRE83211C20120404.

36. People's Bank of China,「人民銀行關於印發《關於中國支付體系發展（2011—2015年）的指導意見》的通知」（People's Bank of China publishes notice on "guiding opinions on China's payment system development〔2011 2015〕）, January 5, 2012, www.gov.cn/gongbao/content/2012/content_2163591.htm.

37. 節錄自Xiu Wen, Yuzhe Zhang, Tao Zhang, and Weifeng Ni, "Counting Down to the End of Unionpay's Monopoly"（終結銀聯壟斷倒計時）, *Caixin*, July 23, 2012, http://magazine.caixin.com/2012-07-20/100413146.html?p0#page2.

38. World Trade Organization, "China-Certain Measures Affecting Electronic Payment Services," Dispute Settlement Case DS413, www.wto.org/english/tratop_e/dispu_e/cases_e/ds413_e.htm.

39. 節錄自Wansheng Guo, 奔騰年代：互聯網與中國：1995 2018（Surging period: The internet and China 1995 2018）, Beijing: Citic Press, 2018, 333.

40. 節錄自Huateng Ma, "An Appeal from Delegate Ma Huateng: Make Internet Development a Major National Development Policy," March 12, 2013, www.gov.cn/2013lh/content_2352207.htm.

41. Li Keqiang, "Report on the Work of the Government," March 5, 2014, 18, http://online.wsj.com/public/resources/documents/2014GovtWorkReport_Eng.pdf.

42. Guo, *Surging Period*, 346.

43. Zhou Xiaochuan, "Interview with Phoenix Technology," March 14, 2013, http://people.techweb.com.cn/2013-03-14/1282824.shtml.

44. People's Bank of China，「全面落實金融業資訊化『十二五』發展規劃，著力提升人民銀行科技服務水準」（Comprehensively implement financial sector informatization "12th five-year plan" development plan, try to raise PBOC technical service level），February 23, 2012, www.pbc.gov.cn/kejisi/146812/146814/2858211/index.html.

第三章　金融科技帶來金融自由

1. "Fintech Adoption Index 2017," EY Global Financial Services, www.ey.com/Publication/vwLUAssets/ey-fintech-adoption-index-2017/%24FILE/ey-fintech-adoption-index-2017.pdf.
2. Dan Breznitz and Michael Murphree, *Run of the Red Queen: Government, Innovation, Globalization, and Economic Growth in China*, New Haven, CT: Yale University Press, 2011, 4.
3. C. Custer, "Alipay Says Wireless Payments Up 546% in 2012," *TechInAsia*, January 15, 2013, www.techinasia.com/alipay-wireless-payments-546-2012.
4. 節錄自 You, *Ant Financial*, Chapter 8.
5. You, Chapter 8.
6. Jamil Anderlini, "Explosive Growth Pushes Alibaba Online Fund Up Global Rankings," *Financial Times*, March 10, 2014, www.ft.com/content/748a0cd8-a843-11e3-8ce1-00144feab7de#axzz38MDGQhid.
7. 節錄自 Stella Yifan Xie, "Asset Growth in the World's Largest Money-Market Fund Slows Sharply," *Wall Street Journal*, February 5, 2018, www.wsj.com/articles/asset-growth-in-the-worlds-largest-money-market-fund-slows-sharply-1517826603.
8. China Securities Regulatory Commission,「證券投資基金銷售管理辦法」（Measures for the administration of sales practice

of securities investment funds）, June 9, 2011, www.csrc.gov.cn/zjhpublic/G00306201/201106/t20110621_196582.htm.

9. Nocera, *A Piece of the Action*, Chapter 4. 不像中國政府的政府債券支付的市場利率遠高於存款，但美國試著僅向家庭大量銷售債券維持壓制。

10. Guonan Ma and Chang Shu, "Interbank Volatility in China," *BIS Quarterly Review*, September 15, 2013, www.bis.org/publ/qtrpdf/r_qt1309u.htm.

11. Asset Management Association of China,「基金市場數據（2013年05月）」（Fund market data〔May 2013〕）, June 13, 2013, https://web.archive.org/web/20170724190003/.

12. Grace Zhu and Paul Mozur, "Text, Chat, Profit: Tencent Launches Investing on WeChat," *Wall Street Journal*, January 22, 2014, https://blogs.wsj.com/chinarealtime/2014/01/22/text-chat-profit-tencent-launches-investing-on-wechat；Junli Fan,「理財通上線首日吸金8億（更新）」（Caifutong's first day online takes in 800 million in funds (updated)）, *Caixin*, January 22, 2014, http://finance.caixin.com/2014-01-22/100632009.html.

13. 作者的計算根據中國人民銀行：人民金融機構存款餘額（Resident Outstanding Deposit Balances at Financial Institutions）。數據取得透過Wind Terminal。

14. Industrial and Commercial Bank of China, *2013 Annual Report*, March 27, 2014, 11, www.icbc-ltd.com/SiteCollectionDocuments/ICBC/Resources/ICBCLTD/download/2014/2013ndbg_h_E.pdf.

15. Jack Ma, "Financial Industry Needs Disruptors," June 21, 2013, *People's Daily*, http://cpc.people.com.cn/n/2013/0621/c78779-21920452.html（資料瀏覽時間：二〇一八年十一月五日）。

16. Michael Forsythe, "Alibaba's I.P.O. Could Be a Bonanza for the Scions of Chinese Leaders," *New York Times*, July 20, 2014, https://dealbook.nytimes.com/2014/07/20/alibabas-i-p-o-could-be-a-bonanza-for-the-scions-of-chinese-leaders.

17. China Securities Regulatory Commission,「證監會：支援『餘額寶』等產品市場創新」（CSRC: Support "Yu'E Bao and other

products" market innovations）, March 28, 2013, www.csrc.gov.cn/pub/zhejiang/xxfw/tzzsyd/201306/t20130628_229840.htm.

18. State Council of the People's Republic of China,「國務院辦公廳關於金融支持經濟結構調整和轉型升級的指導意見」（State Council General Office guiding opinions on finance supporting economic structural adjustment, transformation, and upgrading）, July 5, 2017, www.gov.cn/zwgk/2013-07/05/content_2440894.htm.

19. People's Bank of China, 年第二季度中國貨幣政策執行報告（2013Q2 China monetary policy implementation report）, August 2, 2013, www.pbc.gov.cn/zhengcehuobisi/125207/125227/125957/125991/2869042/index.html.

20. Kai-Fu Lee, *AI Superpowers: China, Silicon Valley, and the New World Order*, Boston: Mariner, 2018, 52.

21. 「習近平：實施創新驅動不能等待觀望懈怠」（Xi Jinping: Pushing and implementing innovation cannot be done with a laziness or "wait and see"）, Xinhua, October 1, 2013, www.xinhuanet.com//politics/2013-10/01/c_117582862.htm.

22. Qingmin Yan,「銀監會副主席閻慶民談民營銀行試點工作」（Banking Regulatory Commission Vice Chairman Yan Qingmin discusses private banking pilot work）, China Banking Regulatory Commission, March 11, 2014.

23. 「中共中央關於全面深化改革若干重大問題的決定」（Decision of the Central Committee on how to deal with serious issues in comprehensively deepening reform）, Xinhua, November 15, 2013, www.gov.cn/jrzg/2013-11/15/content_2528179.htm.

24. Lingjuan Cao,「外灘金融創新試驗區實施細則發布允許獲批企業冠名『外灘』」（Detailed rules implementing the Bund financial innovation experimental area published, permits authorized companies to include "Bund" in their name）, *Renmin Ribao*, September 8, 2013, http://politics.people.com.cn/n/2013/0908/c1001-22847176.html.

25. Zhou Xiaochuan, "Interview with *Caijing*," *Caijing*, December 16, 2013.

26. Yun Ma, Speech at China Business Leaders Annual Conference, December 7, 2008, http://finance.sina.com.cn/

hy/20081207/18215601586.shtml.

27. Patrick Boehler, "Fangs Are Out After Chinese Broadcaster's 'Vampire' Slur on Online Funds," *South China Morning Post*, February 24, 2014, www.scmp.com/news/china-insider/article/1434035/fangs-are-out-after-chinese-broadcasters-vampire-slur-online.

28. David Keohane, "Alibaba and the 40 Cannibals," *FT Alphaville*, March 12, 2014, https://ftalphaville.ft.com/2014/03/12/1798122/alibaba-and-the-40-cannibals.

29. Xueqing Jiang, "Banks Strike Back at Online Financial Startups," *China Daily*, February 11, 2014, www.chinadaily.com.cn/business/2014-02/11/content_17277806_2.htm.

30. He Wei, "Alipay to Discontinue Offline-Payment Service," *China Daily*, August 28, 2013, http://usa.chinadaily.com.cn/epaper/2013-08/28/content_16926518.htm.

31. Terri Bradford and Fumiko Hayashi, "Complex Landscapes: Mobile Payments in Japan, South Korea, and the United States," Federal Reserve Bank of Kansas City, 2007, https://pdfs.semanticscholar.org/c07a/5db553474bf87afdf5ec3dac60bbd43a93b1.pdf.

32. 節錄自Claire Cain Miller, "At Checkout, More Ways to Avoid Cash or Plastic," *New York Times*, November 16, 2009, www.nytimes.com/2009/11/16/technology/start-ups/16wallet.html.

33. Austin Carr, "Google Wallet Creators Reflect on Its Failures, Lessons," *Fast Company*, November 20, 2013, www.fastcompany.com/3021913/google-wallet-creators-reflect-on-its-failures-lessons.

34. Mancy Sun, Piyush Mubayi, Tian Lu, and Stanley Tian, "The Rise of China FinTech," Goldman Sachs Equity Research, August 7, 2017, https://hybg.cebnet.com.cn/upload/gaoshengfintech.pdf.

35. Aaron Klein, "Testimony to the US House Committee on Financial Services Task Force on Financial Technology," January

30, 2020, www.congress.gov/116/meeting/house/110420/witnesses/HHRG-116-BA00-Wstate-KleinA-20200130-U1.pdf.

36. Denso Wave, "History of QR Code," www.qrcode.com/en/history/#:~:-text=In%201994%2C%20DENSO%20WAVE%20(then,placed%20on%20high%2Dspeed%20reading；Nicole Jao, "A Short History of the QR Code in China and Why Southeast Asia Is Next," *Technode*, September 20, 2018, https://technode.com/2018/09/10/qr-code-payment-overseas-china.

37. Roy Furchgott, "From Starbucks, Coffee from the Future," *New York Times*, September 23, 2009, https://gadgetwise.blogs.nytimes.com/2009/09/23/from-starbucks-coffee-from-the-future.

38. "Alipay Introduces a Mobile Wallet App," Alizila, January 18, 2013, www.alizila.com/alipay-introduces-a-mobile-wallet-app；Tracey Xiang, "[Up- dated] Alipay Beta-Testing New Mobile Financial Service, More Than a Passbook Clone," *Technode*, December 10, 2012, https://technode.com/2012/12/10/alipay-beta-testing-new-mobile-financial-service；Xiang, "Alipay App Has a Major Update Again, Wants More Control over Your Mobile Life," *Technode*, June 8, 2013, https://technode.com/2013/06/08/alipay-app-has-a-major-update-again-wants-more-control-over-your-mobile-life.

39. Li Tao, "Former Tokyo-Based Engineer Emerges as Big Winner from China's Love Affair with the QR Code," *South China Morning Post*, August 14, 2018, www.scmp.com/tech/article/2159452/former-tokyo-based-engineer-emerges-big-winner-chinas-love-affair-qr-code.

40. You, *Ant Financial*, Chapter 9.

41. Francis Tan, "Tencent Launches Kik-Like Messaging App in China," *Next Web*, January 21, 2011, https://thenextweb.com/asia/2011/01/21/tencent-launches-kik-like-messaging-app-in-china（資料瀏覽時間：二〇一八年十一月七日）。

42. Lee, *AI Superpowers*.

43. Steven Millward, "7 Years of WeChat," *TechInAsia*, January 20, 2018, www.techinasia.com/history-of-wechat.

44. You, *Ant Financial*, Chapter 9.

45. 節錄自Chen Tian, "WeChat Challenges Alipay," *Global Times*, February 11, 2014, www.globaltimes.cn/content/841861.shtml（資料瀏覽時間：二〇一八年十一月十二日）。
46. You, *Ant Financial*, Chapter 9.
47. Tracey Xiang, "WeChat Creates a Social Game for Giving Away New Year Lucky Money: WeChat Payment Will Be the Biggest Winner," *Technode*, January 27, 2014, https://technode.com/2014/01/27/wechat-creates-a-social-game-for-giving-away-new-year-lucky-money-wechat-payment-will-be-the-biggest-winner.
48. Jing Meng, "Technology Giants in a Flap over Gift Envelopes," *China Daily*, February 6, 2015, www.chinadaily.com.cn/a/201502/06/WS5a2b5065a310eefe3e99fa3b.html.
49. "Alipay Spends Big to Promote Online Payment Service," Xinhua, January 23, 2014, www.china.org.cn/china/Off_the_Wire/2014-01/23/content_31288548.htm.
50. "China Third-Party Mobile Payment GMV Rises to 1.43 Tn Yuan," iResearch, December 15, 2014, www.iresearchchina.com/content/details7_18384.html ："GMV of China's Third-Party Mobile Payment Market Topped 27 Tn Yuan in Q2," iResearch, October 23, 2017, www.iresearchchina.com/content/details7_37999.html.
51. 節錄自Gillian Wong, "New Version of Alipay App Sparks Privacy Concerns," *Wall Street Journal*, July 14, 2015, https://blogs.wsj.com/chinarealtime/2015/07/15/new-version-of-alipay-app-sparks-privacy-concerns.
52. China Internet Network Information Center, "June 2014 Statistical Report,".
53. Demirgüç-Kunt et al., *Global Findex Database 2017*.
54. 如路透社於二〇一五年的報導，"Analysts said that much of that money has historically fallen to the bottom line." David Henry, "JPMorgan Uses Its Might to Cut Costs in Credit Card Market," Reuters, September 8, 2015, www.reuters.com/article/us-jpmorganchase-creditcards-insight/jpmorgan-uses-its-might-to-cut-costs-in-credit-card-market-

idUSKCN0R80B620150908.

55. JP Morgan Chase, *2019 Annual Report*, 197, www.jpmorganchase.com/corporate/investor-relations/document/annualreport-2019.pdf；ICBC, *2013 Annual Report*, www.icbc-ltd.com/SiteCollectionDocuments/ICBC/Resources/ICBCLTD/download/2014/2013ndbg_h_E.pdf.

56. Demirgüç-Kunt et al., *Global Findex Database 2017*.

57. Wei He, "Alipay to Discontinue Offline-Payment Service," *China Daily*, August 28, 2013, http://usa.chinadaily.com.cn/epaper/2013-08/28/content_16926518.htm.

58. Lieyunwang,「馬雲談四大行封殺支付寶：最艱難最光榮時刻」（Jack Ma says four large banks shut out Alipay, most difficult and glorious time）, March 24, 2014.

59. Xie Wen and Yuzhe Zhang, "Alipay and UnionPay Battle over How Payments Are Processed," *Caixin Global*, September 6, 2013, www.caixinglobal.com/2013-09-06/alipay-and-unionpay-battle-over-how-payments-are-processed-101014108.html.

60. Jinran Zheng, "Smartphone Users Victims of Scams," *China Daily*, March 16, 2013, www.chinadaily.com.cn/business/2013-04/16/content_16409686_3.htm.

61. "China's Central Bank Mulls Alibaba, Tencent Payment Curbs — State Media," Reuters, March 17, 2014, www.reuters.com/article/us-china-payments/chinas-central-bank-mulls-alibaba-tencent-payment-curbs-state-media-idUSBREA2G12P20140317.

62. Min Qin and Yunxu Qu,「二維碼支付安全之爭」（The debate on QR code security）, *Caixin*, March 24, 2014, http://magazine.caixin.com/2014-03-21/100654599.html.

63. "China Issues Banking Rules to Strengthen Online Payment Security," Reuters, April 18, 2014, www.reuters.com/article/china-banking-internet/china-issues-banking-rules-to-strengthen-online-payment-security-idUSL3N0NA06W20140418.

64. Industrial and Commercial Bank of China, "Industrial and Commercial Bank of China Announces 2013 Results," March 28, 2014, www.icbc.com.cn/icbc/en/newsupdates/icbc%20news/industrialandcommercialbankofchinaannounces2013results.htm.

65. Juro Osawa and Ken Brown, "New Alibaba CEO Jonathan Lu Pushes Chinese E-commerce Firm to Adapt," *Wall Street Journal*, July 10, 2013, www.wsj.com/articles/SB10001424127887323823004578595083736296600.

66. Jack Ma,「讓信用等於財富」（Make credit equal wealth）, September 12, 2012, *Sina Tech*, http://tech.sina.com.cn/i/2012-09-12/13477609753.shtml（資料瀏覽時間：二〇一九年二月十九日）。

67. Jonathan Shaw, "Why 'Big Data' Is a Big Deal," *Harvard Magazine*, March–April 2014, https://harvardmagazine.com/2014/03/why-big-data-is-a-big-deal（資料瀏覽時間：二〇一九年二月十二日）。

68. Tracey Xiang, "Alibaba's Finance Arm to Launch User Data-Based Credit Scoring System Sesame," *Technode*, October 28, 2014, https://technode.com/2014/10/28/alibabas-sesame-credit-scoring-system.

69. Alibaba Group, "Ant Financial Unveils China's First Credit-Scoring System Using Online Data," January 28, 2015, www.alibabagroup.com/en/news/article?news=p150128（資料瀏覽時間：二〇一九年二月六日）。

70. Xiaoxiao Li, "Ant Financial Subsidiary Starts Offering Individual Credit Scores," *Caixin Global*, March 2, 2015, www.caixinglobal.com/2015-03-02/101012655.html（資料瀏覽時間：二〇一九年二月十三日）。

71. Alibaba Group, "Ant Financial Unveils China's First Credit-Scoring System Using Online Data."

72. Ta Licai,「支付寶芝麻信用750可走安檢專用通道」（Alipay Sesame Credit 750 can go through dedicated security check）, *Douban*, September 21, 2015, www.douban.com/note/517804916（資料瀏覽時間：二〇一九年二月十五日）; Fast Science and Technology,「芝麻信用首推『大學生信用節』」（Sesame Credit first promotion of "University Students' Credit Day"）, September 9, 2015, https://news.mydrivers.com/1/446/446185.htm（資料瀏覽時間：二〇一九年二月十

五日）。

73. Charles Clover, "China P2P Lender Banks on Social Media Usage," *Financial Times*, August 30, 2015, www.ft.com/content/673d9608-4d83-11e5-b558-8a9722977189（資料瀏覽時間：二〇一九年二月十九日）。

74. 節錄自Eva Xiao, "Tencent's New Credit System to Use Payments, Social Data," *TechInAsia*, January 31, 2018, www.techinasia.com/tencent-credit-launch（資料瀏覽時間：二〇一九年二月十九日）。

75. Qun Hu,「8機構等待19個月，個人徵信牌照為何一證難求」（How can eight institutions wait 19 months for individual credit evaluation licenses--proof of difficulty to request）, *Economic Observer*, July 31, 2016, http://m.eeo.com.cn/2016/0731/290369.shtml（資料瀏覽時間：二〇一九年二月二十日）。

76. Jing Meng, "Tencent to Use Social Networks for Credit-Rating Services," *China Daily*, August 8, 2015, www.chinadaily.com.cn/business/tech/2015-08/08/content_21535587.htm（資料瀏覽時間：二〇一九年二月十九日）；Ling Wu,「騰訊也有了信用分，除了免押金騎摩拜還能幹什麼？」（Tencent now has credit points too, other than shared bikes without a deposit, what else can you do with it?）, *Sohu Tech*, August 7, 2017, www.sohu.com/a/162878300_114778（資料瀏覽時間：二〇一九年二月十九日）。

77. 節錄自Gabriel Wildau, "Tencent Launches China's First Online- Only Bank," *Financial Times*, January 4, 2015, www.ft.com/content/ccc5a6dc-9488-11e4-82c7-00144feabdc0（資料瀏覽時間：二〇一九年二月二十日）。

78. China Banking Regulatory Commission,「11家民營銀行已獲批建，銀監會：首批整體運行審慎穩健」（11 privately operated banks already been approved for establishment: First complete prudential operating report）, December 9, 2016.

79. Tracey Xiang, "Online Offerings Are Shaping the Future of China's Consumer Credit Market," *Technode*, November 19, 2015, https://technode.com/2015/11/19/online-offerings-are-shaping-the-future-of-chinas-consumer-credit-market.

80. Wei He, "Ant Financial Extends Online Credit Service to Retailers," *China Daily*, June 9, 2017, www.chinadaily.com.cn/

business/2017-06/09/content_29678804.htm.

81. WeBank,「微眾銀行年報披露：累計發放貸款逾200億」）WeBank publishes annual report: Cumulative loans issued exceeds 20 billion）, March 30, 2016.

82. WeChat, "The 2016 WeChat Data Report," December 29, 2016, https://blog.wechat.com/2016/12/29/the-2016-wechat-data-report.

83. CB Insights, "Disrupting Banking: The Fintech Startups That Are Un- bundling Wells Fargo, Citi and Bank of America," November 19, 2015, www.cbinsights.com/research/disrupting-banking-fintech-startups.

84. 節錄自Xin Fu, Yifan He, and Jing Yang,「馬明哲豪言做金融界天貓，要求捨棄傳統金融路徑」（Ma Mingzhe's grand word: To become finance's Tmall requires giving up the traditional methods of finance）, *Entrepreneur*, December 25, 2013, http://finance.sina.com.cn/360desktop/money/insurance/bxyx/20131225/141917747378.shtml.

第四章　金融科技的蠻荒地帶

1. Bai Yang and Chen Ji,「『e租寶』非法集資案真相調查」（Investigating the truth of the Ezubao illegal financing case）, Xinhua, January 31, 2016, www.chinacourt.org/article/detail/2016/01/id/1801878.shtml（資料瀏覽時間：二〇一九年二月四日）.

2. Benoît Cœuré, "Financial Regulation and Innovation: A Two-Way Street," Finleap圓桌會議的演講, March 14, 2018, www.ecb.europa.eu/press/key/date/2018/html/ecb.sp180314.en.html.

3. 想要深入了解更多關於比特幣的全貌與早期歷史，我個人推薦Nathaniel Popper的*Digital Gold*。亦參考Popper, *Digital Gold: Bitcoin and the Inside Story of the Misfits and Millionaires Trying to Rein vent Money*, New York: Harper Paperbacks, 2016, 256.

4. Sourceforge, "Download Statistics," https://sourceforge.net/projects/bitcoin/files/stats/map?dates=2013-04-01+to+2013-04-30.
5. Michael Bedford Taylor, "The Evolution of Bitcoin Hardware," *Computer*, 2017.
6. Adrianne Jeffries, "FTC Shuts Down Butterfly Labs, the Second-Most Hated Company in Bitcoinland," *Verge*, September 23, 2014, www.theverge.com/2014/9/23/6833047/bitcoin-conspiracy-theorists-vindicated-as-ftc-shuts-down-butterfly-labs.
7. 該文件的第一部分可見www.youtube.com/watch?v=aw3OSTkdE-s.
8. Popper, *Digital Gold*, 263，Zennon Kapron, *Chomping at the Bitcoin: The Past, Present, and Future of Bitcoin in China*, Melbourne, Australia: Penguin Specials, 2014.
9. Kapron, *Chomping at the Bitcoin*.
10. Kapron.
11. Ju Lan, Timothy Lu, and Zhiyong Tu, "Capital Flight and Bitcoin Regulation," *International Review of Finance* 16, no. 3 (2015): 445–455, doi:10.1111/irfi.12072.
12. 借貸俱樂部自稱「市場平台借貸業者」而非點對點平台。到進行公開募股時，許多借貸俱樂部的投資者仍是機構。
13. Bryan Zhang, Luke Deer, Robert Wardrop, Andrew Grant, Kieran Gar- vey, Susan Thorp, Tania Ziegler, Kong Ying, Zheng Xinwei, Eva Huang, John Burton, Hung-Yi Chen, Alexis Lui, and Yvonne Gray, "Harnessing Potential: The Asia-Pacific Alternative Finance Benchmarking Report," Cambridge Center for Alternative Finance, March 2016, 19, www.jbs.cam.ac.uk/fileadmin/user_upload/research/centres/alternative-finance/downloads/harnessing-potential.pdf，Robert Wardrop, Robert Rosenberg, Bryan Zhang, Tania Ziegler, Rob Squire, John Burton, Eduardo Arenas Hernandez Jr., and Kieran Garvey, "Breaking New Ground: The Americas Alternative Finance Benchmarking Report," Cambridge Center for Alternative Finance, April 2016, 19, www.jbs.cam.ac.uk/fileadmin/user_upload/research/centres/alternative-finance/downloads/2016-

americas-alternative-finance-benchmarking-report.pdf.

14. KPMG, "The Pulse of Fintech Q4 2016," February 21, 2017, https://assets.kpmg/content/dam/kpmg/xx/pdf/2017/02/pulse-of-fintech-q4-2016.pdf.

15. Ping An, *2012 Annual Report*, http://doc.irasia.com//listco/hk/pingan/annual/ar106101-e_101.pdf.

16. Ping An, "A Profile of Lufax," June 24, 2014, http://resources.pingan.com/app_upload/file/ir/c261968d105847e98718f3be809ed880.pdf ·· Kane Wu, "Ping An–Backed Lufax Raises $1.3 Billion at Lower Valuation: Sources," Reuters, December 3, 2018, www.reuters.com/article/us-lufax-fundraising/ping-an-backed-lufax-raises-1-3-billion-at-lower-valuation-sources-idUSKBN1O20HG.

17. Kwong Man-ki, "Lufax Rides Internet Finance Boom," *South China Morning Post*, April 12, 2015, www.scmp.com/business/companies/article/1764866/lufax-rides-internet-finance-boom.

18. Xiaoxiao Li and Lu Yang, "Central Bank Raises the Red Flag over P2P Lending Risks," *Caixin Global*, July 4, 2013, www.caixinglobal.com/2013-07-04/101014280.html.

19. 節錄自Frank Tang, "Why Ponzi Schemes Are Thriving in China Despite Crackdowns," *South China Morning Post*, July 25, 2017, www.scmp.com/news/china/money-wealth/article/2104062/chinese-ponzi-schemes-feed-publics-lack-financial-knowledge.

20. Logan Wright and Daniel Rosen, "Credit and Credibility: Risks to China's Economic Resilience," Center for Strategic and International Studies, https://csis-website-prod.s3.amazonaws.com/s3fs-public/publication/181003_CreditandCredibility_final.PDF?_WNS0vtP_qsWMtScnNdT.wxxnyEd1pUf.

21. 節錄自"Some Chinese Are Taking 22% Margin Loans to Finance Stock Purchases," *Bloomberg News*, June 30, 2015, www.bloomberg.com/news/articles/2015-06-30/hidden-china-stock-debt-revealed-in-online-loans-at-22-interest（資料瀏覽時

間：二〇一九年一月二十八日）。

22. Chuin-Wei Yap, "China Crackdown on Margin Lending Hits Peer-to-Peer Lenders," *Wall Street Journal*, July 13, 2015, www.wsj.com/articles/china-crackdown-on-margin-lending-hits-peer-to-peer-lenders-1436789145?mod=article_inline（資料瀏覽時間：二〇一九年一月三十日）。

23. 更多背景資訊請見Jiangze Bian, Zhiguo He, Kelly Shue, and Hao Zhou, "Leverage-Induced Fire Sales and Stock Market Crashes," National Bureau of Economic Research Working Paper 25040, September 2018, www.nber.org/papers/w25040.pdf（資料瀏覽時間：二〇一九年一月三十日）。

24. Wright and Rosen, "Credit and Credibility," 85.

25. 借貸俱樂部董事會的調查發現，拉普蘭切並未適當表達公司向自己和家人發放的貸款。此外，借貸俱樂部的員工修改了三百萬美元貸款的文件，使其看起來符合投資者的標準。參考Peter Rudegeair, "LendingClub CEO Fired over Faulty Loans," *Wall Street Journal*, May 9, 2016, www.wsj.com/articles/lendingclub-ceo-resigns-over-sales-review-1462795070； and Nathaniel Popper, "LendingClub Founder, Ousted in 2016, Settles Fraud Charges," *New York Times*, September 28, 2018, www.nytimes.com/2018/09/28/technology/lendingclub-renaud-laplanche-fraud.html.

26. 節錄自Lulu Yilun Chen, "Alibaba Arm to Create $163 Billion Loans Marketplace," *Bloomberg News*, September 23, 2014：http://www.bloomberg.com/news/articles/2014-09-23/alibaba-arm-aims-to-create-163-billion-loans-marketplace.

27. 「中國證監會約束私募債以大拆小套利，阿里『招財寶』模式受限－報載」（Report: CSRC restricts arbitrage of trimming large private debt into small pieces: Alibaba's "Zhaocaibao" model will be constrained）, Reuters, September 27, 2015, https://cn.reuters.com/article/csrc-ali-idCNKCS0RS02N20150928.

28. 節錄自James T. Areddy, "A Default in China Spreads Anxiety Among Investors," *Wall Street Journal*, January 27, 2017, www.wsj.com/articles/a-default-in-china-spreads-anxiety-among-investors-1485513181.

29. Xin Zhou, "China's HK$59 Billion Online Ponzi Scheme: Who Started It, How Did It Happen and Now What?," *South China Morning Post*, February 1, 2016, www.scmp.com/news/china/money-wealth/article/1908096/chinas-hk59-billion-online-ponzi-scheme-who-started-it-how（資料瀏覽時間：二〇一九年二月五日）。

30. 「e租寶：100億融資租賃公司進軍P2P」（Ezubao: 10 billion financing leasing company enters the P2P battle）, China Economic Net, October 17, 2014, http://iof.hexun.com/2014-10-17/169439029.html（資料瀏覽時間：二〇一九年二月五日）。

31. 此事件的影片可見於www.youtube.com/watch?v=WChCzVGQqYE.

32. 「e租寶」。

33. 節錄自Neil Gough, "Ponzi Scheme in China Gained Credibility from State Media," *New York Times*, February 5, 2016, www.nytimes.com/2016/02/06/business/dealbook/alleged-china-ponzi-scheme-ezubao.html.

34. Yang and Ji,「e租寶」。

35. Rong 360,「2015年網貸評級報告」（2015 Online Lending Ranking Re- port）, https://ss0.rong360.com/dl/pdf/wdpj_201502.pdf; Rong 360（資料瀏覽時間：二〇一九年二月五日）；「e租寶被評為C-級，融360發3大風險提示」（Ezubao ranked C–level, Rong 360 issues three major risk warnings）, June 6, 2015.

36. Beijing Business Paper Financial Investigation Small Group,「揭e租寶背後黑洞：涉嫌自融，虛假標的內控不嚴」（Exposing the black hole behind Ezubao: Self-financing, fake project list, and weak internal controls）, June 29, 2015, http://tech.sina.com.cn/i/2015-06-29/doc-ifxemzau8812893.shtml.

37. "Five on Trial Linked to US$7.6b China 'Ponzi Scheme,'" Agence France Presse, November 25, 2016, www.businesstimes.com.sg/banking-finance/five-on-trial-linked-to-us76b-china-ponzi-scheme.

38. "Petitioning Clients of Ezubao P2P Investing Platform Arrested," *EJ Insight*, January 11, 2016（資料瀏覽時間：二〇一六

年八月一日）。

39. 節錄自Jennifer Li, "P2P Has a Bright Future, Insists Dianrong Founder, as He Plans IPO Within Two Years," *South China Morning Post*, June 30, 2016, www.scmp.com/business/companies/article/1983671/p2p-has-bright-future-insists-dianrong-founder-he-plans-ipo（資料瀏覽時間：二〇一六年八月八日）。
40. Li Keqiang, "Annual Work Report of the Government to the 12th National People's Congress," March 5, 2016, www.gov.cn/guowuyuan/2016-03/05/content_5049372.htm（資料瀏覽時間：二〇一九年二月二十五日）。

第五章　社會信用與打擊風險

1. 二〇二二年六月，富比士即時富豪榜：www.forbes.com/real-time-billionaires/#8a75f973d788.
2. State Council of the People's Republic of China, "Planning Outline for the Construction of a Social Credit System," trans. Rogier Creemers, June 14, 2014, https://chinacopyrightandmedia.wordpress.com/2014/06/14/planning-outline-for-the-construction-of-a-social-credit-system-2014-2020（資料瀏覽時間：二〇一八年六月六日）。
3. Susan Finder, "Supreme People's Court, CSRC, SAIC, and PBOC Tighten the Regulatory Net," *Supreme People's Court Monitor*, December 20, 2014, https://supremepeoplescourtmonitor.com/2014/12/20/supreme-peoples-court-csrc-saic-and-pboc-tighten-the-regulatory-net.
4. Yang Yuan, "China Penalises 6.7m Debtors with Travel Ban," *Financial Times*, February 15, 2017, www.ft.com/content/ceb2a7f0-f350-11e6-8758-6876151821a6.
5. Yuen-Quan Leung, "Blacklisting Default Debtors," *Tsinghua China Law Review* 2–14 (2014): 135–137.
6. Shazeda Ahmed, "The Messy Truth About Social Credit," *ChinaFile*, April 22, 2019, www.chinafile.com/reporting-opinion/viewpoint/messy-truth-about-social-credit.

7. Jay Stanley, "China's Nightmarish Citizen Scores Are a Warning for Americans," *ACLU Blog*, October 5, 2015, www.aclu.org/blog/privacy-technology/consumer-privacy/chinas-nightmarish-citizen-scores-are-warning-americans.
8. Karen Chiu, "Even Prisons Accept Mobile Payment in China's Cashless Society," *South China Morning Post*, January 14, 2019, www.abacusnews.com/digital-life/even-prisons-accept-mobile-payment-chinas-cashless-society/article/3000461.
9. Shazeda Ahmed and Bertram Lang, "Central Planning, Local Experiments: The Complex Implementation of China's Social Credit System," Mercator Institute for China Studies, December 12, 2017, www.merics.org/en/report/central-planning-local-experiments（資料瀏覽時間：二〇一八年六月十四日）。
10. Brianna McGurran, "Can Having More Credit Cards Help Your Credit Score?," *Experian Blog*, May 19, 2021, www.experian.com/blogs/ask-experian/getting-more-credit-cards-to-help-credit-scores.
11. "Humiliating the Big Vs," *Economist*, September 16, 2013, www.economist.com/analects/2013/09/16/humiliating-the-big-vs.
12. Bank for International Settlements, "Total Credit to the Non-financial Sector (Core Debt)," Table F1.1, 2021, https://stats.bis.org/statx/srs/table/f1.1.
13. Barry Naughton, "Two Trains Running: Supply-Side Reform, SOE Reform and the Authoritative Personage," *China Leadership Monitor* 50 (2016), www.hoover.org/sites/default/files/research/docs/clm50bn.pdf#overlay-context=publications/china-leadership-monitor.
14. Jingxia Li,「獨家—銀監會開展『四不當』專項整治，銀行全面自查同業、理財不當交易」(Exclusive: CBRC unfolds special enforcement action against "four inappropriates," banks must comprehensively self-examine inappropriate transactions in their interbank and wealth management activities), *Yicai*, April 12, 2017, www.yicai.com/news/5265115.html.
15. 節錄自Zen Soo, "TechFin: Jack Ma Coins Term to Set Alipay's Goal to Give Emerging Markets Access to Capital," *South*

China Morning Post, December 2, 2016, www.scmp.com/tech/article/2051249/techfin-jack-ma-coins-term-set-alipays-goal-give-emerging-markets-access.

16. 作者的計算根據Online Lending House與中國人民銀行。數據取得透過Wind Terminal。
17. Gabriele Galati and Richhild Moessner, "Macroprudential Policy — a Literature Review," BIS Working Paper 337, February 2011, www.bis.org/publ/work337.pdf.
18. Zhou Xiaochuan,「周小川行長與拉加德總裁問答環節實錄」（Transcript of Zhou Xiaochuan and Managing Director Lagarde's question and answer segment）, PBOC Communication and Exchange, June 25, 2016, www.pbc.gov.cn/goutongjiaoliu/113456/113469/3090405/index.html.
19. Xiaoqing He,「支清會擬發起成立網聯平臺，爭奪線上支付入口」（Payments and Clearing Association approves establishment of Wanglian platform: Fight over online payment entry）, *21st Century Business Herald*, April 14, 2016, https://m.21jingji.com/article/20160414/d9a0e94332f843698b603a168291f8a7.html.
20. Yuzhe Zhang and Timmy Shen, "How China's New Online Payments Clearinghouse Survived 'Double 11,'" *Caixin Global*, November 22, 2018, www.caixinglobal.com/2018-11-22/how-chinas-new-online-payments-clearinghouse-survived-double-11-101350944.html.
21. Ben Norman, Rachel Shaw, and George Speight, "The History of Inter- bank Settlement Arrangements: Exploring Central Banks' Role in the Payment System," Bank of England Working Paper 412, June 2011, www.ecb.europa.eu/home/pdf/research/Working_Paper_412.pdf.
22. Yi Gang, "Remarks at the BIS Annual General Meeting in Basel," June 30, 2019, YouTube, www.youtube.com/watch?v=KMJDuRWKB5M.
23. Xie Yu, "Tycoon Zhang Zhenxin, Owner of Troubled Chinese Financial Conglomerate UCF Group, Dies Aged 48 as

Company Struggles with Mountain of Debt," *South China Morning Post*, October 7, 2019, www.scmp.com/business/companies/article/3031881/tycoon-zhang-zhenxin-owner-troubled-chinese-financial.

24. Gabriel Wildau, "Tencent and Alipay Set to Lose $1bn in Revenue from Payment Rules," *Financial Times*, July 15, 2018, www.ft.com/content/b472f73c-859e-11e8-96dd-fa565ec55929.

25. "Expansion of Yu'e Bao Slows in Q1 After Fund Limits Daily Deposits," *Global Times*, March 23, 2018.

26. People's Bank of China, "2018 Financial Stability Report," November 2, 2018, 78, www.pbc.gov.cn/jinrongwending ju/146766/146772/3656006/index.html.

27. Ping Xie and Chuanwei Zou, "Opinion: Why China Needs Independent Credit Reporting Agencies," *Caixin Global*, February 17, 2017, www.caixinglobal.com/2017-02-17/opinion-why-china-needs-independent-credit-reporting-agencies-101056262.html.

28. Xiao Liu, "Microlenders' Debt Sales Slump as Crackdown Bites," *Caixin Global*, January 10, 2018, www.caixinglobal.com/2018-01-10/microlenders-debt-sales-slump-as-crackdown-bites-101196154.html.

29. "Bitcoin Trading Volume," Bitcoinity, https://data.bitcoinity.org/markets/volume/5y?c=e&t=b. 數據來自中國比特幣、火幣網（Huobi）與OKCoin。然而，當時的自由交易可能誇大了絕大多數的交易量，使得欺詐性的「清洗交易」更容易，交易員可以在交易所向自己出售資產以操縱價格。

30. People's Bank of China Shanghai Branch,「人民銀行上海總部、上海市金融辦聯合相關監管部門約見上海市比特幣交易平臺主要負責人」（PBOC Shanghai Headquarters, Shanghai Municipal Finance Office with other regulatory departments arranged an interview with the primary responsible individuals for Shanghai's Bitcoin exchanges）, January 6, 2017.

31. William Suberg, "China: PBOC Says Exchanges 'Violated Rules,' Repeats Investor Warnings," January 18, 2017, *Bitcoinist*.

32. Matt Levine [@matt_levine], "my explanation is that they're like if the Wright Brothers sold air miles to finance inventing

the airplane," Twitter, August 29, 2017, https://twitter.com/matt_levine/status/902617398620168196.

33. Arjun Kharpal, "Initial Coin Offerings Have Raised $1.2 Billion and Now Surpass Early Stage VC Funding," CNBC, August 9, 2017, www.cnbc.com/2017/08/09/initial-coin-offerings-surpass-early-stage-venture-capital-funding.html.

34. Guohui Li,「ICO甚囂塵上，監管應儘快落地」（ICOs raise a clamor, regulation should land as soon as possible）, Xinhua, September 1, 2017.

35. Jin Yu, Quanhao Wang, and Xing Zhu, "ICO from Start to Bottom: Projects and Teams Are All Fake, Investors Are Betting Later Money Will Hold the Bag," Xinhua, August 27, 2017.

36. Shangyue Feng, "Five Billion USD Atmosphere: The History of ICO Craziness," *36Kr*, August 17, 2017, https://36kr.com/p/1721772638209.

37. Yu, Wang, and Zhu, "ICO from Start to Bottom."

38. Li, "ICOs Raise a Clamor."

39. Martin Chorzempa, "Why China Is Cracking Down on Cryptocurrencies and ICOs," *Peterson Institute for International Economics China Economic Watch*, September 15, 2017, https://piie.com/blogs/china-economic-watch/why-china-cracking-down-cryptocurrencies-and-icos#_ftnref5.

40. Qinqin Peng, Yujian Wu, and Wei Han, "China Steps Up Curbs on Virtual Currency Trading," *Caixin Global*, September 9, 2017, www.caixinglobal.com/2017-09-09/china-steps-up-curbs-on-virtual-currency-trading-101142821.html（資料瀏覽時間：二〇一九年三月六日）。

41. Yi Han and Denise Jia, "China's Central Bank Warns of New Crypto Risks," *Caixin Global*, September 19, 2018, www.caixinglobal.com/2018-09-19/chinas-central-bank-warns-of-new-crypto-risks-101327753.html.

42. Aaron Klein, "Is China's New Payment System the Future?," Brookings Institution, June 2019, 10, www.brookings.edu/wp-

content/uploads/2019/06/ES_20190617_Klein_ChinaPayments.pdf.

43. Thomas Graziani, "What Are WeChat Mini-programs? A Simple Introduction," *Walkthechat*, November 6, 2019, https://walkthechat.com/wechat-mini-programs-simple-introduction ·· Graziani, "Taobao Launches Mini -program to Compete Against WeChat," *Walkthechat*, February 18, 2019, https://walkthechat.com/taobao-launches-mini-program-to-compete-against-wechat.

44. Jialu Shan and Michael Wade, "How China Is Revolutionising E-commerce with an Injection of Entertainment," *Conversation*, April 2, 2020, https://theconversation.com/how-china-is-revolutionising-e-commerce-with-an-injection-of-entertainment-131728.

45. Bank for International Settlements, "Big Tech in Finance: Opportunities and Risks," *BIS Annual Economic Report*, June 2019, www.bis.org/publ/arpdf/ar2019e3.pdf.

46. "China Moves to Regulate 'Blind' Business Expansion of Financial Holding Firms," Reuters, July 26, 2019, www.reuters.com/article/us-china-finance-holding-firms/china-moves-to-regulate-blind-business-expansion-of-financial-holding-firms-idUSKCN1UL12C.

47. Sherisse Pham, "Once China's Richest Man, Wang Jianlin Is Selling Off His Global Empire," CNN, January 24, 2018, https://money.cnn.com/2018/01/24/investing/wanda-china-wang-jianlin-selling-assets/index.html.

48. Tingbing Guo, "In Depth: A Maze of Capital Leads to Anbang's Aggressive Expansion," *Caixin Global*, April 30, 2017, www.caixinglobal.com/2017-04-30/a-maze-of-capital-leads-to-anbangs-aggressive-expansion-101084940.html.

49. Nicholas Lardy, *The State Strikes Back: The End of Economic Reform in China?*, Washington, DC: Peterson Institute for International Economics, 2019), 16 21.

50. Jinping Xi, "Full Text of Xi Jinping's Report at 19th CPC National Con- gress," Xinhua, October 18, 2017, www.chinadaily.

com.cn/china/19thcpcnationalcongress/2017-11/04/content_34115212.htm.

51. Manya Koetse, "'Daddy Ma, Are You OK?' — Jack Ma's Situation Dis- cussed on Chinese Social Media," *What's on Weibo*, January 9, 2021, www.whatsonweibo.com/daddy-ma-are-you-ok-jack-mas-situation-discussed-on-chinese-social-media.

第六章　中國金融科技紅到海外

1. 節錄自Cyril Altmeyer, "China's Alipay Deepens Push into Europe with Ingenico Partnership," Reuters, August 18, 2016, www.reuters.com/article/us-ingenico-group-alipay-idUSKCN10T0G9.
2. Eric Jing, "Interview with CNBC," CNBC, January 19, 2017, www.cnbc.com/video/2017/01/19/ant-financial-aims-for-2-billion-users-in-a-decade.html.
3. United Nations World Tourism Organization, "UNWTO Tourism Highlights," 2018, https://doi.org/10.18111/9789284419876.
4. Ingenico, "Ingenico Group and Alipay Partner to Provide Both Online and In-Store Payment Solutions to Europe-Wide Acquirers and Merchants," August 18, 2016, www.ingenico.com/press-and-publications/press-releases/all/2016/08/alipay-partnership.html.
5. Leena Rao, "Apple Pay Volume Is Up 450% over Past Year," *Fortune*, May 2, 2017, https://fortune.com/2017/05/02/apple-pay-volume-up.
6. Elisabeth Rosen, "US Merchants Adopt Chinese App Payments to Draw Big Spenders," *Nikkei Asia*, December 17, 2017, https://asia.nikkei.com/Business/Banking-Finance/US-merchants-adopt-Chinese-app-payments-to-draw-big-spenders.
7. "Kenya Bank to Boost WeChat Pay, Alipay Presence in Africa," Xinhua, March 25, 2019, http://en.people.cn/n3/2019/0326/c90000-9560607.html.

8. Stella Yifan Xie and Krishna Pokharel, "China's Mobile-Payment Giants Come Under Fire in Nepal," *Wall Street Journal*, May 22, 2019, www.wsj.com/articles/chinas-mobile-payment-giants-come-under-fire-in-nepal-11558530770.
9. Cyril Han, "Alibaba Investor Day Presentation," Alibaba Group, June 2016, www.alibabagroup.com/en/ir/pdf/160614/12.pdf.
10. "Alibaba's Ant Financial to Buy 25 Pct of India's One97," Reuters, February 5, 2015, www.reuters.com/article/alibaba-group-one97/update-1-alibabas-ant-financial-to-buy-25-pct-of-indias-one97-idUSL4N0VF43L20150205.
11. You, *Ant Financial*.
12. Stephanie Findlay, "Paytm Founder Hails Hitting 8m Users in Japan," *Financial Times*, July 13, 2019, www.ft.com/content/7338948c-a20a-11e9-974c-ad1c6ab5efd1.
13. You, *Ant Financial*, Chapter 15.
14. "Alipay: Global Users Exceed 1 Billion," *Techweb*, January 10, 2019, www.techweb.com.cn/internet/2019-01-10/2720002.shtml.
15. Shadma Shaikh, "How WeChat Faded into the Silence in India," *Fac tor Daily*, October 8, 2018, https://factordaily.com/how-wechat-faded-into-the-silence-in-india.
16. Thomas K. Thomas, "Messaging Platform WeChat Under Security Scanner," *Hindu Business Line*, June 13, 2013, www.thehindubusinessline.com/info-tech/messaging-platform-wechat-under-security-scanner/article20623988.ece1.
17. Tiisetso Motsoeneng, "China's WeChat Takes on WhatsApp in Africa," Reuters, July 21, 2016, https://ca.reuters.com/article/idUSKCN10205A.
18. Kavin Bharti Mittal, "2017 — We Explored. 2018 — We Focus," *Hike Blog*, May 28, 2018.
19. Ant Financial, "Ant Financial Raises Approximately US$14 billion in Series C Equity Financing to Accelerate Globalization and Technology Innovation," June 8, 2018, https://web.archive.org/web/20200414104316/ ·· https://www.antfin.com/newsDetail.html?id=5b19ed5ef86ebdaa6985060f.

20. Liza Lin and Josh Chin, "China's Tech Giants Have a Second Job: Helping Beijing Spy on Its People," *Wall Street Journal*, November 30, 2017, www.wsj.com/articles/chinas-tech-giants-have-a-second-job-helping-the-government-see-everything-1512056284.
21. 節錄自"Payment with WeChat Pay, Alipay Only for Foreign Tourists: BI," *Jakarta Post*, December 14, 2018, www.thejakartapost.com/news/2018/12/14/payment-with-wechat-pay-alipay-only-for-foreign-tourists-bi.html.
22. Sanchita Dash, "Amazon and Flipkart Have More Than Twice the Site Visits of Next 5 Other E-commerce Companies Combined," *Business Insider*, October 21, 2019, www.businessinsider.in/business/ecommerce/news/amazon-flipkart-site-visits-compared-to-snapdeal-clubfactory-paytm-mall-and-other-peers/articleshow/71689839.cms.
23. Brenda Ngari, "Bitcoin Surges After Fed Chair Powell Declares That the US Is Working on a Digital Dollar," *ZyCrypto*, February 11, 2020, https://hill.house.gov/news/documentsingle.aspx?DocumentID=6628.
24. Chris Welch, "Read Mark Zuckerberg's Letter on Facebook's Privacy-Focused Future," *Verge*, March 6, 2019, www.theverge.com/2019/3/6/18253472/mark-zuckerberg-facebook-letter-privacy-encrypted-messaging.
25. Iris Deng, "Mark Zuckerberg Says He Should Have Listened to Earlier Ad- vice About Learning from WeChat," *South China Morning Post*, March 11, 2019, www.scmp.com/tech/apps-social/article/2189449/mark-zuckerberg-says-he-should-have-listened-earlier-advice-about.
26. Sam Schechner, "France Hardens Position Against Facebook's Libra Currency," *Wall Street Journal*, September 12, 2019, www.wsj.com/articles/france-hardens-position-against-facebooks-libra-currency-11568295458.

第七章　科技抵制潮

1. 節錄自Yiting Sun, "China's Citizens Do Care About Their Data Pri- vacy, Actually," *MIT Technology Review*, March 28,

2018, www.technologyreview.com/the-download/610708/chinas-citizens-do-care-about-their-data-privacy-actually.

2. Sachin Mittal and James Lloyd, "The Rise of Fintech in China," EY and DBS joint report, November 2016, https://www.finyear.com/attachment/785371/.

3. "Baidu Chief Under Fire for Privacy Comments," *People's Daily*, March 28, 2018, http://en.people.cn/n3/2018/0328/c90000-9442509.html.

4. Boston Consulting Group, "Data Privacy by the Numbers," February 19, 2014, www.bcg.com/publications/2014/data-privacy-numbers.

5. Cited in Li Yuan, "Personal-Privacy Concerns Grip China," *Wall Street Journal*, August 31, 2016, www.wsj.com/articles/personal-privacy-concerns-grip-china-1472665341.

6. Timothy Morey, Theodore Forbath, and Allison Schoop, "Customer Data: Designing for Transparency and Trust," *Harvard Business Review*, May 2015, https://hbr.org/2015/05/customer-data-designing-for-transparency-and-trust.

7. Bing Jia, "China: Consumer Protection Law Revamped for First Time in 20 Years," *Law Library of Congress Global Legal Monitor*, January 29, 2014, www.loc.gov/item/global-legal-monitor/2014-01-29/china-consumer-protection-law-revamped-for-first-time-in-20-years.

8. Yuan, "Personal-Privacy Concerns Grip China."

9. Xiangwei Wang, "How Rampant Phone Scams Highlight China's Need for Tighter Privacy Laws," *South China Morning Post*, May 2, 2016, www.scmp.com/comment/insight-opinion/article/1940394/how-rampant-phone-scams-highlight-chinas-need-tighter.

10. Samm Sacks, Paul Triolo, and Graham Webster, "Beyond the Worst-Case Assumptions on China's Cybersecurity Law," New America Foundation Cybersecurity Initiative, October 13, 2017, www.newamerica.org/cybersecurity-initiative/blog/beyond-

worst-case-assumptions-chinas-cybersecurity-law.

11. Samm Sacks, "China's Emerging Data Privacy System and GDPR," Center for Strategic and International Studies, March 9, 2018, www.csis.org/analysis/chinas-emerging-data-privacy-system-and-gdpr.

12. 節錄自Yuan Yang, "China's Data Privacy Outcry Fuels Case for Tighter Rules," *Financial Times*, October 1, 2018, www.ft.com/content/fdeaf22a-c09a-11e8-95b1-d36dfef1b89a.

13. Li Tao and Andrew Barclay, "Tencent Denies Storing WeChat Records After Chinese Billionaire Reportedly Questions Monitoring," *South China Morning Post*, January 2, 2018, www.scmp.com/tech/social-gadgets/article/2126516/tencent-denies-storing-wechat-records-after-chinese-billionaire.

14. Rogier Creemers, Paul Triolo, and Graham Webster, "Translation: Cybersecurity Law of the People's Republic of China (Effective June 1, 2017)," New America Foundation Cybersecurity Initiative, June 29, 2018, www.newamerica.org/cybersecurity-initiative/digichina/blog/translation-cybersecurity-law-peoples-republic-china.

15. "Consumer Rights Group Withdraws Complaint Against Baidu," Xinhua, March 15, 2018, https://www.chinadailyhk.com/articles/248/127/148/1521095625083.html.

16. 節錄自Meng Jing, "China Warns Internet Companies over Weak Data Protection Policies," *South China Morning Post*, January 12, 2018, www.scmp.com/tech/china-tech/article/2128043/china-warns-internet-companies-over-weak-data-protection-policies.

17. Yuzhe Zhang, Timmy Shen, and Isabelle Li, "In Depth: China's Big Data Clampdown Leaves Online Lenders in a Bind," *Caixin Global*, October 30, 2019, www.caixinglobal.com/2019-10-30/in-depth-chinas-big-data-clampdown-leaves-online-lenders-in-a-bind-101476995.html?cxg=web&Sfrom=twitter.

18. Jeffrey Ding, "ChinAI Newsletter #19: Is the Wild East of Big Data Coming to an End? A Turning Point Case in Personal

Information Protection," *ChinAI Newsletter*, July 16, 2018, https://chinai.substack.com/p/chinai-newsletter-19-is-the-wild-east-of-big-data-coming-to-an-end-a-turning-point-case-in-personal-information-protection.

19. 節錄自 Yin Cao, "Lawmakers, Political Advisers Focus on Personal Data Protection," *China Daily*, March 20, 2019, http://global.chinadaily.com.cn/a/201903/20/WS5c9187e4a3104842260b1788.html.
20. Shoshana Zuboff, *The Age of Surveillance Capitalism: The Fight for a Human Future at the New Frontier of Power*, New York: PublicAffairs, 2019.
21. Zhong Xu,「大技術公司如何影響金融發展?」(How do large technology companies influence financial development?), *Yicai*, November 18, 2018, www.yicai.com/news/100061767.html.
22. Zhou Xiaochuan, "Speech at the 9th Caixin Summit in Beijing," trans. Han Wei, *Caixin Global*, November 18, 2018, www.caixinglobal.com/2018-11-23/ex-central-bank-head-warns-about-techs-influence-on-finance-101351415.html.
23. Shu Zhang and John Ruwitch, "Exclusive: Ant Financial Shifts Focus from Finance to Tech Services: Sources," Reuters, June 5, 2018, www.reuters.com/article/us-china-ant-financial-regulation-exclus/exclusive-ant-financial-shifts-focus-from-finance-to-tech-services-sources-idUSKCN1J10WV.
24. Zhang and Ruwitch, "Ant Financial Shifts Focus from Finance to Tech Services."
25. Zhou Xiaochuan, *Collection of Zhou Xiaochuan's Lectures*.
26. Zining Gong,「P2P行業敏感期,不僅投資人,平臺也是如履薄冰」(P2P industry sensitive period, not just investors, also platforms are on thin ice), Online Lending House, May 10, 2018.
27. "Chinese Banking Regulator Warns Yields in Excess of 10% Mean Automatic Loss for Investors," *China Banking News*, June 14, 2018, www.chinabankingnews.com/2018/06/14/chinese-banking-regulator-warns-yields-excess-10-mean-automatic-loss-investors.

28. Xiaoping Li,「杭州P2P暴風眼：連踩數彈者多，2體育館成受害人集中營」(Eye of the Hangzhou P2P storm: Many invested in defaulted P2P products, two stadiums become camps for victims), 證券時報 (*Securities Times*), July 10, 2018, http://finance.jrj.com.cn/2018/07/10101524793926.shtml.
29. Hu Yue and Denise Jia, "China's 4-Year Crackdown Leaves Just Three P2P Lenders Standing," *Caixin Global*, November 7, 2020, www.caixinglobal.com/2020-11-07/chinas-3-year-crackdown-leaves-just-3-p2p-lenders-standing-101624086.html.
30. Becky Davis, "China Deploys Huge Police Force to Prevent Fraud Protest," *Hong Kong Free Press*, August 8, 2018, www.hongkongfp.com/2018/08/08/china-deploys-huge-police-force-prevent-fraud-protest；"How China's Peer-to-Peer Lending Crash Is Destroying Lives," *Bloomberg News*, October 2, 2018, www.bloomberg.com/news/articles/2018-10-02/peer-to-peer-lending-crash-in-china-leads-to-suicide-and-protest.
31. Quoted in Nicole Jao, "Don't Blame Internet Finance for All of the Problems in P2P Lending: Jack Ma," *Technode*, August 27, 2019, https://technode.com/2019/08/27/dont-blame-internet-finance-for-all-of-the-problems-in-p2p-lending-jack-ma.
32. Karen Gilchrist, "Alibaba Founder Jack Ma Says Working Overtime Is a 'Huge Blessing,'" CNBC, April 15, 2019, www.cnbc.com/2019/04/15/alibabas-jack-ma-working-overtime-is-a-huge-blessing.html.
33. Koetse, "'Daddy Ma, Are You OK?'"; Zhiser, "Why Has Jack Ma's Rep- utation Collapsed?," January 1, 2021, *Zhihu*, https://zhuanlan.zhihu.com/p/340919282.
34. 「外賣騎手，困在系統裡」(Delivery drivers' hardship is in the system), *People Magazine*, September 9, 2020, https://mp.weixin.qq.com/s/Mes1RqIOdp48CMw4pXTwXw.
35. Siyuan Meng, "'A Painful Read': New Report on the Dangers Facing China's Delivery Drivers Goes Viral," *Radii China*, September 8, 2020, https://radiichina.com/delivery-china-driver-safety.
36. Koetse, "'Daddy Ma, Are You OK?'"

37. Angela Zhang, *Chinese Antitrust Exceptionalism: How the Rise of China Challenges Global Regulation*, Oxford: Oxford University Press, 2021.
38. Zhang, *Chinese Antitrust Exceptionalism*.
39. Sheng Wei, "China's Antitrust Law Doesn't Seem to Apply to Inter- net Giants," *Technode*, April 26, 2020, https://technode.com/2020/04/26/chinas-antitrust-law-doesnt-seem-to-apply-to-internet-giants.
40. Martin Chorzempa, "Who Likes Facebook's Digital Currency? Not the Chinese," *Peterson Institute for International Economics China Economic Watch*, July 16, 2019, www.piie.com/blogs/realtime-economic-issues-watch/who-likes-facebooks-libra-currency-not-chinese.
41. Richard Von Glahn, *The Economic History of China: From Antiquity to the Nineteenth Century*, Cambridge: Cambridge University Press, 2016, 233; "Digital Currency Research Institute of the People's Bank of China," *China Banking News*, October 2, 2018, www.chinabankingnews.com/wiki/digital-currency-research-institute-peoples-bank-china.
42. State Council of the People's Republic of China,「國務院關於印發『十三五』國家信息化規劃的通知」（State Council notice on the issuance of the "13th five-year" national informatization plan）, December 15, 2016, www.gov.cn/zhengce/content/2016-12/27/content_5153411.htm.
43. 節錄自Frank Tang, "Facebook's Libra Forcing China to Step Up Plans for Its Own Cryptocurrency, Says Central Bank Official," *South China Morning Post*, July 8, 2019, www.scmp.com/economy/china-economy/article/3017716/facebooks-libra-forcing-china-step-plans-its-own.
44. 「習近平在中央政治局第十八次集體學習時強調，把區塊鏈作為核心，技術自主創新重要突破口，加快推動區塊鏈技術和產業創新發展」（At Politburo 18th group study session, Xi Jinping emphasizes making blockchain into a core technology and important breakthrough opportunity for self-reliant innovation, accelerate and push blockchain technology and industry

innovation and development）, Xinhua, October 25, 2019, www.xinhuanet.com/politics/2019-10/25/c_1125153665.htm.

45. Changchun Mu, "Opinion: Facebook's Libra Needs Central Bank Supervision," *Caixin Global*, July 9, 2019, www.caixinglobal.com/2019-07-09/opinion-facebooks-libra-needs-central-bank-supervision-101437334.html.

46. "Tencent Says Libra Could Deal Crushing Blow to Chinese Payments Giants," *China Banking News*, October 24, 2019, www.chinabankingnews.com/2019/10/24/tencent-concerned-about-threat-posed-by-libra-to-chinese-payments.

47. 編按：Ryohei Yasoshima and Alex Fang, "Doubts over Facebook's Libra Swirl at G-7 and US Congress," *Nikkei Asia*, July 18, 2019, https://asia.nikkei.com/Spotlight/Bitcoin-evolution/Doubts-over-Facebook-s-Libra-swirl-at-G-7-and-US-Congress.

48. Tommaso Mancini-Griffoli, Maria Soledad Martinez Peria, Itai Agur, Anil Ari, John Kiff, Adina Popescu, and Celine Rochon, "Casting Light on Central Bank Digital Currencies," International Monetary Fund, November 12, 2018, www.imf.org/en/Publications/Staff-Discussion-Notes/Issues/2018/11/13/Casting-Light-on-Central-Bank-Digital-Currencies-46233.

49. Martin Chorzempa, "China's Central Bank–Backed Digital Currency Is the Anti-Bitcoin," *Peterson Institute for International Economics China Eco nomic Watch*, January 31, 2018, https://piie.com/blogs/china-economic-watch/chinas-central-bank-backed-digital-currency-anti-bitcoin.

50. Martin Chorzempa, "Promise and Peril of Digital Money in China," *Cato Journal*, Spring/Summer 2021, www.cato.org/cato-journal/spring/summer-2021/promise-peril-digital-money-china.

51. Chorzempa, "Promise and Peril of Digital Money in China."

52. Maggie Zhang, "Revealed: Chinese State TV Airs Footage of US$31 Mil- lion Worth of Cash Hidden in Corrupt Official's Flat," *South China Morning Post*, October 21, 2016, www.scmp.com/news/china/society/article/2038939/revealed-chinese-state-tv-airs-footage-huge-stash-cash-hidden.

53. Martin Chorzempa, "China's Pursuit of Leadership in Digital Currency," testimony before the US-China Economic and

Security Review Commission, April 15, 2021, www.piie.com/commentary/testimonies/chinas-pursuit-leadership-digital-currency.

54. International Monetary Fund, "Official Foreign Exchange Reserves (COFER) Database," updated September 2021, https://data.imf.org/?sk=E6A5F467-C14B-4AA8-9F6D-5A09EC4E62A4; SWIFT, "RMB Tracker," July 2020, www.swift.com/our-solutions/compliance-and-shared-services/business-intelligence/renminbi/rmb-tracker/rmb-tracker-document-centre.

55. Chorzempa, "China's Pursuit of Leadership in Digital Currency."

56. 「騰訊牽頭起草首個『防疫出行碼』團體標準，為疫情防控和復工復產助力」(Tencent leads drafting team of first "epidemic protection code for going out" standard, helping epidemic control, returning to work and returning to production), *China Economic News*, March 6, 2020；Dan Grover, "How Chinese Apps Handled Covid-19," *Dan Grover Blog*, April 5, 2020, http://dangrover.com/blog/2020/04/05/covid-in-ui.html.

57. Xu Han, "Trending in China: Elderly Left Behind in Tech Fight Against Covid-19," *Caixin Global*, January 8, 2021, www.caixinglobal.com/2021-01-08/trending-in-china-elderly-left-behind-in-tech-fight-against-covid-19-101648179.html.

58. 強烈建議閱讀這篇綜覽文章：Dan Grover, "How Chinese Apps Handled Covid-19," *Dan Grover Blog*, April 5, 2020, http://dangrover.com/blog/2020/04/05/covid-in-ui.html.

59. Paul Mozur, Raymond Zhong, and Aaron Krolik, "In Coronavirus Fight, China Gives Citizens a Color Code, with Red Flags," *New York Times*, March 1, 2020, www.nytimes.com/2020/03/01/business/china-coronavirus-surveillance.html.

60. Shaun Ee, "Beijing Taps Telecoms Data in Search of Covid-19," *Tech node*, June 19, 2020, https://technode.com/2020/06/19/beijing-taps-telecoms-data-in-search-of-covid-19.

61. Wan Yu and Lihua Qiu,「健康碼功能『迭代升級』須審慎」(Health code function "iterative upgrade" must be cautious), Xinhua, June 4, 2020, https://web.archive.org/web/20200612082450/.

第八章　史上代價最高的一場演說

1. 「中共中央政治局召開會議，習近平主持」（Politburo opens meeting, Xi Jinping chairs）, Xinhua, December 11, 2020, www.xinhuanet.com/politics/leaders/2020-12/11/c_1126850644.htm.
2. Julie Zhu, "Exclusive: Alibaba's Ant Plans Hong Kong IPO, Targets Valuation over $200 Billion, Sources Say," Reuters, July 8, 2020, www.reuters.com/article/us-ant-financial-ipo-exclusive/exclusive-alibabas-ant-plans-hong-kong-ipo-targets-valuation-over-200-billion-sources-say-idUSKBN2491JU.
3. Ant Group Initial Public Offering Prospectus, August 25, 2020, 1, 41 42, https://web.archive.org/web/20200917154430/.
4. Eric Jing, "Ant Financial — A Global Leading Techfin Company," Alibaba Group, September 23 24, 2019, www.alibabagroup.com/en/ir/presentations/Investor_Day_2019_AntFinancial.pdf.
5. Tencent, "Tencent Announces 2019 Fourth Quarter and Annual Results," March 18, 2020, https://cdc-tencent-com-1258344706.image.myqcloud.com/uploads/2020/03/18/7fceaf3d1b264debc61342fc1a27dd18.pdf.
6. Pengbo Wang,「移動支付行業數位化進程分析——易觀：2020年第一季度中國協力廠商支付移動支付市場交易規模534878.3億元人民幣」（Analyzing the progress of mobile payment industry digitization — Analysys: 2020Q1 China third-party mobile payment market scale reached 53.48783 trillion RMB）, *Analysys*, June 30, 2020, www.analysys.cn/article/detail/20019826：People's Bank of China,「2019年支付體系運行總體情況」（Overall conditions in the payment system's operation 2019）, March 17, 2020, www.pbc.gov.cn/zhifujiesuansi/128525/128545/128643/3990497/2020031714061362010.pdf.
7. Stella Yifan Xie, "More Than a Third of China Is Now Invested in One Giant Mutual Fund," *Wall Street Journal*, March 27, 2019, www.wsj.com/articles/more-than-a-third-of-china-is-now-invested-in-one-giant-mutual-fund-11553682785.

8. "China Plans Caps on Ant's Lending Rates to Control Risk," *Bloomberg News*, September 6, 2020, www.caixinglobal.com/2020-09-07/china-plans-caps-on-ants-lending-rates-to-control-risk-101602081.html.
9. Xiaomeng Wu, Qinqin Ping, and Denise Jia, "Banks Told to Report Data on Consumer Lending Via Ant's Platforms," *Caixin Global*, July 29, 2020, www.caixinglobal.com/2020-07-29/banks-told-to-report-data-on-consumer-lending-via-ants-platforms-101585742.html; China Banking and Insurance Regulatory Commission,「中國銀保監會辦公廳關於加強小額貸款公司監督管理的通知」（CBIRC notice on strengthening microlending company supervision and management）, September 16, 2020, www.cbirc.gov.cn/cn/view/pages/ItemDetail.html?docId=929448&itemId=928&generaltype=0.
10. State Council of the People's Republic of China,「國務院關於實施金融控股公司准入管理的決定」（State Council decision on implementing supervision of entry for financial holding companies）, September 13, 2020, www.gov.cn/zhengce/content/2020-09/13/content_5543127.htm.
11. Hui Li,「范一飛提示支付新風險：互聯網企業應切實整頓超範圍信貸業務」（Fan Yifei warns of payment risk: Internet companies must thoroughly clean up credit activity happening outside their scope of business）, *Sina Finance*, September 24, 2020, https://finance.sina.com.cn/china/gncj/2020-09-24/doc-iivhuipp6258420.shtml.
12. Keith Zhai and Julie Zhu, "Exclusive: China's Central Bank Urges Anti- trust Probe into Alipay, WeChat Pay — Sources," Reuters, July 31, 2020, www.reuters.com/article/us-alipay-wechat-pay-china-exclusive/exclusive-chinas-central-bank-urges-antitrust-probe-into-alipay-wechat-pay-sources-idUSKCN24W0XD.
13. 作者採訪多位中國人民銀行員工。
14. Yejie Wang,「90後成短期消費貸款主力軍，被花唄『困住』的年輕人怎樣了」（Post-90s become mainstays of short-term consumption loans, how is it going for the young people "trapped" by Huabei?）, Xinhua, September 11, 2020.
15. 「如何看待用花唄給女兒過生日的廣告？」（What to think about the advertisement in which Huabei is used to give a girl

a birthday celebration?）, Zhihu, October 9, 2020, https://www.zhihu.com/question/423848622.

16. Yang Zeyi, "Chinese Microlending Is Getting Weird and Dangerous," *Protocol*, February 9, 2021, www.protocol.com/china/chinese-microlending-out-of-control.

17. Logan Wright and Allen Feng, "COVID-19 and China's Household Debt Dilemma," Rhodium Group, May 12, 2020, https://rhg.com/research/china-household-debt.

18. Julie Zhu and Zhang Yan, "Exclusive: Chinese Regulatory Probe Delays Approval for Ant's IPO, Sources Say," Reuters, October 13, 2020, www.reuters.com/article/us-ant-group-ipo-regulation-exclusive-idUKKBN26Y18S.

19. Yun Ma, "Speech at the Second Bund Summit," October 24, 2020, trans. Kevin Xu, https://interconnected.blog/jack-ma-bund-finance-summit-speech.

20. Ma, "Speech at the Second Bund Summit."

21. China Government Net,「習近平主持中共中央政治局第十三次集體學習並講話」（Xi Jinping chairs Politburo Standing Committee 13th group study session and makes a speech）, February 22, 2019, www.gov.cn/xinwen/2019-02/23/content_5367953.htm.

22. 節錄自Keith Zhai, Julia Zhu, and Cheng Leng, "How Billionaire Jack Ma Fell to Earth and Took Ant's Mega IPO with Him," Reuters, November 5, 2020, www.reuters.com/article/us-ant-group-ipo-suspension-regulators-i/how-billionaire-jack-ma-fell-to-earth-and-took-ants-mega-ipo-with-him-idUSKBN27L1BB.

23. China Government Net,「劉鶴主持召開國務院金融穩定發展委員會專題會議」（Liu He chairs and opens State Council Financial Stability and Development Committee special meeting）, October 31, 2020, www.gov.cn/guowuyuan/2020-10/31/content_5556394.htm.

24. Jing Yang and Lingling Wei, "China's President Xi Jinping Personally Scuttled Jack Ma's Ant IPO," *Wall Street Journal*,

November 12, 2020, www.wsj.com/articles/china-president-xi-jinping-halted-jack-ma-ant-ipo-11605203556.

25. Zhou Jueshou,「大型互聯網企業進入金融領域的潛在風險與監管」（The hidden risk of large internet platforms entering the finance area, and regulation）, *Caixin*, November 1, 2020, https://opinion.caixin.com/2020-11-01/101621303.html.

26. Wuping Guo,「銀保監會消費者權益保護局局長郭武平：『花唄』、『借唄』侵害消費者權益值得高度關注」（CBIRC Financial Consumer Protection Bureau Head Guo Wuping: "Just Spend" and "Ant Check Later" hurt consumer interests and deserve a high degree of attention）, *21st Century Business Herald*, November 2, 2020, https://m.21jingji.com/article/20201102/herald/62dfca7696f0148a9353a88dbd9eedf5.html.

27. China Securities Regulatory Commission,「四部門聯合約談螞蟻集團有關人員」（Four departments jointly interview related personnel of Ant Group）, November 2, 2020, www.csrc.gov.cn/pub/newsite/zjhxwfb/xwdd/202011/t20201102_385514.html.

28. Eliza Gkritsi, "CHINA VOICES | The Unsigned Op-eds That Foreshadowed Ant Group IPO Suspension," *Technode*, November 9, 2020, https://technode.com/2020/11/09/china-voices-the-unsigned-op-eds-that-foreshadowed-ant-group-ipo-suspension.

29. Haibo Sun,「重磅！螞蟻小貸監管銀行化！聯合貸款出資不低於30%，單戶餘額不超30萬或年均收入1/3！」（Serious! Ant small loan regulation becomes more like a bank's! Co-loan capital contribution minimum 30%, each customer amount cannot exceed 300,000 or 1/3 of their annual income!）, November 2, 2020, https://mp.weixin.qq.com/s/_1J3De6MeyfhPRX_Xg6S4g.

30. Shanghai Stock Exchange,「關於暫緩螞蟻科技集團股份有限公司科創板上市的決定」（Decision to postpone Ant Technology Group Holding Limited's IPO on the STAR market）, November 3, 2020, www.sse.com.cn/disclosure/announcement/general/c/c_20201103_5253315.shtml.

31. Shuli Ren, "The Day Jack Ma Became Ray Dalio's Nightmare," *Bloomberg News*, November 4, 2020, www.bloomberg.

com/opinion/articles/2020-11-04/ant-group-s-suspended-ipo-turns-jack-ma-into-ray-dalio-s-nightmare?sref=ATN0rNv3; Yang and Wei, "China's President Xi Jinping Personally Scuttled Jack Ma's Ant IPO."

32. Rui Ma, "Ant Group: The Biggest IPO That Wasn't," *Technode*, November 14, 2020, https://technode.com/2020/11/14/ant-group-the-biggest-ipo-that-wasnt.

33. Chad Bray and Enoch Yiu, "Fintech Giant Ant Group Wins Approval from China's Securities Regulator for Jumbo IPO in Hong Kong," *South China Morning Post*, October 19, 2020, www.scmp.com/business/companies/article/3106046/fintech-giant-ant-group-wins-approval-chinas-securities; Shen Lu and Clara Wang, "Data: IPO Path Narrows on China's STAR Market," *Protocol*, April 13, 2021, www.protocol.com/china/shanghai-star-ipo-termination-data.

34. Lingling Wei, "Ant IPO Approval Process Under Investigation by Beijing," *Wall Street Journal*, April 27, 2021, www.wsj.com/articles/ant-ipo-approval-process-under-investigation-by-beijing-11619532022.

35. Xinxin Lin,「騰訊劉熾平：對風險管理的強烈尊重是金融市場中金融服務的基礎」（Tencent's Liu Chiping: Strong respect for risk management is the foundation of financial market services）, *21st Century Business Herald*, November 4, 2020, https://m.21jingji.com/article/20201104/herald/b3b952ef0e733ad64720649f35d53a66.html.

36. State Administration for Market Regulation (SAMR),「市場監管總局關於《關於平臺經濟領域的反壟斷指南（徵求意見稿）》公開徵求意見的公告」（SAMR announces the publication of "Antimonopoly Guidelines in the Platform Economy (draft version)" for public comment）, November 10, 2020, www.samr.gov.cn/hd/zjdc/202011/t20201109_323234.html.

37. Eustance Huang, "China's Tech Giants Have Lost More Than $280 Billion in Market Value as Regulatory Concerns Mount," CNBC, November 11, 2020, www.cnbc.com/2020/11/11/china-tech-giants-lost-250-billion-in-market-value-amid-potential-regulations.html.

38. State Administration for Market Regulation (SAMR),「市場監管總局依法對京東、天貓、唯品會三家平臺不正當價

格行為案作出行政處罰決定」（SAMR decision to issue administrative penalty to JD, Tmall, and Vipshop for the three platforms' improper pricing practices）, December 30, 2020, www.samr.gov.cn/xw/zj/202012/t20201230_324826.html.

39. State Administration for Market Regulation (SAMR),「市場監管總局依法對阿里巴巴集團涉嫌壟斷行為立案調查」（SAMR registers investigation into Alibaba on suspicion of monopolistic practices）, December 24, 2020, www.samr.gov.cn/xw/zj/202012/t20201224_324638.html.

40. Alessandro Acquisti, Curtis Taylor, and Liad Wagman, "The Economics of Privacy," *Journal of Economic Literature* 54, no. 2, June 2016, www.aeaweb.org/articles?id=10.1257/jel.54.2.442.

41. Quan Du,「銀保監會：螞蟻集團的問題具有普遍性，建議所有互聯網平臺對照自查」（CBIRC: Ant Group issues are universal, recommend all internet platforms make self-examination）, *Yicai*, January 4, 2021, www.yicai.com/news/100898134.html.

42. China Securities Regulatory Commission (CSRC),「關於修改《科創屬性評價指引（試行）》的決定」（Decision on amending provisional guidelines for evaluating science and technology companies], April 16, 2021, www.gov.cn/zhengce/zhengceku/2021-04/17/content_5600280.htm.

43. People's Bank of China,「中國人民銀行關於《非銀行支付機構條例（徵求意見稿）》公開徵求意見的通知」（People's Bank of China notice on making public and seeking comments on the "Nonbank Payment Institutions Rules" (draft measures)）, January 20, 2021, www.pbc.gov.cn/rmyh/105208/4166553/index.html.

44. State Administration for Market Regulation (SAMR),「市場監管總局依法對阿里巴巴集團控股有限公司在中國境內網路零售平臺服務市場，實施『二選一』壟斷行為作出行政處罰」（SAMR issues administrative penalty according to the law to Alibaba Group Holding for implementing the "two choose one" monopolistic practice in China's domestic e-commerce platform service market）, April 10, 2021, www.samr.gov.cn/xw/zj/202104/t20210410_327702.html.

45. Heather Mowbray, "Trending in China: Baidu Blocking Caixin's Criticism of Search Engines Goes Viral," *Caixin Global*, November 23, 2020, www.caixinglobal.com/2020-11-23/trending-in-china-baidu-blocking-caixins-criticism-of-search-engines-goes-viral-101631522.html.

46. Jing Yang, "Beijing Asks Alibaba to Shed Its Media Assets," *Wall Street Journal*, March 16, 2021, www.wsj.com/articles/beijing-asks-alibaba-to-shed-its-media-assets-11615809999.

47. People's Bank of China,「中國人民銀行副行長潘功勝就金融管理部門約談螞蟻集團有關情況答記者問」（PBOC Vice Governor Pan Gongsheng answers journalist questions on the circumstances of financial regulatory agencies interview with Ant Group）, December 27, 2020, www.pbc.gov.cn/goutongjiaoliu/113456/113469/4153479/index.html.

48. Barry Naughton and Jude Blanchette, "The Party Politics Driving Xi Jinping," *The Wire China*, October 3, 2021, www.thewirechina.com/2021/10/03/the-party-politics-driving-xi-jinping.

49. Nuala O'Connor, "Reforming the U.S. Approach to Data Protection and Privacy," Council on Foreign Relations, January 30, 2018, www.cfr.org/report/reforming-us-approach-data-protection.

50. National People's Congress, "Personal Information Protection Law of the People's Republic of China," August 20, 2021, https://digichina.stanford.edu/work/translation-personal-information-protection-law-of-the-peoples-republic-of-china-effective-nov-1-2021.

51. Samm Sacks, "New China Data Privacy Standard Looks More Far-Reaching Than GDPR," Center for Strategic and International Studies, January 29, 2018, www.csis.org/analysis/new-china-data-privacy-standard-looks-more-far-reaching-gdpr.

52. Alexa Lee, Mingli Shi, Qiheng Chen, Jamie Horsley, Kendra Schaefer, Rogier Creemers, and Graham Webster, "Seven Major Changes in China's Finalized Personal Information Protection Law," Stanford University Digichina, September 15, 2021, https://digichina.stanford.edu/work/seven-major-changes-in-chinas-finalized-personal-information-protection-law.

53. People's Bank of China,「中國貨幣政策執行報告2020年第四季度」(China monetary policy implementation report, 2020 Q4), February 8, 2021.

54. National Development and Reform Commission,「國家發展改革委等部門關於推動平臺經濟規範健康持續發展的若干意見」(National Development and Reform Commission and other departments release some opinions concerning promoting the standardized, healthy, and sustained development of the platform economy), December 24, 2021, www.ndrc.gov.cn/xxgk/zcfb/tz/202201/t20220119_1312326.html?code=&state=123.

55. "Ant's Consumer Finance Unit to Boost Its Capital to $4.7 Bln," Reuters, December 24, 2021, www.reuters.com/business/finance/ants-consumer-finance-unit-boost-its-capital-47-bln-2021-12-24.

56. Rui Ma, "Does Beijing's Tech Crackdown Threaten China's Entrepreneurial Sphere?," *Protocol*, November 30, 2021, www.protocol.com/china/china-tech-crackdown-entrepreneurial-future?rebelltitem=2#rebelltitem2.

57. Tianlei Huang and Nicholas Lardy, "Is the Sky Really Falling for Pri- vate Firms in China?," *Peterson Institute for International Economics China Economic Watch*, October 14, 2021, www.piie.com/blogs/china-economic-watch/sky-really-falling-private-firms-china.

58. Sun Yu, "Jack Ma's Ant Group Implicated in Corruption Scandal by Chinese State Media," *Financial Times*, January 20, 2022, www.ft.com/content/aac4b040-e349-4feb-9030-bc49ab568c22.

59. Central Commission for Discipline Inspection,「中國共產黨第十九屆中央紀律檢查委員會第六次全體會議公報」(Chinese Communist Party ninth CCDI plenum, sixth meeting report), January 20, 2022, www.gov.cn/xinwen/2022-01/20/content_5669518.htm.

第九章　從解放者到壓迫者？

1. Kenrick Davis, "In Cashless China, Criminals Are Punished with Payment App Bans," *Sixth Tone*, November 12, 2020, www.sixthtone.com/news/1006443/in-cashless-china%2C-criminals-are-punished-with-payment-app-bans.
2. Mark Bergen, "Google Hires PayPal Vet to Reset Strategy After Its Banking Retreat," *Bloomberg News*, January 19, 2022, www.bloomberg.com/news/articles/2022-01-19/google-hires-paypal-vet-to-reset-strategy-after-banking-retreat?sref=ATN0rNv3.
3. Yumeng Bao,「21歲男子在騰訊客戶中心墜樓身亡，起因各方持不同看法」（21-year-old man dies after jumping off Tencent's customer service center, all sides have different view of the reason）, *21st Century Business Herald*, August 27, 2020.

無現金革命：中國超級應用程式如何引領與影響全球金融科技

The Cashless Revolution: China’s Reinvention of Money and the End of America’s Domination of Finance and Technology

---

作　　者　馬永哲（Martin Chorzempa）
譯　　者　林麗雪
責任編輯　夏于翔
協力編輯　魏嘉儀
內頁構成　李秀菊
封面美術　兒日

發 行 人　蘇拾平
總 編 輯　蘇拾平
副總編輯　王辰元
資深主編　夏于翔
主　　編　李明瑾
業　　務　王綬晨、邱紹溢
行　　銷　廖倚萱
出　　版　日出出版
　　　　　地址：10544台北市松山區復興北路333號11樓之4
　　　　　電話：02-2718-2001　傳真：02-2718-1258
　　　　　網址：www.sunrisepress.com.tw
　　　　　E-mail信箱：sunrisepress@andbooks.com.tw

發　　行　大雁文化事業股份有限公司
　　　　　地址：10544台北市松山區復興北路333號11樓之4
　　　　　電話：02-2718-2001　傳真：02-2718-1258
　　　　　讀者服務信箱：andbooks@andbooks.com.tw
　　　　　劃撥帳號：19983379　戶名：大雁文化事業股份有限公司

印　　刷　中原造像股份有限公司
初版一刷　2023年6月
定　　價　660元
I S B N　978-626-7261-53-8

國家圖書館出版品預行編目（CIP）資料

無現金革命：中國超級應用程式如何引領與影響全球金融科技／馬永哲（Martin Chorzempa）著；林麗雪譯. -- 初版. -- 臺北市：日出出版：大雁文化事業股份有限公司發行, 2023.06
384面；15×21公分
譯自：The cashless revolution : China’s reinvention of money and the end of America’s domination of finance and technology
ISBN 978-626-7261-53-8（平裝）

1.CST: 金融業　2.CST: 電子貨幣　3.CST: 經濟史　4.CST: 中國

563.146　　112008602